陕西师范大学"一带一路"智库集成

丝绸之路通鉴

丝绸之路经济带经济一体化和五通建设研究

主编＝甘晖

副主编＝游旭群　周伟洲

姚宇　夏德水　赵雨晴　著

陕西师范大学出版总社

图书代号 SK17N0186

图书在版编目(CIP)数据

丝绸之路经济带经济一体化和"五通"建设研究／姚宇，夏德水，赵雨晴著. —西安：陕西师范大学出版总社有限公司，2017.6
（丝绸之路通鉴／甘晖主编）
ISBN 978-7-5613-8765-8

Ⅰ.①丝… Ⅱ.①姚… ②夏… ③赵… Ⅲ.①丝绸之路-经济带-区域经济一体化-研究-中国 Ⅳ.①F127

中国版本图书馆 CIP 数据核字(2016)第 290354 号

丝绸之路经济带经济一体化和"五通"建设研究
SICHOUZHILU JINGJIDAI JINGJI YITIHUA HE WUTONG JIANSHE YANJIU
姚　宇　夏德水　赵雨晴　著

出版统筹	刘东风
责任编辑	刘　定　杜莎莎
责任校对	王雅琨
装帧设计	杨　柯
封面插图	崔　彬　李文炯
出版发行	陕西师范大学出版总社
	（西安市长安南路199号 邮编710062）
网　　址	http://www.snupg.com
印　　刷	中煤地西安地图制印有限公司
开　　本	720mm×1020mmmm　1/16
印　　张	16.25
插　　页	2
字　　数	213 千
版　　次	2017 年 6 月第 1 版
印　　次	2017 年 6 月第 1 次印刷
书　　号	ISBN 978-7-5613-8765-8
定　　价	40.00 元

读者购书、书店添货或发现印刷装订问题，请与本社营销部联系、调换。
电话：(029)85307864　85251046(传真)

《丝绸之路通鉴》序一

中国古代有一条历时久远的经由中亚通往南亚、西亚以及欧洲、北非的陆上贸易通道,通过此道,产自中国的丝、丝织品、陶瓷等物品运送到了以上地区,由于其运送的货物以丝绸制品影响最大,故称"丝绸之路"。1877年,德国地理学家李希霍芬在其出版的《中国》一书中,把"从公元前114年至公元127年间,连接中国和河间地区(指中亚阿姆河与锡尔河之间地带)、中国与印度以丝绸贸易为媒介的这条西域交通道路"命名为"丝绸之路",简称"丝路"。这一称谓被学术界和民间所接受,并广为沿用。其后,德国历史学家赫尔曼在20世纪初出版的《中国与叙利亚之间的古代丝绸之路》一书中,依据新发现的考古资料,把丝绸之路延伸至地中海西岸和小亚细亚,确定了"丝绸之路"的基本内涵,即中国古代经过中亚通往南亚、西亚以及欧洲、北非的陆上贸易通道。

虽然人们在对商代帝王武丁配偶坟茔的考古中,已发现了产自新疆的软玉,证明至少在公元前13世纪,中原已开始和西域乃至更远的地区有商贸往来,但是严格意义上的丝绸之路奠定于两汉时期。西汉张骞出使西域时开辟的以长安(今陕西西安)为起点,经由甘肃、新疆,到中亚、西亚,并连接地中海沿岸各国的陆上通道已经形成,这条通道被称为"西北丝绸之路"。公元前119年,张骞第二次出使西域,经4年时间先后到达乌孙、大宛、康居、大月氏、大夏、安息、身毒等国,扩大了与西域各国的交往。张骞出使西域,最初主要是出于制御匈奴的考虑,后来则演变为"广地万里,重九译,致殊俗,威德遍于四海",即旨在保护疆域和发展经济。汉武帝曾招募大量商人,到西域各国经商,由此吸引了更多人从事丝路贸易活动,极大地推动了中原与西域之间的物质文化交流。之后,汉宣帝于神爵二年(前60),设立了直接管辖西域的机构——西域都护府,屯田于乌垒城(今新疆轮台东),以保障西域商路的通畅。随着汉朝在西域设立官员,丝绸之路日渐繁荣,大量丝帛锦绣源源不断西运,同时西域各国的珍奇异物也输入中原。到魏晋时,东西方商业往来仍然不断,位于丝路咽喉要地的敦煌,就是当时胡商的重要聚集地之一。到公元5—6世纪时,中国南北朝分立,但东西方沿丝路的交往却一直没有中断。北魏建国后不久就派使者前往西域,以后中亚各国的贡使、商人常聚集于平城(今山西大同东北),从事商业贸易。北魏迁都洛阳后,洛阳又成为各国商人的荟萃之地。至隋时,隋炀帝还曾派黄门侍郎裴矩到张掖招徕西域商人,说明当时丝路依然兴旺。

到7世纪后,唐代社会的繁荣使西北丝绸之路再度兴旺。唐王朝借着击破突厥的时机,一举控制了西域各国,并在伊州、西州、庭州三地设立同于内地的州县,在龟兹、于阗、疏勒、碎叶设立安西四镇,作为唐朝政府控制西域的机构,驻兵设防,并新修了玉门关,再度开放沿途各关隘。唐不仅打通了天山北路的丝路分线,还将西线延伸至中亚,使丝绸之路更为通畅。当时的长安、洛阳有大量商胡出入,已呈现出国际大都会的风貌。丝绸之路不仅是东西方商业贸易之路,也是中国和亚欧各国政治、文化交流的通道。西方的音乐、舞蹈、绘画、雕塑、建筑以及天文、历算、医药等,也通过此路先后传入中国。源于西亚、中亚的祆教、摩尼教、景教、伊斯兰教等宗教以及源于印度的佛教,也通过丝路传入中国,产生了深远影响。而中国的纺织、造纸、印刷、火药、指南针、制瓷、绘画以及儒家、道教等,也通过此路传向西方,产生了较大的影响。

　　从9世纪末到11世纪,中国政治、经济、文化中心向东南沿海转移,加之阿拉伯世界的兴起,东西方海上往来逐渐频繁起来;又由于中国西北地区各民族政权的分裂、对立,丝路安全难以保障,西北这条陆上通道的重要性逐渐降低,而相对稳定的南方对外贸易则明显增加,遂带动了南方丝绸之路和海上丝绸之路的兴起和繁荣,成都和泉州也因此成为南方的经贸大城。中国人此时开始将他们发明的指南针和其他先进科技运用于航海,海上丝绸之路迅速发展起来。

　　如果从发展的视角和广泛的意义上说,丝绸之路主要有三条:西北丝绸之路、南方丝绸之路和海上丝绸之路。海上丝绸之路是陆上丝绸之路的延伸,形成于宋元时期。海上丝绸之路不仅运送丝绸,还运送瓷器、糖、五金以及香料、药材、宝石等货物。由于运输货物品种的不同,海上丝路也出现了一些别称,如"陶瓷之路""香料之路"等。海上丝绸之路早已存在,《汉书·地理志》所载海上交通路线,实为早期的海上丝绸之路。当时海船载运的"杂缯",即各种丝绸。海上丝绸之路的起航线可分为东海和南海两支。东海起航线从中国的东南沿海经由朝鲜至日本;南海起航线则从雷州半岛起,途经今越南、泰国、马来西亚、缅甸等国,远航至新加坡、印度等地。到宋代时,泉州、广州和明州成为海上丝绸之路最大的海港,通常将泉州作为海上丝绸之路的起点。南方丝绸之路,起点为四川成都,经"灵关道""朱提道""夜郎道"三路,进入云南,在楚雄汇合后并入"博南古道",跨过澜沧江,再经"永昌道""腾冲道",在德宏进入缅甸、印度等地。丝绸之路的多途打通,让中国通往西方的商路更得以扩展。这就将中原、西域与阿拉伯、波斯湾等地紧密联系在一起,向西延伸到了地中海地区,以至可到达法国、荷兰、意大利、埃及,向东到达韩国、日本。不过,这已不同于原来意义上的丝绸之路了,可视其为广义的丝绸之路。

2000多年前兴起的丝绸之路被誉为全球重要的商贸大动脉,有力地促进了东西方的经济文化交流,所以在一定意义上说,它是经济全球化的早期版本。同时,作为东西方商品交易和文化交流的通道,在交往的过程中也加深了沿线各国人民之间的友谊,所以它也是东西方友好往来的历史记录和象征。

历史翻开了新的一页。当世界步入21世纪,贸易和投资在古丝绸之路上再度活跃。2013年9月7日,习近平主席访问哈萨克斯坦的时候,提出用创新的合作模式,共同建设"丝绸之路经济带",以点带面,从线到片,逐步形成区域的大合作。这是中国领导人在国际场合公开提出共同建设丝绸之路的重大战略构想。到2016年10月,这个重大的战略构想越来越丰富,越来越受到许多国家的欢迎。习近平总书记在2016年9月3日杭州G20峰会的开幕式上有这样一段话,他说:"一带一路倡议旨在同沿线国家分享中国的发展机遇,实现共同繁荣。中国对外开放不是要一家唱独角戏,而是要欢迎各方共同参加……不是要营造自己的后花园,而是要建设各国共享的百花园。"

此外,2014年中国国家主席习近平在阐述中国特色外交理念的时候提出打造人类命运的共同体。2015年9月28日,在纽约第七十届联合国大会的一般性辩论阶段,他对这个理念做了系统的阐述,他说:"在联合国迎来又一个十年之际,让我们更加紧密地团结起来,携手构建合作共赢新伙伴,同心打造人类命运共同体。"2015年10月16日,在世界减贫与发展高层论坛上,习近平主席发表主旨演讲,阐述消除贫困是人类共同的使命。

综上所述,可以看出,习近平主席关于推进"一带一路"建设的思想和论述,是在新的历史条件下,关于实现世界和平、发展、繁荣、公平、正义的完整理论。我们需要深入学习、研究。

陕西师范大学地处丝绸之路的起点西安,具有独特的地缘优势,该校学者积极响应国家建设"丝绸之路经济带"的战略构想,充分发挥学校的学科优势和学者各自的专业特长,撰写了"丝绸之路通鉴"丛书,洋洋数万言,从不同角度阐发了"一带一路"所涉及的许多重大理论和实践问题,这是一件有重大意义的事。正如甘晖书记在《总序》中所说,该丛书之所以取名"通鉴","意在借鉴历史,透析现状,着眼未来,贯穿千年时域,探求发展趋势;意在立足中国,深入沿线,胸怀全局,经略万里空间,厘清错综关系;意在研究战略,丰富内涵,解决问题,横跨宏观、中观与微观,打通理论与实践;意在聚焦经贸,关注人文,促进合作,智慧应对世界形势变换,为'一带一路'国家战略的推进提供全领域、全视角、体系化的智力支撑"。我认为,如果这些想法得以贯彻,"通鉴"一定能够对"一带一路"战略在理论上有较大推进,且为"一带一路"的实施提供有价值的智力支持。

专注于研究"一带一路"的"丝绸之路通鉴"丛书的撰写,需要多种学科的通力合作。"通鉴"正是从丝路的历史、政治、经济、文化、社会、生态等多个领域来进行研究,带有鲜明的系统性特点。作者聚焦"一带一路"一些重大理论和现实问题,尤其是"一带一路"建设中的一些突出的矛盾和问题,提出了各自的看法、观点,可供参考。该丛书第一批出版的著作,就很有分量,既有学术性,又有实践性。其中《英雄在线:丝绸之路的开辟者和捍卫者》《丝绸之路与文明交往》《丝绸之路最早的东方起点:西汉长安城》《天山廊道:清代天山道路交通与驿传研究》等,从不同角度探讨了丝绸之路的历史;《西北丝绸之路上的汉字流传史》则属于丝绸之路的专门史研究;还有一些是专门研究丝绸之路经济战略的著作,如《打造丝绸之路经济带上的战略高地——陕西经济发展研究》《丝绸之路经济带产业集群价值网络的演化与重构》《丝绸之路经济带上生物多样性的经济价值识别、展示与捕获研究》;而《文化集聚·文化街区·文化地域:重塑丝绸之路的新起点》《丝绸之路上的遗址美术》《汉唐丝绸之路漆艺文化研究》《丝绸之路上的体育交流与发展》《丝绸之路经济带沿线国家体育文化交流问题研究》,则是关于丝绸之路文化交流、文化交流史的专门性著作。

相信该丛书的出版,一定能对"一带一路"的理论深化有所推进,一定能对助力"一带一路"国家战略的实施发挥积极而重要的作用。

《丝绸之路通鉴》序二

2000多年前,丝绸之路从长安发端,或从秦岭脚下穿越荒漠、草原,横贯欧亚大陆,或扬帆太平洋、印度洋沿岸众多港口和岛屿并蜿蜒至欧洲,跨越不同文化区域,推动华夏文明、印度文明、伊斯兰文明、欧洲文明的汇通,实现中西方物质特产和精神智慧的大融合。其波澜壮阔与坚韧竞合的画卷,展现了历史的宏伟与多彩。

千百年来,丝路精神薪火相传,成为促进沿线各国繁荣发展的重要纽带,推进了人类文明进步。进入21世纪,世界步入全新阶段,丝绸之路被赋予新的内涵和期望,焕发出新的生机与活力。在这一重要时点,国家提出"一带一路"战略构想,并迅速从规划落地为行动,成为重塑中国未来发展路径与发展空间的战略支点。

经世致用,服务国家,"丝绸之路通鉴"丛书应运而生。

一、古丝绸之路是人类历史最珍贵的遗产之一

1868年,德国地理与地质学家李希霍芬对中国地貌和地理进行了规模宏大的考察,发现在古代中国的北方曾经有过一条横贯亚洲大陆的交通大动脉。1910年,德国历史学家赫尔曼《中国和叙利亚之间的古代丝绸之路》一书,完成了对丝绸之路的学术认证,丝绸之路为世人所熟知。1927年,中瑞西北科学考察团到中国西部地区进行综合考察,第一次实现了对丝绸之路沿线珍贵文物的发掘、搜集、整理与保管,古丝绸之路的面貌得以较全面地复原。

丝绸之路因运输西方视同珍宝的中国丝绸而得名。考古资料证明,

丝绸之路早已存在,商周至战国时期,中国的丝绸就经西北各民族之手少量地辗转贩运到中亚和印度。

建元二年(前139),奉汉武帝之命,由匈奴人甘父做向导,张骞率领一百多人出使西域,打通了汉朝通往西域的南北道路,即丝绸之路。神爵二年(前60),汉置西域都护,屯田于乌垒城,以保西域通道通畅。魏晋时期,东西商业往来不断,位于丝绸之路咽喉重地的敦煌成为往来客商的聚集地之一。5—6世纪时,南北朝分立,但沿丝路的东西交往却进一步繁荣。隋炀帝时曾派黄门侍郎裴矩到张掖招徕西域商人。唐时则在伊州、西州、庭州设州,在龟兹、于阗、疏勒、碎叶等安西四镇驻兵,保证丝绸之路畅通。

9世纪末到11世纪,随着中国政治、经济、文化中心向东南沿海转移,及阿拉伯世界的兴起,东西方的海上往来逐渐增多。同时,中国西北地区政权分立,丝绸之路安全难以保障,陆上通道的重要性大大降低。蒙元时期,蒙古西征和对中亚、西亚广大地区的直接统治,使东西驿路再度通畅,丝绸之路又繁荣一时。明清采取闭关政策,虽出嘉峪关经哈密去中亚的道路未断,但陆上丝绸之路已远不如海上丝绸之路重要了。

虽有诸多争论,但大体来看,古丝绸之路主要包括四条路线。第一条是沙漠绿洲丝绸之路。从中国洛阳或长安出发,经甘肃河西走廊,至敦煌,沿昆仑山北麓和天山南北麓分三道,越葱岭通往中亚、欧洲和非洲,兴盛于汉唐时期。该路核心段因位于干旱缺水的亚洲内陆沙漠绿洲之间,故被中外学者称为"沙漠绿洲丝绸之路"。第二条是海上丝绸之路,分东海丝绸之路和南海丝绸之路。历史上有三大航线:东海航线由中国沿海海港至朝鲜、日本;南海航线由中国沿海海港至东南亚诸国;西洋航线由中国沿海海港至南亚、阿拉伯和东非。海上丝绸之路始于周,兴盛于宋元时期。中国通过海上丝绸之路往外输出的商品主要是丝绸、瓷器、茶叶等,运回国内的主要是香料、花草等,因此,亦称"瓷器之路"

"香丝之路"。第三条是西南丝绸之路。从中国四川成都,向西南到印度,再通往南亚、中亚、欧洲国家。因沿途山道崎岖,又称"高山峡谷之路"。第四条是草原丝绸之路。由中原地区向北越过古阴山(今大青山)、燕山一带的长城,西北穿越蒙古高原、南俄草原、中西亚北部,直达地中海北部的欧洲地区。因途径之地主要为游牧地区,故称"草原丝绸之路",又因往来贸易的主要商品是毛皮、金银和茶叶,又称"金银之路""皮毛之路"。

丝绸之路各线尽管起始时间不同,贸易货品不一,却将不同文明由隔绝孤立推向开放交融,成为东西友好交往的象征。它是人类文明竞合融汇的"搅拌器",是世界多样性发展的"分离机"。西方的音乐、舞蹈、绘画、雕塑、建筑等艺术,天文、历算、医药等科技知识,佛教、祆教、摩尼教、景教、伊斯兰教等宗教,通过此路先后传来中国,并在中国产生了很大影响。中国的纺织、造纸、印刷、火药、指南针、制瓷等工艺,绘画等艺术,儒家、道教等传统思想,也通过此路传向西方,产生了持久影响。

丝绸之路给中国和其他沿线国家留下了丰厚的文化遗产。在中国多年引领和推动下,包含中、哈、吉3国33处遗迹的丝绸之路跨国联合申遗在2014年取得成功,成为世界上第一个以联合申报的形式成功列入世界遗产名录的丝绸之路项目,也是联合国教科文组织确定的丝绸之路54个廊道中第一个成功申遗的项目。国家文物局局长刘玉珠2016年9月20日在甘肃敦煌首届丝绸之路国际文化博览会"丝绸之路文化遗产国际论坛"上介绍,在此前陆上丝绸之路申遗成功的基础上,中国正推动海上丝绸之路申遗。

二、新丝绸之路在21世纪焕发出新的生机

作为经济全球化的早期版本,2000多年前兴起的丝绸之路被誉为全球重要的商贸大动脉。岁月变迁,20世纪末21世纪初,贸易和投资在古丝绸之路上再度活跃。如今,旨在强化东亚和中亚联系的"新丝绸之路"(New Silk Road)概念已经成型,并引起了中、美、印、俄等国的重视。

1990年9月12日,中国北疆铁路与苏联土西铁路胜利接轨。这是继苏联西伯利亚大陆桥之后,第二条连接亚欧大陆的通道,沿途连接40余国,是一条名副其实的国际大通道。新亚欧大陆桥的贯通,成为丝绸之路焕发生机的标志性事件,使传播过古老文明和象征传统友谊的丝绸之路再一次焕发光彩。

2013年9月7日,习近平主席在哈萨克斯坦纳扎尔巴耶夫大学发表重要演讲,首次提出了加强政策沟通、道路联通、贸易畅通、货币流通、民心相通,共同建设"丝绸之路经济带"的战略倡议。2013年10月3日,习近平主席在印度尼西亚国会发表重要演讲,明确提出,中国致力于加强同东盟国家的互联互通建设,愿同东盟国家发展好海洋合作伙伴关系,共建"21世纪海上丝绸之路"。"一带一路"战略赋予了丝绸之路崭新的含义,新丝绸之路概念一经提出,便引起全球高度关注和沿线国家的积极响应,亚太主要地区国家也纷纷提出了各自的新丝绸之路构想。

美国的新丝绸之路战略是对2014年后阿富汗和中亚地区的主要战略规划,继承和沿袭了美国历届政府的中亚战略,背后隐藏着美国在中亚地区巨大的地缘政治目标和利益,即在中亚地区排除俄罗斯、中国和伊朗的影响,将中亚国家引向南亚。2011年7月,时任美国国务卿的希拉里在美国学者弗雷德里克·斯塔尔新丝绸之路构想的基础上,提出了新丝绸之路战略,力图在美国主导下形成以阿富汗为中心的"中亚—阿富汗—南亚"交通经贸合作网络,实现这一区域的商品北上和能源南下。这一战略是美国"亚太再平衡"战略的补充。新丝绸之路战略提出后,美国即着手实施该战略并取得一定进展,但由于阿富汗安全形势不佳以及融资、地区国家间的竞争、美国地区战略本身的矛盾性以及气源等问题,美国新丝绸之路战略仍然充满了不确定性。2014年,美国常务副国务卿威廉·伯恩斯在一份政策报告中称,美国新丝绸之路战略的一大核心是为中亚建立一个区域能源市场,重点推进"土库曼斯坦—阿富汗—巴基斯坦—印度"天然气管道建设,打造"中亚—阿富汗—南亚"电力网络,打通中亚通往南亚的能源通道。

印度迄今为止还没有清晰的新丝绸之路战略,并在一定程度上有追随美国的意思。印度是美国中亚战略的重要支持者,作为阿富汗重建的第五大援助国,过去10年的花费超过20亿美元。从印度自身来讲,其新丝绸之路规划相对单纯,主要着眼于能源保障和贸易通道。2012年,印度经历了人类历史上最大的断电事件,6亿多人受到影响,却无法利用近在咫尺的中亚能源。印度总理莫迪自2014年上任以来,与存在历史恩怨的国家开始了前所未有的合作。印度是亚投行的创始成员之一。2015年5月,印度与孟加拉国签署了已搁置40余年的《陆地边界协议》。印度参与新丝绸之路建设的实质动作也越来越多。

2002年,俄罗斯与印度、伊朗联合推出"南北走廊计划",打算建设起始于印度,途径伊朗、高加索、俄罗斯,最后直达欧洲的铁路、公路和海运等。2010年1月1日,俄罗斯、白俄罗斯、哈萨克斯坦三国共同启动建立推动欧亚经济一体化的"俄白哈关税同盟",拟建立统一的关税制度。该同盟对"欧亚联盟"起到了重要的推动作用,一方面有利于欧亚地区经济基础设施的建设,另一方面有利于各地区安全合作框架的构建。2011年10月,俄罗斯总统普京正式提出"欧亚联盟战略",要同独联体国家一同建立关税联盟和欧亚经济共同体,从而推动更高层次的、更广泛内容的一体化组织。这一战略被看作俄罗斯版的新丝绸之路战略。

另外日本、韩国也基于亚欧经济合作提出了丝绸之路构想。主要亚太国家纷纷推进新丝绸之路战略,一方面预示中国的"一带一路"战略将面临全新的博弈与竞争,另一方面也表明新丝绸之路具有巨大的潜力和活力。

三、"一带一路"将重新定义中国未来发展空间

2015年3月,国家发展改革委、外交部、商务部经国务院授权发布《推动共建丝绸之路经济带和21世纪海上丝绸之路的愿景与行动》(以下简称《愿景与行动》),阐述了"一带一路"建设的时代背景、共建原则、框架思路、合作重点、合作机制等,为"一带一路"建设指明了方向。仅仅2年多时间,"丝绸之路经济带"和"21世纪海上丝绸之路"就已经从倡议变成实践,从国家战略落地为国家行动,进入务实合作阶段。从筹建亚投行到成立丝路基金,再到国家开发银行的近千个项目,"一带一路"建设取得明显进展,获得多方积极响应,不仅为各方在投资、贸易、金融、文化和旅游等领域的深化合作奠定了坚实基础,也给沿线各国民众带来了实实在在的好处。

从战略上看,"一带一路"将重新拓展和定义中国未来的发展空间。众多学者对此多有著述,可概括为以下几个方面:

首先,"一带一路"将加速亚洲和亚太经济一体化进程,中国将成为推动世界持续发展的新重心。"一带一路"战略将成为亚洲经济一体化的"两翼",有效连接中亚、西亚、东南亚、南亚、东北亚等地区,显著改善区域内的整体基础设施互联互通状况和营商环境。作为世界经济增长的重要引擎,亚洲已日渐成为经济全球化的中坚力量。"一带一路"战略涵盖亚洲26个国家和地区,拥有44亿人口和20多万亿美元的经济规模。在后国际金融危机时代,作为世界经济增长火车头的中国,将发挥自身的产能优势、技术与资金优势、经验与模式优势、市场与合作优势,通过"一带一路"建设促进亚洲国家分享中国改革发展红利,夯实亚

洲经济一体化的基础,成为推动世界持续发展的新重心。

其次,"一带一路"将打破亚欧大陆长期封闭的状态,中国在推动世界均衡发展的同时将获得新的战略发展空间。亚欧大陆是世界上最大的陆地,面积近5000万平方千米,占全球陆地面积的1/3,东西跨度超过1万公里,是世界上最具潜力的经济带。"一带一路"将通过打破亚欧大陆长期封闭的状态,带动内陆国家加快开发开放,实现均衡发展,改变历史上中亚等丝绸之路沿途地带只是作为东西方贸易、文化交流的过道而成为发展洼地的状况,将超越欧美主导全球化造成的贫富差距、地区发展不平衡,形成推动全球均衡发展的新格局。

再次,"一带一路"将打造利益共享的全球价值链,中国将在共同打造全球价值链的过程中获益。当前,世界经济仍处于深度调整期,低增长、低通胀、低需求同高失业、高债务、高泡沫等风险交织,气候变化、能源安全、粮食安全等全球性挑战不断增多,不仅发展中国家需要实现可持续性的经济转型,发达国家也需要促进经济转型。"一带一路"沿海国家多数精于制造业,而内陆国家资源丰富,能源供给充足,庞大的"中国市场"将为沿线国家经济持续增长提供新动力。随着"一带一路"的发展,沿线会形成发达的经济中心、文化中心,通过全方位的国际合作解决自身的问题,更有效地融入全球经济。

最后,"一带一路"将促进人类建设命运共同体,中国将成为推动世界和平发展的重要力量。"一带一路"继承了古丝绸之路开放兼容的历史传统,同时也吸纳了亚洲国家"开放的区域主义"精神,体现了世界各国谋求发展的现实需求。无论从历史还是现实来看,"一带一路"都为人类命运共同体建设提供了重要的路径和战略支撑。"一带一路"不是单一国家的战略,不是把一国利益凌驾于他国利益之上甚至全球利益之上的战略。"一带一路"坚持共商共建、共创共享原则,不搞封闭机制,有意愿的国家和经济体都可参与,成为"一带一路"的支持者、建设者和受益者。"一带一路"将加速人类命运共同体建设,构建各方融合发展的新格局,为各方带来更大发展机遇,共同建造和平、增长、改革、文明的未来世界。

"一带一路"战略是我党十一届三中全会以来,中国对外开放由点到线、由线到面、由面到系统的和平发展战略方针,它将不仅促进经济要素在全球的有序流动和市场的深度融合,而且推进沿线各国的经济政策协调,实现更为和谐的区域经济合作。更为重要的是,"一带一路"战略打开了中国的经贸合作圈、文化合作圈,将大大拓展中国21世纪的发展空间。

四、"一带一路"机遇与挑战并存

"一带一路"战略勾画出了中国走向综合性全球大国的路线图,在带给中国和沿线国家重大福利和机遇的同时,在实施过程中也面临诸多挑战,同时也充满了政治风险、经济风险、安全风险、企业经营风险、文化冲突风险。

政治风险。首先,政治体制差异大,一些国家政局不稳。"一带一路"战略涉及60多个对象国、40多亿人口,参与国既有社会主义国家,也有资本主义国家,还有君主制的阿拉伯国家,意识形态上的相互理解不一定成为根本性的障碍,但从历史看确实会成为影响国家间关系的重要因素。其次,沿线的东南亚、南亚、中亚、西亚地区政治形势复杂,政局不稳,对政策的连续性有很大影响。此外,一些国家的政治势力出于自身政治目的,有意煽动"中国威胁论",以阻止或延宕中国战略的实施。再次,大国博弈风险。在"一带一路"的战略布局当中,不同国家基于不同诉求都有其各自的国家战略,这其中甚至还涉及"一带一路"以外的一些国家的战略利益问题。美国、印度、俄罗斯、日本、韩国等与"一带一路"都有一定的竞争关系和利益冲突,如何处理好这些关系事关重大。同时,"一带一路"沿线一些国家其国内始终存在着反华势力,如印度尼西亚、越南等国。随着社交媒体的广泛运用,这些国家的政治越来越受底层民众民粹意识的裹挟,其中一些领导人可能会以中国因素来解释经济失败,以排华的方式来谋求个人政治利益。如果地区安全得不到保证,欧亚地区国家相互之间不能理解,"一带一路"建设就可能付之东流。

经济风险。实施"一带一路"战略存在着众多经济风险或潜在经济风险。首先,经济发展水平不平衡,对接耦合难度大。沿线国家中,一些国家法律较为健全,市场经济程度较高;一些国家较为封闭,主要为传统经济;还有一些国家处于两者之间,这在一定程度上加大了合作的难度和力度。其次,债务违约风险。"一带一路"沿线国的投资环境整体上不如中国与欧美发达国家,部分参与"一带一路"计划的国家存在着巨额的经常项目赤字、较差的经济基本面,这使其成为高风险债务人。第三,项目泡沫化风险。据有关研究,2015年中国各省"两会"政府工作报告中关于"一带一路"基建投资项目总规模已超过1万亿元人民币,涉及项目近1000个。如此庞大的投资能否落地,众多项目投资资金从何而来,通过何种方式去融资,如何保证海外投资的安全等,值得警惕。

安全风险。"一带一路"战略面临着巨大的传统安全风险与非传统安全风险。传统安全风险方面,如大国地缘政治的博弈,领土、岛屿争端,区域内个别国家政局动荡,等。非传统安全风险方面,如经济安全、金融安全、恐怖主义威胁、跨国有组织犯罪等。中国"一带一路"战略与美国的全球战略相比,其根本区别在于中国更侧重于经济、文化的交流,而非谋求军事霸权。这也意味着"走出去"的中国企业与公民很多时候缺乏国家直接的强力保护。

企业经营风险。当前,中国在"一带一路"沿线国家的资本输出,基本上是以企业投资海外基础工程建设为主要途径。与高技术含量、高回报率的经济领域相比较,基础建设存在着投入大、周期长、不确定因素较多等问题。在一些比较落后的区域,铁路、港口等基础建设实际上很难在短时期内见到效益,甚至将在很长一段时期内面临亏损运营的局面。另外,由于不熟悉国外商业习惯和法律环境,一些中资企业往往要承担商业风险。大批"走出去"的中小型民营企业既缺乏信贷、保险方面的制度安排,也往往难以得到有关管理部门的政策指引、信息服务,其在"走出去"过程中面临的信息问题、安全问题都十分严峻。

文化冲突风险。"一带一路"沿线文化繁杂多样,民族宗教问题复杂多变。丝路沿线是世界主要宗教基督教、佛教、伊斯兰教、印度教共生共存的地区,历史上的宗教争斗延续至今,使中东、中亚、东南亚等地区的国际恐怖主义、宗教极端主义、民族分裂主义势力和跨国有组织犯罪活动猖獗,地区局势长期动荡不安。同时,宗教问题时常与民族问题交织叠加,既恶化了当地环境,又增加了沿线各国相互合作的难度。

面对"一带一路"的种种风险,我们应树立防范意识,未雨绸缪,做好预案,采取有效措施,积极应对挑战。

五、"丝绸之路通鉴"宗旨与使命

自古以来,我国知识分子就有"为天地立心,为生民立命,为往圣继绝学,为万世开太平"的志向和传统。历史经验告诉我们,知识分子对民族和国家的使命担当,是中华民族实现伟大复兴的希望所在。

2016年5月17日,习近平主席在哲学社会科学工作座谈会上的讲话中指出,当代中国正经历着我国历史上最为广泛而深刻的社会变革,也正在进行着人类历史上最为宏大而独特的实践创新,我们不能辜负了这个时代。习近平主席指出,构建开放型经济新体制,实施总体国家安全观,建设人类命运共同体,推进"一带一路"建设,是党和国家根据新的实践提出的具有原创性、时代性的概念和理论。我国哲学社会科学应该以我们正在做的事情为中心,提炼出有学理性的新理论,概括出有规律性的新实践。

习近平主席的讲话深刻解答了事关我国哲学社会科学长远发展的一系列根本性问题,是指导哲学社会科学工作的纲领性文献,也是发展繁荣哲学社会科学的基本原则和行动指南。围绕国家重大需求,重视应用研究,推进智库建设,着力提升解决重大问题的能力和原创能力,既是陕西师范大学繁荣发展哲学社会科学行动计划(2013—2020年)的核心部分,也是陕西师范大学"十三五"发展规划的重点内容。

近10年来,陕西师范大学在围绕丝绸之路的哲学社会科学研究方面发展迅速,成绩斐然,主要体现在以下几个方面。一是以丝绸之路上的重大理论和现实问题为重点,在不同学科交叉协同的基础上,先后获批并建设了陕西省协同创新研究中心"国际长安学研究院"、陕西省哲学社会科学重点研究基地"一带一路与中亚区域协同创新研究中心"、教育部人文社会科学重点研究基地"西北历史环境变迁和经济社会发展研究院"、陕西省哲学社会科学重点研究基地"中国西部边疆研究院"等一批省部级学术创新平台,已经成为国内外在研究丝绸沿线历史发展与环境变迁、西部国家安全、西部边疆、西北民族与宗教、西夏学、语言学、基础教育发展等重大历史与现实问题的重镇。二是在丝绸之路研究的方面取得了丰硕的成果。早在2006年,陕西师范大学就编纂出版了《丝绸之路大辞典》,收录词目11607条,总字数达230多万,是迄今出版的同类书籍中体系最完整、词目最全面、内容最丰富的一部有关丝绸之路的百科全书,也是一部集学术性、知识性、资料性、实用性为一体的大型工具书。其后,陆续出版了《西北丝绸之路的历史文化研究》《中国丝绸之路经济带生态文明建设评价与路径研究》《丝绸之路经济带建设中的国家形象传播研究》等近百部学术著作,承担国家级、省市级有关丝绸之路的课题30余项,获得资助经费1000余万元。其中《丝绸之路戏剧文化研究》获得教育部第六届高等学校科学研究优秀成果奖,《推进丝绸之路经济带战略实施和区域合作共赢空间发展战略研究》的调研报告获得陕西省第十二次哲学社会科学一等奖等。三是将丝绸之路研究的成果积极服务于国家战略、经济与文化发展。陕西师范大学提交的《推进丝绸之路经济带战略实施和区域合作共赢空间发展战略研究》《关于丝绸之路经济带建设的问题与挑战》《俄美在乌兹别克斯坦的博弈及其影响》《边疆热点地区城市民族关系发展态势与对策研究》《关于喀什"南达经验"的总结报告》《新疆城市居民的社会交往空间：利益机制与民族关系》得到国家领导人及中办、国办和国家有关部委批示和采纳。四是陕西师范大学首次倡导并共同参与成立了"丝绸之路大学联盟"。积极推进阿富汗、乌兹别克斯坦两个国别研究中心的建设,研究与"新丝绸之路经济带"沿线国家的双边、多边人文交流机制,开展民间人文交流活动。其中,2013 年 9 月,在习近平主席和阿富汗时任总统卡尔扎伊的见证下,陕西师范大学与阿富汗喀布尔大学在人民大会堂签署合作谅解备忘录,较好地服务了国家战略层面上的国际合作与交流。

新的历史时期,陕西师范大学积极响应国家建设"丝绸之路经济带"的战略构想,切实推进陕西省"服务国家发展战略,促进互利共赢"的共建思路,以教育合作与文化交流为重点,与"丝绸之路经济带"沿线国家与地区,不断创新合作、扩大开放、共同发展。

"一带一路"战略是一项长期、复杂而艰巨的系统工程,推进过程中必然面临诸多机遇和挑战,其中的许多问题需要学界、政府、企业界、民间、文化界等的高度重视和思考。古代丝绸之路的起点在西安,陕西师范大学具有独特的地缘优势,也给我们发挥智库功能,服务区域社会发展和国家建设,提供了难得的历史机遇。

有鉴于此,陕西师范大学组织一批专家编纂了"丝绸之路通鉴"丛书。本套丛书以丝绸之路为本体对象,聚焦"一带一路"这一重大现实问题和战略问题。取名"通鉴",则意在借鉴历史,透析现状,着眼未来,贯穿千年时域,探求发展趋势;意在立足中国,深入沿线,胸怀全局,经略万里空间,厘清错综关系;意在研究战略,丰富内涵,解决问题,横跨宏观、中观与微观,打通理论与实践;意在聚焦经贸,关注人文,促进合作,智慧应对世界形势变换,为"一带一路"国家战略的推进提供全领域、全视角、体系化的智力支撑。

期望"丝绸之路通鉴"丛书坚持以下标准:

第一,体现继承性、民族性。丝绸之路是人类文明交融互鉴的珍贵遗产,蕴含着取之不竭、用之不尽的物质财富和精神财富。如习近平主席所说:我们要坚持不忘本来、吸收外来、面向未来。既向内看,深入研究关系国计民生的重大课题,又向外看,积极探索关系人类前途命运的重大问题;既向前看,准确判断中国特色社会主义发展趋势,又向后看,善于继承和弘扬中华优秀传统文化精华。期望本套丛书的出版,能更好地传承丝路文明,促进全新历史条件下丝绸之路的政治与经济、民族与宗教、文化与生活、自然与文脉等等的发展。

第二,体现原创性、时代性。理论的生命力在于创新,理论思维的起点决定着理论创新的结果。本书的课题确定与编撰,均应专注"一带一路"建设的突出矛盾和问题,突出主体性、原创性、时代性,不追随他人亦步亦趋,不迷信权威人云亦云,力争形成一系列原创性成果,解决丝路建设的重大现实问题。

第三,体现系统性、专业性。希望本套书能全方位、全领域、全要素地研究丝路历史、政治、经济、文化、社会、生态等领域,打通传统学科、新兴学科、前沿学科、交叉学科等诸多学科,构建"丝绸之路学"基本蓝图、学理逻辑、主要架构与核心内容,推进具有中国特色的丝路研究学科体系、学术体系、话语体系建设,助力"一带一路"国家战略的实施。

出版本套丛书是一项巨大的系统工程。第一批陆续出版的著作涉及丝绸之路历史、丝绸之路专门史、丝绸之路经济、丝绸之路文化交流等，大致勾勒出了本套丛书的面貌，包括《英雄在线：丝绸之路的开辟者和捍卫者》（朱鸿）、《丝绸之路与文明交往》（李永平）、《丝绸之路最早的东方起点：西汉长安城》（肖爱玲）、《西北丝绸之路上的汉字流传史》（冯雪俊）、《打造丝绸之路经济带上的战略高地》（王琴梅）、《丝绸之路经济带产业集群价值网络的演化与重构》（雷宏振、贾妮莎、兰娟丽等）、《丝绸之路经济带上生物多样性的经济价值识别、展示与捕获研究》（裴辉儒、宋伟）、《文化集聚·文化街区·文化地域：重塑丝绸之路的新起点》（薛东前、马蓓蓓）、《丝绸之路上的遗址美术》（高明、王晓玲、程玉萍、朱生云、李慧国）、《汉唐丝绸之路漆艺文化研究》（胡玉康、潘天波）、《丝绸之路上的体育交流与发展》（黄聪）、《丝绸之路经济带沿线国家体育文化交流问题研究》（史兵、崔乐泉、李重申等）、《天山廊道：清代天山道路交通与驿传研究》（王启明）等。

限于编著者能力与水平，书中难免有疏漏不足之处，恳请各位方家与读者批评指正。

学术研究的意义不仅在于解释现实与反映现实，更在于改造现实与塑造未来。希望本套丛书所有编撰者筚路蓝缕、创榛辟莽，有淡泊名利、耐得住寂寞的定力，有敢立潮头、勇于创新的勇气，有忧国忧民、为民鞠躬的情怀，积极努力，为实现"两个一百年"奋斗目标与实现中华民族伟大复兴的中国梦做出新的贡献！

是为序。

2016 年 9 月 28 日

前　言

建设丝绸之路经济带是党和国家在后金融危机时代世界经济多元化进程中所进行的重大战略选择,是党和国家站在人类历史进程高度上对我国未来经济发展方向和模式所进行的重大战略设计,是当前我国经济摆脱对欧美体系依赖、分散海洋经济系统风险、实现经济内陆转型和内需转型的重大战略举措,其必将对实现我国经济长期稳定的可持续发展发挥深远影响。

习近平主席提出的丝绸之路经济带五通建设方针(政策沟通、道路联通、贸易畅通、货币流通、民心相通)是马克思主义政治经济学对陆地型区域经济一体化的高度概括。本书以五通建设方针为中心,旨在回答丝绸之路经济带经济一体化的具体路径和实施重点。

马克思主义历史唯物论是认识人类经济社会发展的总纲,是关于人类社会发展普遍规律的科学,是研究社会经济发展的根本方法,是马克思主义方法论和意识形态的最根本构成。本书的基本框架基于马克思主义历史唯物论生产力和生产关系的经济发展分析范式,将区域经济一体化两维度的划分为经常项目一体化和资本项目一体化,前者的重点在于提高经济区生产力三要素配置效率,包括道路联通和贸易畅通两个关键环节;后者的重点在于优化经济区社会互信体系,推进社会信用向市场信用的有效转化,包括民心相通和货币流通两个关键环节,政策沟通是两个维度共同的前提。

丝绸之路经济带经济一体化是有别于海洋型区域经济一体化的陆地型经济一体化,其发展范式和发展路径都与英美主导的自由贸易区不同,探讨基于道路基础设施先行(道路联通)和渐进式文化交融(民心相通)等特质的陆地型区域经济一体化协调发展规律是本书在研究上的着力之处。不同于多数区域经济发展研究的静态化投入产出分析方法,本研究强调对事实过程调研分析基础上的动态描述,并基于动态过程分别构建了丝绸之路经济带经常项目一体化逻辑因果链和资本项目一体化逻辑因果链,通过因果链分解实证丝绸之路经济带资本项目一体化和经常项目一体化各环节的不同作用。

本书研究表明:尽管经常项目一体化和资本项目一体化都是推进丝绸之路经济带经济发展的动力,但当前丝绸之路经济带经济运行更多显示出的还是马克思主义政治经济学所揭示的资本项目一体化维度——市场生产关系匮乏(市场信用匮乏),而非新古典经济学所揭示的经常项目一体化维度——生产要素配置效率低下。从资本项目一体化维度分析,市场信用匮乏的原因是人员往来和信息沟通所形成的民心相通无法被金融机构有效转化为货币流通,现有金融授信机制(风险评估机制)歧视丝绸之路经济带自身深沉的历史文化、固有可信的社会信用,其单纯以英美金融标准为标准直接造成了货币超发和货币短缺并行的悖论,从根本上抑制了丝绸之路经济带经济发展;从经常项目一体化维度分析,道路建设是陆地型经济一体化地理特质下的发展前提,是经常项目一体化驱动丝绸之路经济带经济发展的主要环节,渐进交融是陆地型经济一体化文化特质下的天然优势,摆脱英美海洋贸易规则的形而上学束缚,建立灵活机动适合双方社会信用体系的双边或多边贸易规则,可以有效实现道路联通向贸易畅通的转化,从根本上推进丝绸之路经济带经济发展。

目 录

绪 论 ··· 1
    第一节 丝绸之路经济带提出的背景和意义 ················· 1
    第二节 研究意义、研究目标和创新之处 ···················· 15
    第三节 基本概念与研究范围的界定 ························· 20
    第四节 研究思路、研究方法与研究框架 ···················· 27
    第五节 本章小结 ··· 32

第一章 五通建设的内涵和丝绸之路经济带经济一体化构成分解
··· 34
    第一节 丝绸之路经济带经济一体化构成分解和五通建设的内涵
··· 34
    第二节 经常项目和资本项目对丝绸之路经济带经济一体化驱动经济增长贡献的实证分析 ················· 43
    第二节 本章小节 ··· 55

第二章 丝绸之路经济带经常项目一体化与经济增长的因果链分析
··· 57
    第一节 丝绸之路经济带经常项目一体化因果链分析 ········ 57
    第二节 丝绸之路经济带道路联通对贸易畅通推进的效率分析
··· 69
    第三节 丝绸之路经济带贸易畅通对经济增长的驱动力分析
··· 82

第四节　本章小节 ································· 97

第三章　丝绸之路经济带资本项目一体化与经济增长的因果链分析
··· 104

第一节　丝绸之路经济带资本项目一体化因果链分析 ······ 104

第二节　丝绸之路经济带民心相通对货币流通推进的效率分析
··· 123

第三节　丝绸之路经济带货币流通对经济增长的驱动力分析
··· 139

第四节　本章小节 ································ 157

第四章　结论和政策建议 ······················· 165

第一节　全书研究总结 ···························· 165

第二节　丝绸之路经济带经济一体化发展路径设计 ········ 174

第三节　丝绸之路经济带经济一体化发展政策建议 ········ 178

第四节　本章小节 ································ 186

附　录

西安市在丝绸之路经济带上的战略定位研究报告 ·········· 188

丝绸之路经济带金融合作发展报告 ······················ 204

参考文献 ··· 228

后　记 ··· 232

绪　论

内容提要

绪论通过对古丝绸之路、海上丝绸之路、亚欧大陆桥历史发展过程的回顾和对丝绸之路经济带五通建设理念提出过程的梳理,阐明了基于五通建设的丝绸之路经济带经济一体化研究的重要意义和研究目标,同时对本研究的基本思路、基本方法、研究框架、创新点和研究范围等进行了总体性阐述。

第一节　丝绸之路经济带提出的背景和意义

一、从古丝绸之路到新丝绸之路

古丝绸之路不仅是古代亚非欧互通有无的商贸大道,更是促进亚非欧各国和中国友好往来、沟通东西方文化的友谊之路。一般认为,丝绸之路始于西汉(前202—8),由张骞出使西域开辟。张骞于公元前139年从长安(今陕西西安)出发,为联络大月氏人,共同夹击匈奴,首次开拓丝绸之路。这次远行被称为"凿空之旅"。罗马人征服叙利亚的塞琉西帝国(前312—前64)和埃及的托勒密王朝(前305—前30)后,通过安息帝国、贵霜帝国和阿克苏姆帝国开始了与中国的丝绸商贸。西汉末年,丝绸之路一度断绝。东汉时期(25—220),班超从洛阳出发,再次出使西域,他到达了西域,他的随从到达了罗马。这是东西方文明的第一次对话。也是在东汉,印度僧人沿着丝绸之路到达洛阳,将佛教传入中国,从另一个方向拓展了丝绸之路。

以长安为起点的丝绸之路,是古代横贯亚欧的通道,往西经中亚、西亚、小亚细亚一直延伸到西北欧和北非,往南则经中亚到达印度,往北经蒙古、西伯利亚越过伏尔加河到达黑海之滨。在通过这条漫漫长路进行贸易的货物中,以皮毛、玉石、珠宝、香料、丝绸和瓷器等奢侈品为主,因此这条路也被称为"皮毛之路""玉石之路""珠宝之路""香料之路"。又由于产自我国的丝绸最具代表性,自德国地理学家费迪南德·李希霍芬男爵在19世纪70年代将之命名为"丝绸之路"后,即被广泛接受。[1]丝绸之路,在世界经济、文化和社会史上都具有重大意义,它是亚非欧大陆的交通动脉,也是黄河文明、印度河文明、爱琴海文明、两河流域文明、尼罗河文明、欧亚大草原文明和北欧文明等主要文化交会的桥梁。佛教、基督教、伊斯兰教等宗教沿丝绸之路传入中国,汉文化也沿此传播到西方;中国的造纸术、雕版印刷术等伟大发明沿此传到西方,西方的天文历法、建筑工艺、制糖法、酿酒术等技艺也沿此传入中国。文化和技术的交流伴随着商贸往来共同推动了沿路各国的经济社会发展和生力水平的大幅提升。出使西域的张骞、投笔从戎的班超、东来传法的鸠摩罗什、西天取经的玄奘,以及旅行家马可波罗,都在这条路上留下了不可磨灭的印迹。丝绸之路繁盛于我国隋唐时期,代表了陆地文明的最高峰。隋唐时,古丝绸之路空前繁荣,胡商云集东都洛阳和西京长安,定居者数以万计。唐之后宋元明清,丝绸之路一直是亚非欧各文明交流的重要途径,其起点随朝代更替和政治中心转移而发生变化,长安(今西安)、洛阳、平城(今大同)、汴梁(今开封)、大都(北京)曾先后为丝绸之路的起点。

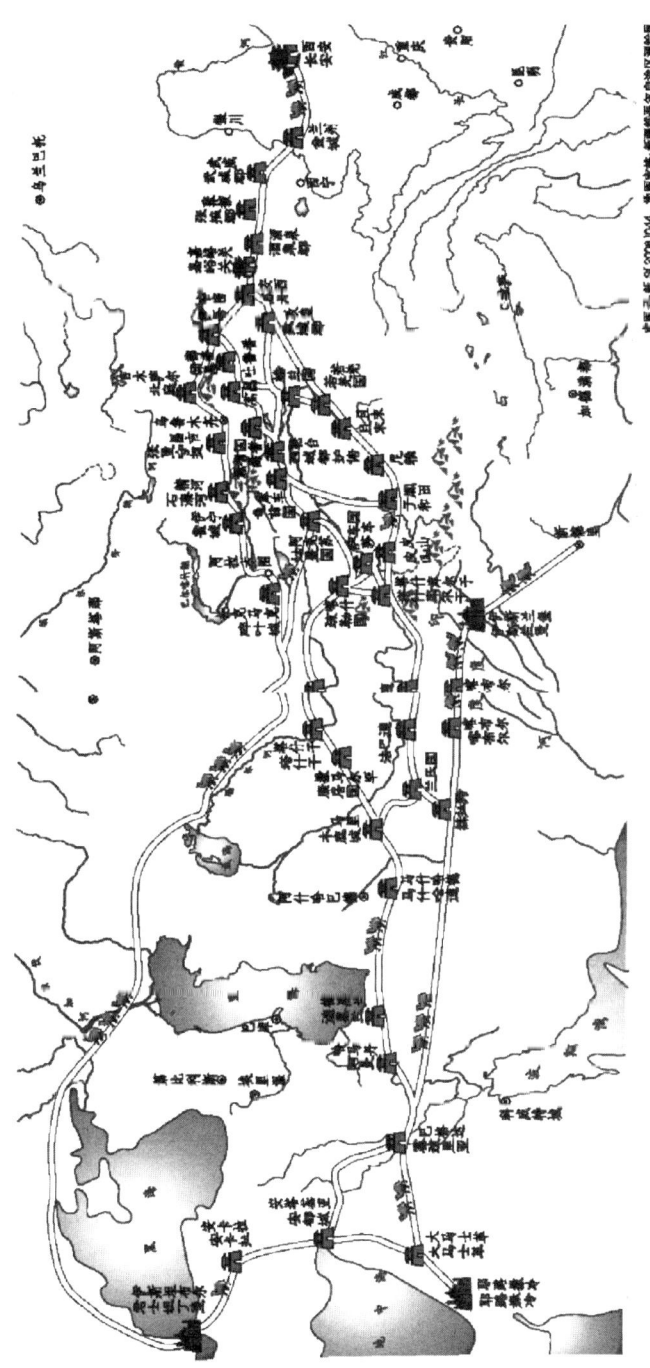

图1 古丝绸之路

陆上丝绸之路发展和兴盛的同时,人类文明正逐步由陆地走向海洋,一种较陆上运输更为便利的海上运输逐步兴起。海上丝绸之路首先作为陆上丝绸之路的延伸,推进着我国与东南亚和南亚地区的经济文化交往。12 世纪,指南针在中国航海中得到广泛运用,造船技术随之快速提升,海上运输距离因此实现飞跃,海洋贸易开始快速发展。经

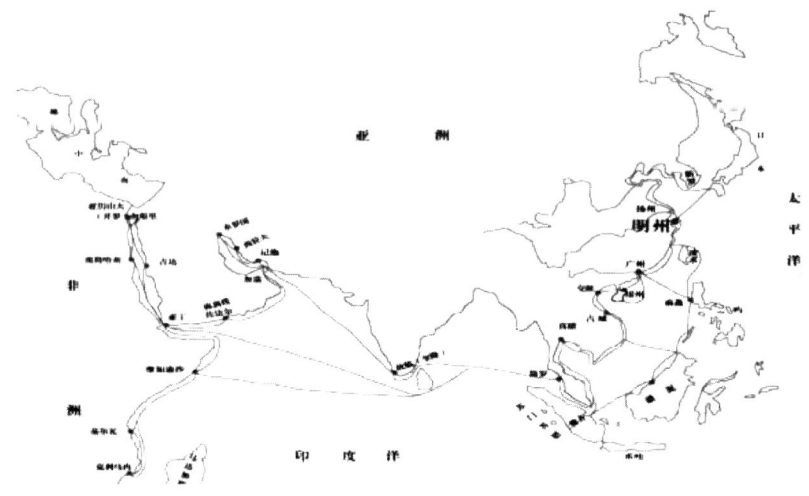

图 2　海上丝绸之路

中国南海和印度洋到达波斯湾和红海的航路的开辟使得亚非欧海上交往的通道完全打开,海上丝绸之路真正形成。海洋商贸基于海洋地理特质而具有运输高承载力、低廉成本和高自然风险的特征,其运输产品种类和规模都与陆上丝绸之路完全不同。宋元时期,瓷器渐渐成为主要货物,同时也运输糖、五金等大宗廉价货物,因此,人们也多把海上丝绸之路叫作"海上陶瓷之路"。1405 年,郑和率领 240 多艘海船、27400 名船员组成的庞大船队远航,到达过爪哇、苏门答腊、苏禄、彭亨、真腊、古里、暹罗、阿丹、天方、左法尔、忽鲁谟斯、木骨都束等 30 多个国家,最远曾到达非洲东海岸、红海和麦加。郑和下西洋促进了中国同东南亚、南亚、中东、东非的海上贸易发展和友好往来,也将海

上丝绸之路推向了顶峰。15世纪开始,伴随着迪亚士、达伽马、哥伦布、麦哲伦等一大批海上勇士的海洋探险,地理大发现最终将人类历史彻底推向了海洋时代。工业革命的蒸汽机加速了波涛中巨轮的马达,代表陆地文明的古老的丝绸之路不再具有社会经济文化发展的主流意义,代表海洋的蓝色文明成为人类社会、经济和文化的主旋律,经济、社会和文化的发展从此与海洋发展画上了等号。

20世纪40年代以后,人类社会在经济和技术方面发生了天翻地覆的变化:接踵而至的电子技术革命、信息技术革命使得形成制造业垄断的机器设备不再稀缺,制造业生产逐步向发展中国家转移;伴随着石油价格高企和环境压力日趋严重,高运输成本和高排放压力使得制成品也逐步摆脱海洋输出,源自供给的制造业生产优势逐步让位给了来自需求的本地市场效应,技术产品、金融产品和文化产品在贸易中所占比重越来越大;交通条件的改善和信息化使得人类进入了一个"地球村"的时代,人们惊奇地发现,海洋探险家不再拥有探险的去处,一个世界乡土化的时代正在慢慢到来。这时古老的丝绸之路又重新被我们唤起。1971年,以俄罗斯东部符拉迪沃斯托克(海参崴)为起点横穿西伯利亚,先后经过俄罗斯、中国、哈萨克斯坦、白俄罗斯、波兰、德国、荷兰7个国家,最后到荷兰鹿特丹港的第一亚欧大陆桥(西伯利亚大陆桥)率先开始运营。1990年9月,起自中国连云港终于荷兰鹿特丹,联通东亚、中亚、西亚、东欧和西欧的40多个国家和地区的第二亚欧大陆桥(新亚欧大陆桥)正式接轨,并于1992年12月正式投入国际集装箱运输。由于所经路线很大一部分与古丝绸之路重合,人们又将新亚欧大陆桥称作"现代丝绸之路"。

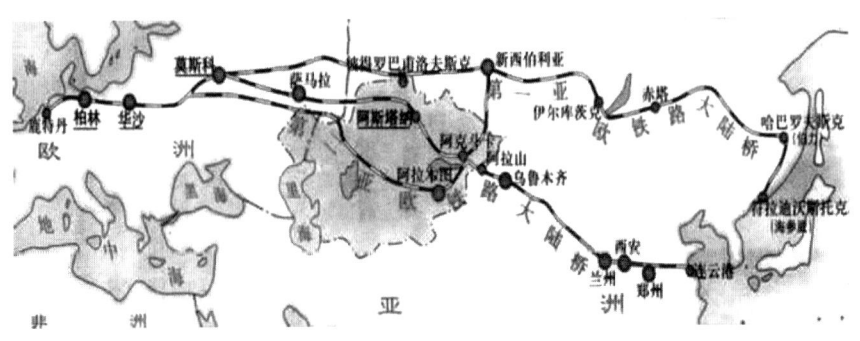

图3 亚欧大陆桥

被历史重新唤起的新的丝绸之路似乎又不同于古老的丝绸之路。新的丝绸之路在保留古丝绸之路陆地文明纽带作用的同时,又被赋予了新的时代含义,它并非标志着海洋文明向陆地文明的简单复归,它标志的是人类社会文明的提升,是经历了生产力质的飞跃之后的一次新的回归。

二、丝绸之路经济带的提出

2008年金融危机席卷全球并在其后不断发酵,至今挥之不去。南欧主权危机、欧元区动荡、英国脱欧等事件不断冲击着世界经济政治体系,历经500余年由荷兰—英国—美国所引领的风光无限的海洋文明正在走向衰落,曾引导我国30年经济高速增长的海洋经济发展模式已不再能支撑起我国经济的长期可持续发展,经济内陆转型和内需转型的战略调整势在必行。

20世纪90年代和21世纪初,我国政府已开始密切关注丝绸之路经济带及其周边区域的经济发展。1990年9月12日,乌鲁木齐西站至阿拉山口的列车开通,新亚欧大陆桥实现全面贯通,与古丝绸之路基本重合的现代交通格局基本形成。1992年,我国国际路桥联运开始运营。1993年,我国政府决定新亚欧大陆桥中国段全线开发开放。1994年10月,中、俄与中亚五国铁道(运输)部长在北京召开会议,批准了"开发利用经友谊关—阿拉山口边境通道的国际铁路干线计划"。1996年,我国政府在《中华人民共和国国民经济和社会发展"九五"计划和2010年远景目标纲要》中明确要求加快发展新亚欧大陆桥沿线经济带,"九五"计划期间,应把建设资金相对集中地投向中国的中西部地区。[2] 1999年,我国又提出了"要不失时机地实施西部大开发战略",进一步把丝绸之路经济带的复兴提升到更为重要的战略层次。2000年1月,国务院正式成立西部地区开发领导小组,由国务院总理朱镕基担任组长,国务院副总理温家宝担任副组长。2005年欧亚经济论坛在丝绸之路的起点西安成立,2007年欧亚经济论坛提出要推进丝绸之路经济带的建设发展,并建议将此经济带的建设发展提到国家规划的日程上来。

2013年9月,中国国家主席习近平在哈萨克斯坦纳扎尔巴耶夫大学发表演讲,呼吁以创新的合作模式共同建设丝绸之路经济带。习近平主席提出,"为了使我们欧亚各国经济联系更加紧密、相互合作更加深入、发展空间更加广阔,我们可以用创新的合作模式,共同建设'丝绸之路经济带'。……以点带面,从线到片,逐步形成区域大合作。第一,加强政策沟通。各国可以就经济发展战略和对策进行充分交流,本着求同存异原则,协商制定推进区域合作的规划和措施,……第二,加强道路联通。……打通从太平洋到波罗的海的运输大通道,……逐步形成连接东亚、西亚、南亚的交通运输网络,……第三,加强贸易畅通。……各方应该就贸易和投资便利化问题进行探讨并做出适当安排,……第四,加强货币流通。……如果各国在经常项下和资本项下实现本币兑换和结算,就可以大大降低流通成本,增强抵御金融风险能力,提高本地区经济国际竞争力。第五,加强民心相通。……加强人民友好往来,增进相互了解和传统友谊,为开展区域合作奠定坚实民意基础和社会基础。"[3] 该理念一经提出立即收到沿线中亚各国的热烈回应,但也引起了美日等国家和地区的担忧。

2013年10月15日,国家主席习近平在人民大会堂会见哈萨克斯坦议会下院议长尼格马图林时指出:"我在访哈期间提出建设'丝绸之路经济带'的倡议,得到哈方及有关各方的积极支持。丝绸之路是中、哈及沿线各国共同拥有的历史遗产,弥足珍贵。建设'丝绸之路经济带'符合中哈的根本利益。希望双方抓住历史机遇,全面加强两国之间政治沟通、道路联通、贸易联通、货币流通和民心相通这'五通',发挥中哈合作对丝绸之路途经地区区域合作的示范和带头作用,带动更多国家积极参与'丝绸之路经济带'建设。"[4]

2013年11月,党的十八届三中全会通过的《中共中央关于全面深化改革若干重大问题的决定》更进一步明确提出"加快同周边国家和区域基础设施互联互通建设,推进丝绸之路经济带、海上丝绸之路建设,形成全方位开放新格局"。[5]

2014年5月19日,习近平主席在上海会见蒙古国总统额勒贝格道尔吉。习近平主席表示:"中蒙经济互补性强。中方开展对蒙合作坚持互利双赢原则,不搞我赢你输、我多你少。中方愿本着矿产资源开发、基础设施建设、金融合作'三位一体、统筹推进'原则,以互联互通建设为优先方向,以建设丝绸之路经济带为契机,拓展两国合作,鼓励有实力的中国企业赴蒙投资兴业。"[6]

2014年8月,习近平主席在蒙古国访问时再次提出与蒙古国共同推动丝绸之路经济带建设,习近平主席表示:"中方愿同蒙方加强在丝绸之路经济带倡议下合作,对蒙方提出的草原之路倡议持积极和开放态度。双方可以在亚洲基础设施投资银行等新的平台上加强合作,共同发展,共同受益。"[7]

2015年2月,推进"一带一路"建设工作会议在北京召开。中共中央政治局常委、国务院副总理张高丽指出:推进"'一带一路'建设是党中央、国务院统筹国内国际两个大局做出的重大决策,对开创我国全方位对外开放新格局、促进地区及世界和平发展具有重大意义。习近平总书记提出'一带一路'战略构想并要求高举和平、发展、合作、共赢旗帜,秉持亲诚惠容的外交理念,以政策沟通、设施联通、贸易畅通、资金融通、民心相通为主要内容,积极推进'一带一路'建设,与沿线各国共同打造政治互信、经济融合、文化包容的利益共同体、责任共同体和命运共同体,造福沿线国家人民,促进人类文明进步事业。张高丽强调:'一带一路'建设是一项宏大系统工程,要突出重点、远近结合,有力有序有效推进,确保'一带一路'建设工作开好局、起好步。要坚持共商、共建、共享原则,积极与沿线国家的发展战略相互对接。要把握重点方向,陆上依托国际大通道,以重点经贸产业园区为合作平台,共同打造若干国际经济合作走廊;海上依托重点港口城市,共同打造通畅安全高效的运输大通道。要强化规划引领,把长期目标任务和近期工作结合起来,加强对工作的具体指导。要抓好重点项目,以基础设施互联互通为突破口,发挥对推进'一带一路'建设的基础性作用和示范效应。要畅通投资贸易,着力推进投资和贸易便利化,营造区域内良好营商环境,抓好境外合作园区建设,推动形成区域经济合作共赢发展新格局。要拓宽金融合作,加快构建强有力的投融资渠道支撑,强化'一带一路'建设的资金保障。要促进人文交流,传承和弘扬古丝绸之路友好合作精神,夯实'一带一路'建设的民意和社会基础。要保护生态环境,遵守法律法规,履行社会责任,共同建设绿色、和谐、共赢的'一带一路'。要加强沟通磋商,充分发挥多边双边、区域次区域合作机制和平台的作用,扩大利益契合点,谋求共同发展、共同繁荣,携手推进'一带一路'"建设。[8]

2015年3月,我国政府制定并发布《推动共建丝绸之路经济带和21世纪海上丝绸之路的愿景与行动》,推进实施"一带一路"建设。文中指出:共建"一带一路"致力于亚欧非大陆及附近海洋的互联互通,建立和加强沿线各国互联互通伙伴关系,构建全方位、多层次、复合型的互联互通网络,实现沿线各国多元、自主、平衡、可持续的发展。"一带一路"的互联互通项目将推动沿线各国发展战略的对接与耦合,发掘区域内市场的潜力,促进投资和消费,创造需求和就业,增进沿线各国人民的人文交流与文明互鉴,让各国人民相逢相知、互信互敬,共享和谐、安宁、富裕的生活。……共建"一带一路"是中国的倡议,也是中国与沿线国家的共同愿望。站在新的起点上,中国愿与沿线国家一道,以共建"一带一路"为契机,平等协商,兼顾各方利益,反映各方诉求,携手推动更大范围、更高水平、更深层次的大开放、大交流、大融合。"一带一路"建设是开放的、包容的,欢迎世界各国和国际、地区组织积极参与。共建"一带一路"的途径是以目标协调、政策沟通为主,不刻意追求一致性,可高度灵活,富有弹性,是多元开放的合作进程。中国愿与沿线国家一道,不断充实完善"一带一路"的合作内容和方式,共同制定时间表、路线图,积极对接沿线国家发展和区域合作规划。中国愿与沿线国家一道,在既有双多边和区域次区域合作机制框架下,通过合作研究、论坛展会、人员培训、交流访问等多种形式,促进沿线国家对共建"一带一路"内涵、目标、任务等方面的进一步理解和认同。中国愿与沿线国家一道,稳步推进示范项目建设,共同确定一批能够照顾双多边利益的项目,对各方认可、条件成熟的项目抓紧启动实施,争取早日开花结果。"一带一路"是一条互尊互信之路,一条合作共赢之路,一条文明互鉴之路。只要沿线各国和衷共济、相向而行,就一定能够谱写建设丝绸之路经济带和21世纪海上丝绸之路的新篇章,让沿线各国人民共享"一带一路"共建成果。[9]

同是3月,在2015年博鳌亚洲论坛开幕式上,习近平主席发表主旨演讲。他表示,"一带一路"建设不是要替代现有地区合作机制和倡议,而是要在已有基础上,推动沿线各国实现经济战略相互对接、优势互补。习主席讲道:"2013年我访问哈萨克斯坦和印度尼西亚时,分别提出建设丝绸之路经济带和21世纪海上丝绸之路合作倡议。'一带一路'合作倡议契合中国、沿线国家和本地区发展需要,符合有关各方共同利益,顺应了地区和全球合作潮流。'一带一路'建设秉持的是共商、共建、共享原则,不是封闭的,而是开放包容的;不是中国一家的独奏,而是沿线国家的合唱。……目前,已经有60多个沿线国家和国际组织对参与'一带一路'建设表达了积极态度。'一带一路'建设、亚洲基础设施投资银行都是开放的,我们欢迎沿线国家和亚洲国家积极参与,也张开臂膀欢迎五大洲朋友共襄盛举。'一带一路'建设不是空洞的口号,而是看得见、摸得着的实际举措,将给地区国家带来实实在在的利益。在有关各方共同努力下,'一带一路'建设的愿景与行动文件已经制定,亚洲基础设施投资银行筹建工作迈出实质性步伐,丝路基金已经顺利启动,一批基础设施互联互通项目已在稳步推进。这些早期收获向我们展现了'一带一路'的广阔前景。"[10]

2015年12月,旨在推进以"一带一路"为中心区域经济一体化发展的亚洲基础设施投资银行正式成立,丝绸之路经济带建设迈向了一个新的里程碑。亚洲基础设施投资银行是一个政府间性质的亚洲区域多边开发机构,重点支持"一带一路"及其周边基础设施建设,总部设在北京,法定资本1000亿美元。2013年10月2日,习近平主席提出筹建倡议。2014年10月24日,包括中国、印度、新加坡等在内21个首批意向创始成员国的财长和授权代表在北京签约,共同决定成立亚洲基础设施投资银行(以下简称"亚投行")。2015年3月12日,英国正式申请加入亚投行,成为首个申请加入亚投行的主要西方国家。2015年4月15日,法国、德国、意大利、韩国、俄罗斯、澳大利亚、挪威、南非、波兰等国先后已同意加入亚洲基础设施投资银行,至此已有

57个国家正式成为亚投行意向创始成员国,涵盖了除美国之外的主要西方国家以及除日本之外的主要东方国家。2016年1月16日至18日,亚投行开业仪式暨理事会和董事会成立大会在北京举行。亚洲基础设施投资银行的成立不仅将有力夯实"一带一路"经济增长的硬件基础,还将大幅提高亚洲资本的利用效率及其对"一带一路"和周边区域经济发展的贡献水平。

2016年3月,《中华人民共和国国民经济和社会发展第十三个五年规划纲要》(以下简称《纲要》)在2016年全国两会上发布,《纲要》以一章的篇幅,着力强调了推进"一带一路"建设,包括三节,分别是:健全"一带一路"合作机制、畅通"一带一路"经济走廊、共创开放包容的人文交流新局面。《纲要》指出了"一带一路"建设的总方针,即"秉持亲诚惠容,坚持共商共建共享原则,开展与有关国家和地区多领域互利共赢的务实合作,打造陆海内外联动、东西双向开放的全面开放新格局"[11]。

三、丝绸之路经济带提出的重要意义

建设丝绸之路经济带是党和国家在后金融危机时代世界经济多元化进程中所进行的重大战略选择,是党和国家站在人类历史进程高度上对我国未来经济发展方向和模式所进行的重大战略设计,是当前我国经济摆脱对英美海洋体系依赖、应对全球危机和实现经济内陆转型和内需转型的重大战略举措,也将会对实现我国经济长期稳定的可持续发展发挥深远影响。

首先,丝绸之路经济带建设是我国经济内陆转型和内需转型战略的重要组成,是我国经济应对全球经济危机和分散英美主导的海洋经济系统风险的重要举措。2000年,西部大开发吹响了我国经济内陆转型和内需转型的号角,历经10余年全国上下的不懈努力,西部大开发取得了伟大成就。2008年的全球经济危机完全验证了西部大开发战略的历史正确性,也彻底坚定了我国经济内陆转型和内需转型的战略部署,丝绸之路经济带建设正是这一战略的最重要组成部分。西北五省区作为古丝绸之路中国段的主体,是中国与中亚国家开展经贸合作的桥头堡,同时也是丝绸之路经济带中国段建设的重点区域。1999年西部大开发战略实施以来,国家不断加大对西北地区的扶持和投入力度,西北基础设施建设和经济社会发展水平有了明显进步。2000—2012年,西北五省区的年均经济增长速度都高于全国平均水平。但与此同时,西北地区整体发展水平与东部发达地区仍存在较大差距,尤其是受偏居内陆海上运输不便等因素的影响,西北各省区经济外向化程度长期处于较低水平,这不仅阻碍了区域经济协调发展,而且对中国整体经济增长产生了消极影响。中国与亚欧国家共建丝绸之路经济带,可以形成"横贯东中西"的对外经济走廊,有助于全面提升西北地区的对外开放和经济发展水平。随着对外开放的内陆转型,随着本地市场效应不断提升和生产技术不断扩散,今后西北地区可以向中亚及其周边国家扩大开放,在更大的空间范围内促进生产力三要素自由流动和优化配置,助推西北地区成为中国新的经济增长极。

其次,丝绸之路经济带是习近平主席中国周边外交亲诚惠容理念的重要体现,是促进内陆型国家渐进式交融性文化交流的重要措施。海洋商贸之路由于海洋信息阻隔和长距离地理跨度,文明的交流多为冲突式的文明碰撞,将自身价值观强加于人是关于海洋文明的特质,战争成为早期海洋国家向外扩张的必由之路。时至今日,海洋大国仍倾向于采用军事手段解决意识形态的冲突,中东地区战争最为典型。丝绸之路的文明交流方式则与之不同,绵延万里的丝绸之路的发展是陆上的一个渐进过程,渐进式的文明融合是其根本特点,小范围的冲突在这里并不能解决长途的跨区贸易,相互和谐的文明包容才能使丝绸之路真正畅通。习近平主席提出的中国周边外交亲诚惠容理念正是对这种交融性文明交流的准确把握:"亲"就是我们与周边国家很亲近,感情好;"诚"就是对周边国家是真心的、实在的;"惠"就是利益的相互给予;"容"就是我们能容纳周边国家,求同存异。亲诚惠容的外交理念,既无当"领导者"的霸权野心,也无遏制他国的特别目的,更无消除异己、推行普世观念的动机,而是将周边国家当作邻居,以诚相待,相互包容,相互受益,共同发展。

再次,丝绸之路经济带既是上海合作组织合作的有效成果,又是对抗美、俄、日欧等国家和地区实施中亚地缘战略的结果。1997 年,日本桥本龙太郎内阁开始重视与中亚及其周边国家的交往,把中亚及南高加索八国称为"丝绸之路地区",提出了"丝绸之路外交战略"。日本实施丝绸之路外交战略,一方面是为了加强日本与中亚国家的经济合作,提升中亚各国的经济发展速度和国际化水平;另一方面是为了增强日本在这一地区的政治和经济影响力,开发该区域丰富的油气资源,保障日本的能源供应安全。2002 年,俄罗斯、印度和伊朗三国共同发起了"北南走廊计划",提出修建从印度经伊朗、高加索、俄罗斯直达欧洲的国际运输通道。该运输通道包括铁路、公路、海运等多种形式,可以降低沿途国家尤其是印度通往欧洲的货运成本,提高相关各国商品的国际竞争力。但由于相关国家的分歧和资金短缺问题,北南走廊计划中的铁路和公路项目进展缓慢。欧盟于 2009 年提出了"新丝绸之路计划",即通过修建"纳布卡天然气管线"这一能源运输南部走廊,加强与中亚及周边国家在能源、商贸、人员、信息等方面的联系。2011 年 7 月,美国国务卿希拉里提出了"新丝绸之路战略",力图在美国主导下,依托阿富汗连接中亚和南亚的区位优势,形成以阿富汗为中心的"中亚—阿富汗—南亚"交通运输与经济合作网络,促进这一区域的能源南下和商品北上。此后,美国将其对中亚、南亚的政策统一命名为"新丝绸之路战略",并积极向其盟友推介这一战略。

为应对各种政治势力的影响,2001年6月,中国、俄罗斯、哈萨克斯坦、乌兹别克斯坦、吉尔吉斯斯坦、塔吉克斯坦在"上海五国"机制的基础上成立了"上海合作组织",致力于加强成员国之间军事、政治、经济、文化的全方位合作。在此之后,印度、伊朗、白俄罗斯、巴基斯坦、阿富汗、蒙古六国成为上海合作组织的观察员国,土耳其、斯里兰卡、阿塞拜疆、亚美尼亚、柬埔寨、尼泊尔六国成为对话伙伴。丝绸之路经济带的提出就是上海合作组织致力于合作发展的最有效成果。

同时,作为丝绸之路经济带核心区和经济凹陷区域的重要组成部分,中亚地区具有广阔的经济发展潜力,可以与我国经济形成良性互补。从自然资源禀赋来看,中亚地区矿产资源丰富,尤其是石油、天然气、贵金属和有色金属储量较大,可以很大程度解决我国对个别国家能源过度依赖的问题;从投资来看,中亚地区的自然资源和产业基础对外资的吸引力日益增强,2009—2012年引进的外资额较2000—2005年增长逾5倍,是我国当前资金过热的有效化解出口;从市场空间来看,中亚地区市场需求增长迅速,与我国贸易往来持续高速提升,对化解我国当前的产能过剩具有很大帮助。

第二节 研究意义、研究目标和创新之处

一、五通建设的提出和陆地型经济一体化的研究意义

针对丝绸之路经济带建设发展的目标,习近平主席进一步提出了"政策沟通、道路联通、贸易畅通、货币流通和民心相通"的"五通"建设方针。五通建设方针涵盖了丝绸之路经济带建设的主要方面,其中政策沟通是合作前提,民心相通是合作基础,道路联通是合作的物质

保证,贸易畅通是生产力三要素高效配置的条件,货币流通的主要作用在于抑制西方海洋经济所带来的市场体系风险、实现经济带市场信用的内生化。丝绸之路经济带的五通建设目的在于推进经济带各国的合作交流,在尊重差异前提下有效发挥各国和各地区比较优势和本地市场,最终实现互利共赢,可以完全涵盖于丝绸之路经济带经济一体化目标之下。但这种陆地型区域经济一体化与英美主导的海洋型自由贸易区经济一体化又有根本不同。

首先,运输方式不同。海洋的运输不需要类似陆路运输公路铁路的前期建设,依靠大海这样的自然赋予,海上运输具有低成本、高承载力的特点,特别适于廉价大宗商品的运输。尤其是当能源价格相对低廉的时候,运输成本劣势被极大缩小,借助于化石能源,生产比较优势在广阔空间中被放大,具有较强的扩张效应,由此推进着海洋商贸的快速发展。同时,海洋运输也受制于大海的自然限制,运输速度缓慢、运输风险大和运输路程长(海上航线距离一般都会大于陆路运输距离)都是其缺点,这对运输时间要求不太强、较能承担风险的廉价大宗商品更具适用性。陆路运输需要前期高额基建成本,道路联通是先决条件,道路一旦建成就相对快捷,运输风险较小,非常有利于短途运输或价值较高商品的运输。

其次,经济合作模式不同。海洋商贸之路的经济发展与大规模的工业品生产和输出连在一起,生产优势就是发展优势,依靠工业革命第一个走向现代化的国家——英国就是当时的世界工厂,而依靠坚船利炮打开的一个个殖民地就是其产品的输出地和原材料索取地。在海洋发展之路上承接领先经济体产业的雁型转移就是后起国家的发展路径,从英国到美国、澳大利亚,再到日本,再到东亚四小龙和改革开放之后的中国皆是如此。但今天,海上文明所赖以为继的化石能源出现了瓶颈,以石油为代表的能源价格高企和温室气体效应制约着依靠生产优势赢得经济领先地位国家和企业的竞争力。陆地型的经济合作模式则与之不同,在工业生产技术不再具有垄断性、运输成本日益提高的今天,基于需求的本地市场效应比较基于供给的生产优势更符合市场规律;在聚集效应之下,区域经济中心会逐步取代世界工厂,普通工业品通过区域中心对外辐射,长途贸易转化为短途贸易,技术、金融和文化等无形贸易或社会文化交流将会成为跨区交流的主要内容,民心相通、货币流通、贸易畅通融为一体。

丝绸之路经济带的五通建设为区域经济一体化提出了新的课题,有别于以往海洋型区域经济一体化,陆地型区域经济一体化需要不同的理论体系予以支撑,需要回答:丝绸之路经济带经济一体化建设应当如何开展?要实现丝绸之路经济带五通建设需要重点从哪些方面着手来改善提升?丝绸之路经济带上一体化的关键是否在于道路联通?道路联通的关键在于什么?道路联通与贸易畅通有何关系?贸易畅通的关键在于什么?贸易畅通能否推动区域经济增长?民心相通的文化交融与货币流通的市场信用体系构建有没有关系?货币流通又能否推动区域经济增长?本研究将对以上问题进行分析研究,以期为丝绸之路经济带建设做出一点理论和应用上的研究贡献。

二、研究目标

党和国家的重大战略部署为学术研究指明了方向,如何快捷有效地建设好丝绸之路经济带、为经济带的发展和人民生活水平的提升做出积极的贡献,通过理论和实证研究尝试性地予以解答正是本研究的根本目标。具体来说,本研究的目标包括理论目标和应用目标两个部分。

应用上,本研究将以五通建设为中心,回答丝绸之路经济带经济一体化的具体路径实施重点。具体来说就是首先回答五通建设在丝绸之路经济带经济一体化过程中的相互关系;根据生产力和生产关系的经济发展分解范式两维度地将丝绸之路经济带经济一体化分解为经常项目一体化和资本项目一体化,考察其分别对经济带经济发展的贡献。分解丝绸之路经济带经常项目一体化过程,实证各环节影响的重要性,并对各环节内部对区域经济一体化的影响机制进行分析,对生产力三要素在经济带的合理配置提出政策建议;对道路联通环节,明确推进丝绸之路经济带交通基础设施经济效率提升的关键因素,即确立经济带发展上道路联通环节的实现路径;对贸易畅通环节,明确丝绸之路经济带贸易对经济增长驱动力的关键因素,即确立经济带发展上贸易畅通环节的实现路径;分解丝绸之路经济带资本项目一体化过程,实证各环节影响的重要性,并对各环节内部对区域经济一体化的影响机制进行分析,对社会信用体系在经济带的合理配置提出政策建议;对民心相通环节,明确推进丝绸之路经济带人际交流效率提升的关键因素,即确立经济带发展上民心相通环节的实现路径;对货币流通环节,明确丝绸之路经济带市场信用对经济增长驱动力的关键因素,即确立经济带发展上货币流通环节的实现路径。

理论上,本研究的目标在于从丝绸之路经济带具体问题出发,基于陆地运输的道路建设先行和文明渐进式交融特质等有别于海洋经济的特点,归纳和抽象出陆地型国家和地区区域经济一体化有别于海洋型区域经济一体化的不同范式。

三、创新之处

本研究的创新之处有以下几点:

第一,将丝绸之路经济带经济一体化作为研究目标是本项目的主要特色,作为未来全球经济重要构成和我国经济发展的战略腹地,研究如何实现丝绸之路经济带五通建设和区域经济一体化发展,不论对我国还是经济带连接国家和地区都具有重要现实意义。

第二,丝绸之路经济带经济一体化是有别于海洋型区域经济一体化的陆地型经济一体化,其发展范式和发展路径都与英美主导的自由贸易区不同,探讨基于道路基础设施先行(道路联通)和渐进式文化交融(民心相通)等特质的陆地型区域经济一体化协调发展规律是本研究在理论上的创新之处。

第三,本研究的基本框架是基于马克思主义历史唯物论生产力和生产关系的经济发展分解范式,将区域经济一体化两维度地划分为经常项目一体化和资本项目一体化。前者的重点在于提高经济区生产力三要素配置效率,包括道路联通和贸易畅通两个关键环节;后者的重点在于提高经济区社会互信体系,推进社会信用向市场信用的有效转化,包括民心相通和货币流通两个关键环节。

第四,基于马克思主义历史唯物论的两维度分解范式,本研究构建了市场经济体制下马克思主义政治经济学社会再生产函数,并基于这一函数对丝绸之路经济带经济发展状况进行实证。本研究对市场经济体制下马克思主义政治经济学经济增长理论有所发展。

第五,不同于多数区域经济发展静态化的投入产出分析方法,本研究强调对事实过程调研分析基础上的动态描述,并基于动态过程分别构建了经常项目一体化逻辑因果链和资本项目一体化逻辑因果链,通过因果链分解实证丝绸之路经济带经济一体化各环节的不同作用。

第三节 基本概念与研究范围的界定

一、基本概念

（一）丝绸之路与丝绸之路经济带

丝绸之路的历史根源,可以追溯到公元前139年,即西汉武帝建元二年,张骞出使西域。这趟出使,形成了丝绸之路雏形,但是当时这条贸易通道并不叫丝绸之路。直到1877年德国地理学家李希霍芬在其著作《中国》中首次将该通道命名为"丝绸之路"。1910年,德国历史学家赫尔曼在其所著的《中国和叙利亚之间的古代丝绸之路》一书中,主张把丝绸之路的含义"一直延长到通向遥远西方的叙利亚"。1915年,赫尔曼在《从中国到罗马帝国的丝绸之路》一书中,进一步把"丝绸之路"视为中国与希腊-罗马社会沟通往来的交通路线的统称。在此之后,"丝绸之路"这个称谓得到东西方众多学者的赞同和引用。从古至今2000余年,这条贸易道路都是连通亚、欧、非三大洲的重要通道,为中国和沿线各国的经济、文化交流做出了重要的贡献。

丝绸之路经济带是中国与沿线各国之间形成的一个经济合作区域,其概念是在古代丝绸之路概念基础上形成的。在地理上,丝绸之路经济带与古丝绸之路基本重合;在性质上,丝绸之路经济带与古丝绸之路统一于陆地文明的渐进式社会经济文化交融。丝绸之路经济带从中国出发,向西延伸包含中西亚各国以及部分欧洲国家,它横跨亚、非、欧三大洲,被认为是目前世界上最具有发展潜力的经济区域。丝绸之路经济带具有较为明显的区域特征:它从繁荣的亚太经济圈延伸到发达的欧洲经济圈,但是这条线路的中间地带即中国西部——中亚区域经济不够发达,成为丝绸之路经济带上的一个凹陷地带,而这一地带也是目前我国政府主导和提倡的共建丝绸之路经济带的核心地带。

(二)经济一体化

经济一体化一般是指国家间通过签署条约或协议,采取具体的措施协调彼此之间的经济贸易政策,以促进经济的共同发展。政府间通过协商缔结条约,建立多国参与的经济联盟。在这个多国经济联盟区域内,商品、资本和劳务能够自由流动,不存在任何贸易壁垒,并拥有一个统一的机构来监督条约的执行和实施共同的政策及措施。广义的经济一体化即世界经济一体化,指世界各国经济之间彼此相互开放,形成相互联系、相互依赖的有机体。狭义的经济一体化即地区经济一体化,指区域内两个或两个以上国家或地区,在一个由政府授权组成的并具有超国家性的共同机构下,通过制定统一的对内对外经济政策、财政与金融政策等,消除国别之间阻碍经济贸易发展的障碍,实现区域内互利互惠、协调发展和资源优化配置,最终形成一个政治经济高度协调统一的有机体的过程。

广义和狭义给出的实际是经济一体化的两个方向,一个是内外有别的排他性一体化,另一个是普遍性的经济自由化。前者的代表是关税同盟、共同市场和经济联盟,即欧盟一体化所经历的历史步骤;后者的代表是自由贸易区以及其所推动的世界经济自由化。关税同盟是指两个或两个以上国家为了取消彼此之间的关税或各种贸易壁垒,建立共同的对外关税而缔结的同盟,同盟内部商品自由流通和自由竞争。共同市场指在关税同盟基础上实现生产要素的自由流动,在同盟内建立关税、贸易和市场一体化,其最终目标是要实现完全的经济联盟。经济联盟是经济一体化的最终发展目标和最高级的形式。它要求其成员国在实现关税、贸易和市场一体化的基础上,建立一个超国家的管理机构,在国际经济决策中采取同一立场,行使统一的货币制度和组建统一的银行机构,进而在经济、财政、货币、关税、贸易和市场等方面实现全面的经济一体化。自由贸易区是指由签订自由贸易协定的国家组成的贸易区,成员国之间免征关税和取消其他贸易限制。自由贸易区一般并不排斥成员国与其他各国签订自由贸易协定,但所签自由贸易协定都必须遵从基于英美习惯的统一贸易规则。欧盟和WTO分别代表了以上经济一体化的两个方向。

本书所指丝绸之路经济带经济一体化既不同于基于共同文化的欧盟经济一体化,更不同于英美主导的海洋型经济一体化。基于多元文化的渐进式交融特质使得丝绸之路经济带经济一体化独具特色:基础设施建设在区域物质资料配置中必须先行,制度文化的多样性也不能以某一强迫性统一制度来要求。本书的丝绸之路经济带经济一体化指丝绸之路经济带各国相互协商、共同努力、相互理解、共同投资,在平等性、多样性和包容性基础上实现共同发展。

(三)经济一体化的历史由来和发展历程

自人类经济史或制度史的开端,区域经济一体化思想就走着两条截然不同的道路。在古希腊,以雅典城为中心的提洛同盟在星罗棋布的岛屿之间形成了适合于大宗商品交易的海洋型经济一体化,法律或意识形态的一致性和岛屿自治成为这种类型经济一体化的核心;与此相对,陆地型社会的经济一体化更强调道路等基础设施先行和信息有效传递,车同轨的驿道建设不论在古代的美索不达米亚、古罗马还是古代丝绸之路都为内陆型经济一体化铺就道路,基础设施的联通和文明的渐进式交融成为这种类型经济一体化的核心。

进入近代社会,达伽马、哥伦布和麦哲伦等探险者再次开拓了海上空间,荷兰率先开启复兴古希腊市场生产组织方式和海上贸易之路(更准确的说法是水上贸易之路——包括海上和莱茵河提供的内河运输),英国在重商主义支持下随后超越荷兰并借助海上贸易成为世界工厂。斯密(1776)以绝对优势论,李嘉图(1817)以比较优势论不断论证着海洋型经济一体化之路的巨大利益,对自由贸易的倡导和将内部制度(意识形态)外部化为国际贸易规则构成了英美经济一体化和自由贸易区的基本内核。随着海洋文明的发展,以贸易为主体的经常项目一体化开始让位于以金融输出为主体的资本项目一体化,即马克思、列宁等人描述的从国内剥削走向国际剥削。从以英镑为中心的英国金本位制到以美元为中心的布雷顿森林体系再到浮动汇率和资本项目自由化,海洋经济一体化的主导从贸易规则转变为社会信用体系输出。麦金农(1973)和肖(1973)论证着后起国家金融自由化,而蒙代尔(1961)则宣传着资本项目开放。今天,资本项目自由化已成为海洋经济一体化和英美主导自由贸易区的又一关键内核。

与前者相对,德国人李斯特(1841)的贸易保护论开启了另一套经济一体化运行范式,奉行内外有别,通过关税同盟将邦国林立的普鲁士最终统一为强大的德意志,陆地经济一体化将经济一体化与文化共通性联系在了一起。货币一体化受凯恩斯干预主义经济思想影响,更是陆地经济一体化关税同盟、内外有别的承接。货币一体化强调内部社会信用体系的相互认可和对外部信用体系区别对待,对内的固定汇率和对外的浮动汇率最终促成了欧元区的成立和欧洲经济一体化。英国从始至终都未加入欧元区并最终退出欧盟,在理论上具有必然性。

2008年世界金融危机标志着以英美为主导的海洋文明开始走向衰落,亚欧陆地文明开始走向复兴。丝绸之路经济带建设开启了陆地经济一体化的新篇章,它既不同于德国基于小范围文化共同性主导的欧洲陆地经济一体化,更与英美主导的自由贸易区海洋经济一体化迥异,它与曾经辉煌的古丝绸之路相呼应,是陆地国家多元文化渐进交融、相互理解、相互包容、共同发展的一体化。2013年9月,中国国家主席习近平在哈萨克斯坦纳扎尔巴耶夫大学发表演讲时提出的基于五通(政策沟通、道路联通、贸易畅通、货币流通、民心相通)共同建设丝绸之路经济带的提议正是对这一全新主题的理论概括,本研究致力于对五通建设所概括的丝绸之路经济带经济一体化进行进一步的理论阐释。

(四)经常项目经济一体化

经常项目和资本项目相对,指在国际收支平衡表中由于贸易和服务而产生的资金流动。国际收支中的经常账户是指贸易收支的总和(商品和服务的出口减去进口),减去生产要素收入(例如利息和股息),然后减去转移支付(例如外国援助)。经常项目顺差(盈余)增加了一个国家相应金额的外国资本净额;经常项目逆差(赤字)则恰好相反。经常账户一般分为对外贸易收支、非贸易往来和无偿转让三类。对外贸易收支是指通过本国海关进出口货物而发生的外汇收支。非贸易往来,又称劳务收支或无形贸易收支,包括货运、港口供应与劳务、旅游收支、投资收支和其他非贸易往来收支。无偿转让则包括本国与国际组织、外国政府之间相互的无偿援助和捐赠,以及私人的侨汇和居民的其他收入。贸易收支是经常账户下典型的、最重要的部分,贸易状况的变化是经常账户的最主要影响因素。

本书所讲的经常项目一体化主要刻度经济一体化中的区域间贸易往来,即物质资料(劳动工具、劳动对象和制成品)地区间流动,指通过构建区域间物质交换桥梁和疏通区域间物质资料交换障碍实现物质资料交换和资源配置效率提升,从而推进区域经济发展。

(五)资本项目经济一体化

资本项目是指国际收支中因资本输出和输入而产生的资产与负债的增减项目,所反映的是本国和外国之间以货币表示的债权债务的变动,换言之,就是一国为了某种经济目的在国际经济交易中发生的资本跨国界的收支项目。资本项目包括各国间股票、债券、证券等的交易,以及一国政府、居民或企业在国外的存款。我国国际收支平衡表中的资本项目按期限划分为长期资本往来和短期资本往来。长期资本往来,指合同偿还期在一年或一年以上或未定偿还期的资本往来。主要有直接投资、证券投资、国际组织贷款、外国政府贷款、银行借款、地方部门借款、延期付款、延期收款、加工装配补偿贸易中应付客商作价设备款、租赁和对外贷款等。短期资本往来,指即期付款或合同规定的偿还期为一年以下的资本往来。主要有银行借款、地方部门借款、延期收款、延期付款等项。

本书中所讲的资本项目一体化主要刻度经济一体化中的区域间包含金融往来在内的所有社会信用往来,即社会互信体系的建立和市场信用转化,指通过构建民众相互了解桥梁和疏通社会制度文化互信障碍实现社会生产关系市场配置效率提升,从而推进区域经济发展。

(六)五通建设

2013年9月,中国国家主席习近平在哈萨克斯坦纳扎尔巴耶夫大学发表演讲时,首次提出加强政策沟通、道路联通、贸易畅通、货币流通、民心相通五通建设,呼吁以创新的合作模式共同建设丝绸之路经济带:

第一,加强政策沟通。各国可以就经济发展战略和对策进行充分交流,本着求同存异原则,协商制定推进区域合作的规划和措施,在政策和法律上为区域经济融合"开绿灯"。

第二,加强道路联通。上海合作组织正在协商交通便利化协定。尽快签署并落实这一文件,将打通从太平洋到波罗的海的运输大通道。在此基础上,我们愿同各方积极探讨完善跨境交通基础设施,逐步形成连接东亚、西亚、南亚的交通运输网络,为各国经济发展和人员往来提供便利。

第三,加强贸易畅通。丝绸之路经济带总人口近30亿,市场规模和潜力独一无二。各国在贸易和投资领域合作潜力巨大。各方应该就贸易和投资便利化问题进行探讨并做出适当安排,消除贸易壁垒,降低贸易和投资成本,提高区域经济循环速度和质量,实现互利共赢。

第四,加强货币流通。中国和俄罗斯等国在本币结算方面开展了良好合作,取得了可喜成果,也积累了丰富经验。这一好的做法有必要加以推广。如果各国在经常项下和资本项下实现本币兑换和结算,就可以大大降低流通成本,增强抵御金融风险能力,提高本地区经济国际竞争力。

第五,加强民心相通。国之交在于民相亲。搞好上述领域合作,必须得到各国人民支持,必须加强人民友好往来,增进相互了解和传统友谊,为开展区域合作奠定坚实民意基础和社会基础。[12]

二、研究范围的界定

丝绸之路经济带是一个横跨欧亚大陆的经济带,东接太平洋、西联大西洋,呈"沿海—内陆—沿海"的地理分布,范围广阔。丝绸之路经济带的研究涉及区域国家众多,并且不同国家对一些指标数据的统计有所差异,跨国的数据收集具有一定难度。我国丝绸之路经济带所包含的省份从沿海走向内陆,从"繁荣区"走向"凹陷区",其交通运

绪 论

输主要以陆地运输为主,具有丝绸之路经济带陆地型地理特征和文化渐进交融特质,能够典型地反映丝绸之路经济带经济社会发展特点。因此,本研究将研究范围缩小至丝绸之路经济带在我国境内沿途经过的各个省份,参照刘育红(2012)博士论文[13]本研究选取江苏省、安徽省、山西省、河南省、陕西省、甘肃省、青海省、宁夏回族自治区、新疆维吾尔自治区9个省份作为研究目标。

本研究在选取交通基础设施研究指标时,采用的交通基础设施是指为了满足货运需求和客运需求的生产性基础设施,包括公路、铁路等基础设施。在研究贸易量时,考虑到我国经济增长计量方式,选取货运周转量和客运周转量作为本研究的贸易量。在计算区域经济生产总值时,本研究选取丝绸之路经济带中国段沿途9个省份的GDP加总作为衡量该区域的经济总产出的指标。在研究民心相通时,本研究用人口流动频次代表社会互信提升的投入指标。在研究货币流通时,本研究选取年末贷款余额作为社会信用转化为市场信用的评价指标。

第四节 研究思路、研究方法与研究框架

一、研究思路

本研究基本思路是:在背景分析、理论追述和文献梳理基础上提出本研究的研究意义和研究边界,在五通建设内涵阐述基础上甚于马克思主义历史唯物论生产力和生产关系的经济两维度分解范式,将区域经济一体化划分为经常项目一体化和资本项目一体化,对二者进行逻辑因果链分解并分别探讨道路联通、贸易畅通、民心相通和货币流通对区域经济发展的推进重点,最后提出实施路径和政策建议。

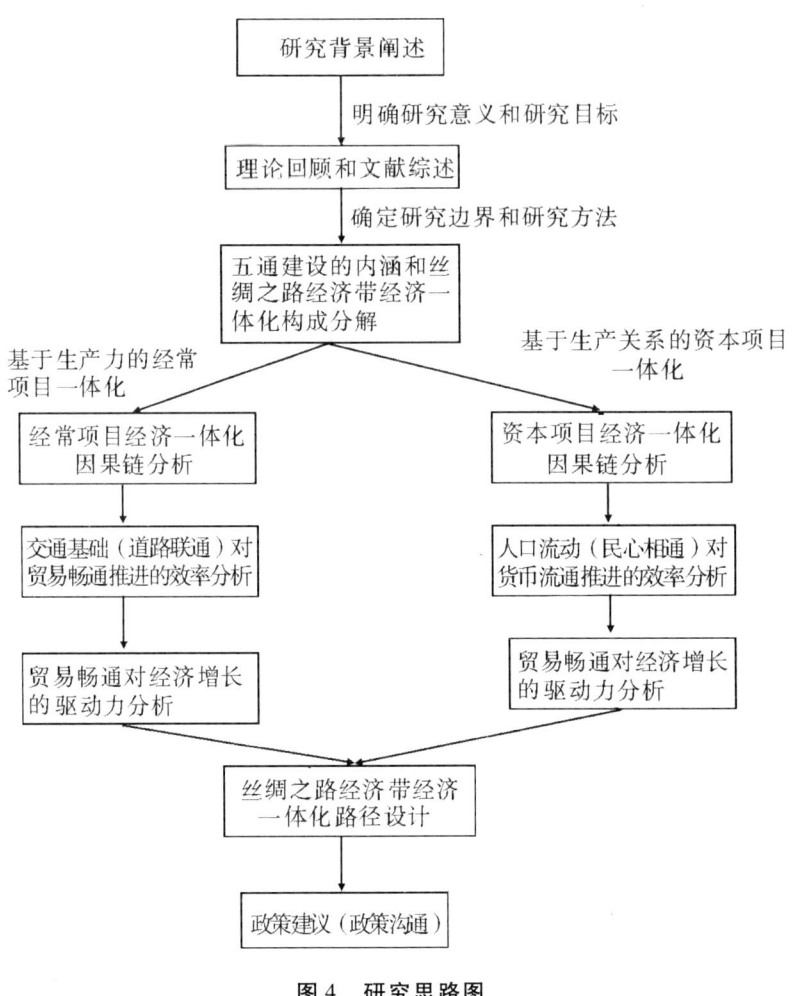

图 4 研究思路图

二、研究方法

本研究的理论依据是马克思主义经济发展理论和经济一体化理论,这两个基本理论既是定性研究的基础,也是定量研究模型构建和指标选择的来源。马克思主义历史唯物论的生产力和生产关系两维度互动模型是本研究体系构架的基础,基于国际经济理论和跨区域贸易、金融、人员往来等的实务调研进行的定性分析可以为丝绸之路经济带经常项目和资本项目一体化逻辑因果链构建形成有效支撑。

基于计量经济模型的定量分析。本研究将基于统计数据的科学定量分析展开研究工作,主要分析工具包括:

第一,LYQ 分解方法。LYQ 目标函数的分解方法采用构造逻辑因果链并进行数理分析,进一步将经济增长的目标函数与反映影响因素的中间变量之间的变动关系一般化。因果链构建的基本原则是可以选择一个中间变量或是多个中间变量,但是这些变量之间应该具有明确的逻辑关系,最终经济增长与初始投入之间的动态关系的获得是通过两个连续变量之间弹性值相乘而得到的,为了说明该影响因素对最终结果的影响程度,可以将连续变量之间的弹性值进行标准化处理,根据影响程度的大小可以找出影响丝绸之路经济带经济增长的关键节点。

第二,DEA – Malmquist 指数方法。DEA 方法是一种非参数统计方法,以相对效率概念为基础,用来评价衡量具有相同类型的多投入、多产出的决策单元是否技术有效。对于经济带关键节点的投入产出效率进行分地区、分时间、多因素的评价而构成的面板数据,可以使用 DEA – Malmquist 指数评价方法,其实证分析可以为提升关键节点产出效率从而推进经济带经济增长提供具体明确的路径设计和政策建议依据。

第三,对数平均迪氏指数法(LMDI)方法。LMDI(Logarithmic Mean Divisia Index)在迪氏分解法的基础上,完善解决了迪氏分解中存在的剩余问题和数据汇总的零值问题。具有路径独立、残差为零、聚合一致等优势,其实证分析可以将关键节点的影响因素进一步分解为规模、结构和效率因素,从而为推进经济带经济增长提供具体明确的路径设计和政策建议依据。

三、研究框架

第一部分,绪论。

通过对古丝绸之路、海上丝绸之路、亚欧大陆桥历史发展过程的回顾和对丝绸之路经济带五通建设理念提出过程的分析,阐明基于五通建设的丝绸之路经济带经济一体化研究的重要意义和研究目标,即应用上以五通建设为中心回答丝绸之路经济带经济一体化的具体路径和实施重点,理论上从丝绸之路经济带具体问题出发,基于陆地运输的道路建设先行和文明渐进式交融特质等有别于海洋经济的特点,归纳和抽象出陆地型区域经济一体化有别于海洋型区域经济一体化的不同范式。同时对研究的基本思路、基本方法、研究框架、创新点和研究范围等进行了总体性阐述。

第二部分,学术史梳理和文献综述。

梳理从古希腊开始区域经济一体化的学术理论史和当前的相关研究文献,分别对影响经常项目经济一体化(生产力三要素配置优化)和资本项目经济一体化(社会信用体系充分有效)的前期理论和当前文献进行梳理,形成本研究的研究边界,即以马克思主义历史唯物论为分析架构,以动态逻辑因果链构建为分析脉络,以五通建设为分析中心,以丝绸之路经济带为研究对象,探寻有别于英美自由贸易区的陆地型区域经济一体化的一般规律,并为丝绸之路经济带经济一体化建设寻找切实路径和提供政策建议。

第三部分,五通建设的内涵和丝绸之路经济带经济一体化构成分解。在五通建设内涵阐述基础上,基于马克思主义历史唯物论生产力和生产关系的经济两维度分解范式,将区域经济一体化划分为经常项目一体化和资本项目一体化。其中,前者的重点在于提高经济区生产力三要素配置效率,包括道路联通和贸易畅通两个关键环节;后者的重点在于改善生产关系、提高经济区社会互信程度,包括民心相通和货币流通两个关键环节。本章将通过构造理论模型和实证模型,采用多元线性回归实证当前丝绸之路经济带经常项目一体化和资本项目一体化对经济发展的推进性和推进效果并进行理论分析。

第四部分,丝绸之路经济带经常项目一体化分析。

基于理论分析和实际调研,构造丝绸之路经济带以生产力三要素配置为中心的初始投入(交通基础)与最终产出(经济增长)之间的逻辑因果链,对目标函数进行分解,基于 LYQ 模型,通过统计数据采用计量方法实证各环节在整个经济带经济发展因果链上的重要性,为下一步针对重点影响环节的分析做好基础研究准备。预研究表明,道路联通环节和贸易畅通环节是因果链上的重点环节。针对因果链上的道路联通环节,对丝绸之路经济带各区域的交通基础设施经济效率,使用 DEA – Malmqusit 指数分析法进行比较研究。对各区域交通基础设施的规模效率、纯技术效率和整体经济效率(模型中的全要素生产率)的变化情况进行排序,得出丝绸之路经济带交通基础设施发展的重点区域,并对重点地区的交通基础设施对全要素生产率的贡献进一步分解,找出丝绸之路经济带交通基础设施经济效率提升路径。针对因果链上贸易畅通环节,对丝绸之路经济带贸易规模、贸易结构、贸易生产效率和区域经济增长之间的关系使用 LMDI 模型进行实证检验分析。对贸易对经济增长贡献中规模因素、结构因素和效率因素影响的变化情况进行分析,找出丝绸之路经济带贸易推进经济增长的主要问题,并对如何提升规模因素、效率因素和结构因素的正向贡献能力提出政策建议。

第五部分,结论和政策建议。

基于以上各部分理论和实证分析,以五通建设为中心对丝绸之路经济带经济一体化发展提出可行的实现路径;基于设计路径,结合各部分理论和实证分析结论以及现有政策工具,对丝绸之路经济带经济一体化发展提出政策建议;最后对整个研究进行研究结论、研究方法和研究贡献的总结。

第五节 本章小结

绪论部分通过对古丝绸之路、海上丝绸之路、亚欧大陆桥历史发展过程的回顾和对丝绸之路经济带五通建设理念提出过程的分析,阐明了基于五通建设的丝绸之路经济带经济一体化研究的重要意义和研究目标,即应用上以五通建设为中心回答丝绸之路经济带经济一体化的具体路径和实施重点,理论上从丝绸之路经济带具体问题出发,基于陆地运输的道路建设先行和文明渐进式交融特质等有别于海洋经济的特点,归纳和抽象出陆地型区域经济一体化有别于海洋型区域经济一体化的不同范式。同时对研究的基本思路、基本方法、研究框架、创新点、研究范围、基本概念和研究内容等进行了总体性概述。

注释:

[1]李希霍芬著,E.蒂森选编:《李希霍芬中国旅行日记》,李岩、王彦会译,华林甫、于景涛审校,北京:商务印书馆,2016。

[2]《中华人民共和国国民经济和社会发展"九五"计划和2010年远景目标纲要》,载《人民日报》1996年3月20日第1—4版。

[3]习近平:《弘扬人民友谊 共创美好未来——在纳扎尔巴耶夫大学的演讲》,载《人民日报》2013年9月8日第3版。

[4]《习近平会见哈萨克斯坦议会下院议长》,载《人民日报》2013年10月16日第1版。

绪 论

[5]《中共中央关于全面深化改革若干重大问题的决定》,载《人民日报》2013年11月16日第1—2版。

[6]《习近平会见蒙古国总统》,载《人民日报》2014年5月20日第1版。

[7]习近平:《守望相助,共创中蒙关系发展新时代——在蒙古国国家大呼拉尔的演讲》,载《人民日报》2014年8月23日第2版。

[8]张高丽:《努力实现"一带一路"建设良好开局 推动中国和沿线国家互利共赢共同发展》,载《人民日报》2015年2月2日第1—2版。

[9]《推动共建丝绸之路经济带和21世纪海上丝绸之路的愿景与行动》,载《人民日报》2015年3月29日第4版。

[10]习近平:《迈向命运共同体 开创亚洲新未来——在博鳌亚洲论坛2015年年会上的主旨演讲》,载《人民日报》2015年3月29日第2版。

[11]《中华人民共和国国民经济和社会发展第十三个五年规划纲要》,载《人民日报》2016年3月18日第1—3版。

[12]习近平:《弘扬人民友谊 共创美好未来--在纳扎尔巴耶夫大学的演讲》,载《人民日报》2013年9月8日第3版。

[13]刘育红:《"新丝绸之路"经济带交通基础设施、空间溢出与经济增长》,陕西师范大学理论经济学博士论文,2012。

第一章 五通建设的内涵和丝绸之路经济带经济一体化构成分解

内容提要：

本章基于马克思主义历史唯物论[1]构造马克思主义社会再生产函数，应用这一函数对丝绸之路经济带经济一体化构成进行理论和实证上的分解，并解释五通建设与丝绸之路经济带经济一体化的内涵关系。

第一节 丝绸之路经济带经济一体化构成分解和五通建设的内涵

一、基于历史唯物论的丝绸之路经济带经济一体化构成分解

马克思主义历史唯物论[1]是认识人类经济社会发展的总纲，是关于人类社会发展普遍规律的科学，是研究社会经济发展的根本方法，是马克思主义方法论和意识形态的最根本构成。马克思主义历史唯物论明确规定，它的研究对象是社会发展的一般规律。和以社会生活某一局部领域、某一个别方面为对象的各门具体社会科学不同，它着眼于从总体上、全局上研究社会的一般的结构和一般的发展规律。它的任务就是为各门具体的社会科学提供历史观和方法论的理论基础。

马克思主义历史唯物论认为：劳动创造了人，劳动发展了人，劳动既是人区别于动物的根本标志，也是人类从原始走向文明的根本动

第一章 五通建设的内涵和丝绸之路经济带经济一体化构成分解

力;生产力是衡量社会进步的根本尺度,社会生产力的发展水平决定人类社会的进程;物质生活的生产方式制约着整个社会生活、政治生活和精神生活的过程;社会存在决定社会意识,社会意识又反作用于社会存在;生产力和生产关系之间的矛盾、经济基础与上层建筑之间的矛盾,是推动一切社会发展的基本矛盾;社会发展的历史是人民群众实践活动的历史,人民群众是历史的创造者,但人民群众创造历史的活动和作用总是受到一定历史阶段的经济、政治和思想文化条件的制约;一切社会制度和社会形态都是人类社会从低级到高级的无穷的发展过程中的一些暂时阶段,没有永恒的社会制度和形态,社会制度的发展是社会基本矛盾发展的结果,社会关系要在一定的物质条件下从旧社会的基础上成熟,在它们所容纳的全部生产力发挥出来之前,社会形态是不会灭亡的;现实存在的具体社会形态都是复杂的,人类社会发展的每一个阶段都既有占支配地位的社会形态,又存在着其他社会形态的残余和萌芽;人类社会的一般总规律是从原始社会到奴隶、封建、资本主义再到社会主义和共产主义社会,社会生产力是推动这一自然历史过程前进的根本动力;人类社会历史是不以研究者的主观意识为转移的客观发展过程,具有规律性,人们研究历史,探索社会规律,必须要从客观存在的历史事实出发,详细地占有材料,分析各种发展形态,揭示其内在联系,得出相应的结果;人类社会及其构成成分均以总体的体系方式存在,要从研究对象的整体出发,从研究对象内部的相互作用与矛盾和研究对象与外部环境的相互作用中进行研究;人类社会是有规律运动的,是由低级向高级发展的,它显现为历史过程,构成历史过程的各种社会现象也是运动与发展的,要用发展的眼光看待历史上的一切,用辩证法的观点去把握对象的本质联系与内部矛盾,又要把研究对象提到一定范围之内,具体问题具体分析,从而准确把握对象;在客观历史过程中,一切社会历史因素都是相互作用的;

社会历史发展的根源是在于其种种复杂的内外部矛盾;在客观历史进行中,环境创造人,人又创造环境;社会历史的研究,不是一个简单的消极的反映过程,而是主客体之间相互渗透相互作用的辩证统一过程。

基于马克思主义历史唯物论的基本方法,市场经济体制下社会再生产可以分解为生产力和生产关系两个维度,即以生产力三要素配置技术关系为中心的社会再生产经常项目维度和以社会生产关系为中心的社会再生产资本项目维度,马克思将其精炼地概括为"货币转化为资本"和"劳动力转化为商品"[2]。按照马克思主义历史唯物论生产力决定生产关系和生产关系反作用于生产力的一般原理,两个维度相互作用共同推进社会再生产发展,基于市场经济体制的马克思主义政治经济学社会再生产函数由此建立:

$$Q = A \cdot PK$$

社会产出 = 生产力 × 生产关系

市场经济体制下的生产关系或社会再生产方式就是通过资本预付雇佣劳动力、租赁土地矿山和购买原材料从而组织社会生产,劳动力、劳动工具和劳动对象通过接受资本预付的形式聚集在一起形成社会生产。资本预付的本质是基于市场信用承担市场风险。所谓市场信用就是生产力三要素所有者对这一生产关系或生产方式主导者的信任度或认可度。所谓承担市场风险就是当私人劳动不能转化为社会劳动时,生产关系主导者能够按照契约给生产力三要素所有者支付其承诺。不难看出,资本预付所代表的市场信用正是市场经济体制下社会再生产中生产关系的主角,因此马克思说,货币资本提供了生产的第一推动力。

社会再生产函数与基于技术关系的生产力三要素科布道格拉斯生产函数[3]结合可以进一步转化为:

第一章　五通建设的内涵和丝绸之路经济带经济一体化构成分解

$$Q = A \cdot K(PK)^{\alpha} L(PK)^{\beta} R(PK)^{\gamma}$$

社会产出＝生产力·∏生产力三要素(生产关系)^{生产力三要素贡献指数}

科布道格拉斯生产函数的关键前提在于生产力三要素在生产中最优配置,即市场体制下企业个体决策会在理性安排下实现投入产出的最优化。

推进丝绸之路经济带经济一体化本质上就是在市场经济体制下将马克思主义政治经济学社会再生产函数理论付诸实践,即在生产关系维度,通过建立社会互信,实现社会信用向市场信用的有效转化,充裕包括商业信用和金融信用在内的市场信用,扩大生产关系作用于社会再生产的能力;在生产力维度,一方面消除市场对生产力三要素的配置障碍,实现生产力三要素最大化作用的发挥,另一方面主动推进以科学技术为代表的生产力本身进步。

习近平主席关于推进丝绸之路经济带发展的五通建设思想完全符合马克思主义历史唯物论和这一方法论在政治经济学领域的具体运用,是基于马克思主义政治经济学原理对丝绸之路经济带经济一体化的清晰阐释。生产关系维度和生产力维度的划分充分体现在五通建设思想之中。推进丝绸之路经济带经济一体化也因此被分解为两个部分:一方面以道路联通为基础,通过贸易畅通,在经常项目一体化作用下实现丝绸之路经济带经济发展;另一方面以民心相通为基础,通过货币流通,在资本项目一体化作用下实现实现丝绸之路经济带经济发展;而政策沟通是两个方面目标实现所需要的共同基础或者说所必须凭借的桥梁。两个方面中,前者反映社会再生产函数的生产力维度,后者反映社会再生产函数的生产关系维度,二者互为因果,相辅相成,既相对独立,又紧密联系,共同促进丝绸之路经济带经济最终发展。

二、丝绸之路经济带经济一体化和五通建设的内涵

(一)道路联通、贸易畅通和丝绸之路经济带经常项目一体化

所谓经常项目一体化,即是指社会物质实体(具体地说就是生产力三要素)在一定区域内自由流动,更充分地接受市场配置,从而提升生产力三要素的使用效率。自由流动的前提是运输,主要是货物运输,自由流动的形式是贸易往来,更多的是实物贸易,自由流动的目的或结果是推动整个地区经济发展。生产力三要素,即新古典经济学所表述的生产要素,属于社会再生产的技术关系和物质层面。生产力三要素的合理市场配置首先有赖于便捷的运输条件,没有运输一切市场流通配置都不具备可能性,"要想富,先修路"的民谚准确表达了这种过程。

以英美为主导的海洋经济一体化正是得益于海洋这一天然的运输路径而得以发展。近代市场经济体制从荷兰开始,阿姆斯特丹、鹿特丹、海牙等大名鼎鼎的贸易中心其实都是莱茵河和周边运河的入海口,莱茵河极佳的航运能力促使荷兰成为现代市场经济的故乡。紧随其后的英国孤悬海外,更是充分享受了海洋带来的便利,价格低廉的工业品因为海洋更加低廉的运输成本才能远销世界,才能让原本不为欧洲贵族所重视的英国打败西班牙无敌舰队成为日不落帝国。时至今日,世界贸易仍然整体借助于海洋。

陆地的经济一体化没有海洋运输通道,特别是丝绸之路经济带越向内陆发展越远离海洋,甚至没有能够通航或者能够承载较大吨位船舶的内河河道,因此陆地运输必须首先有路,没有发达的道路交通体系,市场资源配置就根本不可能。道路联通的重要性正在于此,它所凸显的正是经常项目一体化的实体基础,只有实实在在地固定资产投资,只有实实在在地修路,道路联通才能实现,否则经济一体化就只能

第一章　五通建设的内涵和丝绸之路经济带经济一体化构成分解

是空谈,任何制度上的调整都无法替代修路这一具体的社会生产行为。

如果说道路联通是丝绸之路经济带经常项目一体化的硬条件,那么贸易畅通就是丝绸之路经济带经常项目一体化的软条件。有了道路联通,贸易或市场交换就有了物质基础,但贸易却未必能够达成,贸易规则的差异和贸易保护主义等软条件仍会制约经常项目一体化的实现。贸易规则和自由贸易制度是海洋经济一体化最为强调的内容,英美等国所倡导的国际经济制度从关贸总协定到 WTO 无不以国际贸易规则为根本基础,这其中最核心的当然是国际海洋贸易规则,FOB(离岸价)和 CIF(到岸价)等成为今天国际贸易实务学习的最基本词汇。海洋为物质运输提供了便利,但同时也成为信息交流的屏障,港口两端对照鲜明的不同文化成为海洋贸易必须克服的困难。为克服这种困难,英美主导的海洋经济一体化贸易规则最大特点就是统一普遍化强制世界各地接受英国、荷兰等西北欧居民社会文化习惯,甚至不惜动用武力,贸易霸权行为在国际规则制定中屡屡出现。

与海洋经济一体化基于海洋地理特质和文化特征所强调的统一普遍化规则要求不同,陆地贸易因山水相连和文化渐进更可以包含双边性、多样性、灵活性规则,在服务于双方这一根本目的下更容易达成一致,海洋经济一体化的差异化意识形态消灭或武力征服在此环境下反而十分困难。丝绸之路经济带贸易畅通的意义正在于此,它所凸显的正是经常项目一体化的软性环境,是陆地文化渐进式融合特质下,包容理解、互利共赢、灵活多变贸易协商机制下实现生产力三要素市场一体化的关键。

(二)民心相通、货币流通和丝绸之路经济带资本项目一体化

所谓资本项目一体化,即是指以市场信用为中心的差异化社会信用体系在区域内各个组成部分的相互认可。所谓社会信用即是指社

会中人与人之间的信任关系,它是一切社会再生产组织形式的基础,任何历史阶段、任何社会制度下的社会再生产都依赖于人与人之间的信任。尽管信任的原因多种多样,可能来自血缘姻亲,可能来自暴力威胁,也可能来自财产或信誉抵押,但没有信任任何社会生产都无法进行。在市场经济体制下,生产力三要素正是由于对出资人"预付资本"的信任而愿意按"它"的组织进行生产。不同地区由于历史、环境和经济发展水平等原因会在文化、习俗、制度和法律等方面形成社会信用体系的天然差异,资本项目一体化即是通过政策安排消除这种天然差异对社会再生产组织的阻碍,实现不同地区对差异社会信用体系的共同认识。

丝绸之路经济带资本项目一体化与海洋经济资本项目一体化完全不同。海洋提供了便捷的交通运输条件,也造成了信息交流的天然障碍,交易成本的低廉和委托代理成本的高昂使得海洋扩张多采用子邦与母邦分离的形式而非陆地扩张的设立行省郡县。文明的渐进式融合往往因为跨海而被阻断,海洋的文化交流也多采用碰撞和征服形式。海洋经济一体化的社会信用体系共同认识形成与早期的海洋文明交流一脉相承。海洋经济一体化主要通过文化征服的形式实现,一体化主导国家通过把自身文化习惯和制度法律外化为整个区域的文化习惯和制度法律,最终使整个地区形成共同社会信用体系。海洋经济的资本项目一体化以消灭差异化制度为实现路径,一体化主导国家迅速成为整个一体化地区的制度中心,主要经济功能是向外输出文化和制度,从古代雅典城作为提洛同盟的中心负责同盟所有城邦的制度建立和案件审理,到今天美国作为金融中心"帮助"一体化各国建立"现代化"经济和金融制度,皆是如此。所谓"现代化"就是消除共同社会信用体系中与一体化中心不一致的一切制度和文化,即推行所谓的"普世价值"。在一体化过程中不断强化其在生产关系中的领导地

第一章　五通建设的内涵和丝绸之路经济带经济一体化构成分解

位,依靠生产关系主导权无偿占有世界各国社会剩余产品和社会资源,这正是海洋经济一体化的本质。列宁也因此将这种基于金融的垄断称为帝国主义。

丝绸之路经济带资本项目一体化作为与海洋经济资本项目一体化迥异的陆地经济资本项目一体化,虽然无法享受海洋的便利交通,但也无须承担海洋所带来的信息阻隔。陆上国家山水相连,自然地理难以形成有效的阻隔,这也决定了陆地经济一体化的共同社会信用体系不能采用碰撞、征服的形式。不能采用一体化主导者的文化制度统一其他文化制度的形式,渐进式文明交融是陆地交往的自然属性,是陆地经济一体化的必然属性,民心相通也因此成为丝绸之路经济带资本项目一体化的首要条件。相互尊重、相互认同、沟通交流、和谐包容,这既是古丝绸之路得以兴盛的原因,也是中华民族一直秉承的传统,更是今天丝绸之路经济带发展的必然路径。新中国成立之初,周恩来总理就以这种和谐包容发展的理念提出了"互相尊重主权和领土完整、互不侵犯、互不干涉内政、平等互利、和平共处"这一著名的和平共处五项原则。2015年,习近平主席在纪念中国人民抗日战争暨世界反法西斯战争胜利70周年大会上的讲话中指出:"中华民族历来爱好和平。无论发展到哪一步,中国都永远不称霸、永远不搞扩张,永远不会把自身曾经经历过的悲惨遭遇强加给其他民族。中国人民将坚持同世界各国人民友好相处,坚决捍卫中国人民抗日战争和世界反法西斯战争胜利成果,努力为人类作出新的更大的贡献。"[4]

民心相通为市场经济体制下组织社会再生产的社会信用——市场信用形成创造了条件。从社会互信到市场信用的转化就是货币流通。现代经济社会,所谓货币即是指金融体系对以社会信用为基础的市场信用进行评价的结果,主要评价机制包括银行体系的抵押物市场信用评价和证券交易体系的市场主体运行市场信用评价。当金融体系对所有稳定可靠的社会互信理由在抵押物或运行能力评价中都能予以充分认可时,货币流通就得以实现。没有民心相通就不能理解差异化文明或制度的社会互信,没有民心相通就会导致一种强势主观社会信任体系对另一种弱势社会互信体系的征服或消灭,没有民心相通陆地经济一体化就不能实现有效的货币流通,没有民心相通丝绸之路经济带资本项目一体化就难以实现。

货币流通是丝绸之路经济带资本项目一体化的最终实现形式,是不同国家和地区社会信用体系相互认可效果的最终考量,是市场经济社会再生产生产关系维度最终发挥作用的直接表现。有效的货币流通能够化解表现为资本匮乏的社会互信体系不健全导致的生产力三要素闲置,使得基于市场信用的社会生产关系不再匮乏,从而全面推进丝绸之路经济带社会再生产的高效运行。

(三)政策沟通和丝绸之路经济带经济一体化

不论是经常项目的一体化还是资本项目的一体化都必须借助于政策沟通,政策沟通是丝绸之路经济一体化一切形式的必由道路,并且较之海洋经济一体化更为关键。海洋经济一体化主要通过领先经济体输出标准要求其他经济体遵守,海港两端信息阻隔、距离遥远,社会信用制度差异巨大、沟通成本高,早期更常采用暴力形式,同时其经济交往也无须大规模的共同基础设施投资,沟通的必要性较小。陆地经济一体化则不同,陆地地区制度和文化的发展是一个渐进融合的过程,邻近区域差异小、易于相互理解包容,沟通成本低而沟通效果大,同时经济交往需要大规模的共同基础设施投资,沟通必要性非常大。因此,全方位的政策沟通一定是推进丝绸之路经济带经济一体化付诸实践的必经之路。

第一章 五通建设的内涵和丝绸之路经济带经济一体化构成分解

第二节 经常项目和资本项目对丝绸之路经济带经济一体化驱动经济增长贡献的实证分析

一、文献综述

不同经济学派对经济一体化与经济增长之间的关系有着完全不同的认识。自由主义学者从古典经济学、新古典经济学到理性预期学派、新制度经济学,都信仰市场作为"看不见的手"的天然力量,不认为任何关于经济增长的研究具有必要性,其经济增长的观点就是消除政府干预和消除社会市场障碍,这种障碍消除的途径就是英美式的海洋经济一体化。从亚当·斯密的绝对优势论到李嘉图的比较优势论,再到赫克歇尔和俄林的 H – O 理论,从关贸总协定到 WTO,自由贸易从来都是自由主义的旗帜。

1929 大萧条和前后两次世界大战中断了海洋经济一体化的步伐,也让凯恩斯主义经济学得以兴起。凯恩斯清楚表达了没有海洋经济一体化时市场存在的天然缺陷,哈罗德 – 多马经济增长模型主要描述了在经济增长中封闭市场并不具有内在的平衡性,合意增长率、人口增长率和实际增长率并不存在相等的必然,稳定的经济增长需要政府行为的外在干预。新古典综合的 45 度线模型、IS – LM 模型和 AS – AD 模型的本质目的都在于解决哈马模型所提出的不稳定问题。新古典综合提供了欧洲经济一体化的理论支撑,统一货币政策和统一劳动力市场均试图为整体经济宏观调控创造条件,但却忽略了凯恩斯经济学封闭市场对社会信用体系同质性的隐含假设。

经济增长率分解从 1927 年苏联经济学家 A. 费里德曼向苏联国家计划委员会呈递的《关于美国 1850 年至 1925 年和苏联 1926/1927

年至1940/1941年国民经济结构和动态的思考》开始,该文被美籍俄裔经济学家多马认为是关于经济增长最早的数学模型。[5]美籍俄裔经济学家库兹涅茨1930年出版的《生产和价格的长期运动》[6]一书同样对经济增长率分析做出了卓越贡献。库兹涅茨认为经济增长的研究应当以国家为单位,应当将一个国家或一组国家各个时期增长的数量加以比较,将一些国家在不同发展阶段的特征曲线上的某一特定时点的横断面数据加以比较,然后对经济增长相关因素及其相互关系进行研究。普遍被西方经济学界承认的宏观经济增长率分解研究开始于20世纪30年代在苏联和德国接受教育的美籍俄裔经济学家里昂惕夫(1936)[7],他将企业管理或者说经济计划中的方法应用于宏观计量投入产出分析中对国家经济增长率进行分解,并因此取得了1973年的诺贝尔经济学奖。索洛(1956)[8]延续里昂惕夫将企业生产函数宏观化为社会生产函数并以此作为经济增长率分解的理论基础,提出了著名的新古典经济增长模型[9]。担任过美国经济发展研究委员会副主任的丹尼森(1962)[10]对美国经济增长率进行了更为系统的基于投入产出的生产要素贡献率分解,他认为经济增长的因素有两个方面共五项:属于生产要素投入量的有两项,一是劳动在数量上的增长和质量上的提高,二是资本在数量上的增加;属于生产要素单位投入量的有三项,一是资源配置的改善,二是规模的节约,三是知识进展和它在生产上的作用。舒尔茨(1960)[11]以前述方法为基础,采用经济增长余数分析法对1929—1957年美国教育投资对经济增长的关系做了定量研究,得出如下结论:各级教育投资的平均收益率为17%,教育投资增长的收益占劳动收入增长的比重为70%,教育投资增长的收益占国民收入增长的比重为33%。伴随着自由主义的复兴,经济增长率分解研究逐步退出英美"主流"经济学舞台,罗默的内生经济增长理论[12]恢复了对"看不见的手"的论证。

第一章　五通建设的内涵和丝绸之路经济带经济一体化构成分解

国内学者对经济增长率分解的研究多以以上研究为基础,如张学良、孙海鸣在《探寻长三角地区经济增长的真正源泉:资本积累、效率改善抑或 TFP 贡献》[13]一文中运用投入产出非参数 DEA 分析方法,将中国"综合实力最强的区域"——长三角地区的经济增长分解为物质资本积累、效率改善、技术进步和人力资本投入四个方面;董敏杰、梁泳梅在《1978—2010 年的中国经济增长来源:一个非参数分解框架》[14]一义中推导出一个可以测算经济增长来源的非参数分析框架,并以省级数据为样本测算中国经济增长来源,结论显示生产要素快速提高而非全要素生产率提高才是经济增长的关键。

与以上经济学派对经济增长的理解不同,马克思主义经济学认为经济增长是历史的范畴,应建诸生产力和生产关系的辩证统一之上,经济增长率的分解不能从单一的生产力三要素间技术关系入手而必须包含社会生产关系,增长率的分解首先应当是生产关系匮乏和生产力三要素稀缺之间的关系判断,然后才是社会关系和技术关系内部的再分解。鉴于此,基于本章第一节理论分析,本研究希望对资本项目一体化和经常项目一体化对丝绸之路经济带经济增长的贡献进行尝试性的分解。

二、模型构建

(一)理论模型构建

基于市场经济体制的马克思主义政治经济学社会再生产函数的一般形式,可以进一步分解经济增长的源泉:

$$Q = A \cdot PK$$

式中,Q 代表社会产出,A 代表生产力,PK 代表市场生产关系。

由于生产力又包括反映社会技术的技术生产力和反映生产力三要素的配置效率的社会运行生产力,上式可转化为:

$$Q = (A_t \cdot A_e) \cdot PK$$

式中，A_t 和 A_e 分别代表生产力的纯粹技术和配置效率两方面。进一步对社会产出增长率分解可得下式：

$$\ln Q = \ln A_t + \ln A_e + \ln PK$$

又由于三个变量彼此独立，可以通过求导分解社会产出增长率如下：

$$\frac{dQ}{Q} = \frac{dA_t}{A_t} + \frac{dA_e}{A_e} + \frac{dPK}{PK}$$

分解后社会产出增长率包括三部分内容，即生产力进步率、生产力三要素配置效率提升率和生产关系规模增加率。考虑到影响社会产出增长率的三部分构成并非并列关系，各维度有着不同的影响权重，上式可转型为：

$$\frac{dQ}{Q} = \lambda \frac{dA_t}{A_t} + \alpha \frac{dA_e}{A_e} + \beta \frac{dPK}{PK}$$

（二）统计模型构建

短期内可以假设生产力进步率保持不变，并且假设市场产出是社会产出的唯一形式，GDP可以反映市场产出总量，生产力三要素的配置效率决定于经常项目规模，生产关系规模则决定于资本项目规模。由此可以构建市场经济一体化贡献率分解实证模型：

经济增长率 = α 经常项目增长率 + β 资本项目增长率

进一步观测考虑时间变化，上式可转化为：

经济增长率$_t$ = α 经常项目增长率$_t$ + β 资本项目增长率$_t$

以及：

经济增长率$_{t-1}$ = α 经常项目增长率$_{t-1}$ + β 资本项目增长率$_{t-1}$

市场经济一体化贡献率分解实证模型又可转化为如下等价形式：

△经济增长率 = α△经常项目增长率 + β△资本项目增长率

第一章　五通建设的内涵和丝绸之路经济带经济一体化构成分解

（三）指标选择和数据来源

由于丝绸之路经济带市场信用的主体形式是银行直接信用评价，同时市场经济体制下提升生产力三要素配置效率的核心方式是贸易交换，以上分解公式在丝绸之路经济带又可特殊化为：

GDP 增长率 = α 贸易规模增长率 + β 信贷增长率 + 残差

或：

△GDP 增长率 = α△贸易规模增长率 + β△信贷增长率 + 残差

基于本研究所选区域和该区域当前社会统计中数据的可取性，本研究资本项目选择丝绸之路经济带各地区年末贷款余额作为代表指标，经常项目选择丝绸之路经济带各地区批发业主营业务收入作为代表指标。（本研究所有分析数据来自国家统计局网站。）由此，可以直接应用下式分解经常项目和资本项目对丝绸之路经济带经济一体化的发展贡献。

GDP 增长率 = α 批发业主营业务收入增长率 + β 年末贷款余额增长率 + 残差

或：

△GDP 增长率 = α△批发业主营业务收入增长率 + β△年末贷款余额增长率 + 残差

三、实证分析

（一）因果性检验

1. 贸易规模与 GDP 的格兰杰因果检验。

利用 EVIEWS3.0 对批发业主营业务收入和 GDP 进行格兰杰因果检验，得到如下结果：

表1 丝绸之路经济带贸易规模与GDP因果检验表

Pairwise Granger Causality Tests			
Date：08/18/16　Time：17:54			
Sample：2000 2014			
Lags：2			
Null Hypothesis：	Obs	F-Statistic	Probability
X1 does not Granger Cause Y	13	3.13756	0.09864
Y does not Granger Cause X1		6.08823	0.02472

(说明：X1代表批发业主营业务收入，Y代表GDP)

如上表所示，命题"批发业主营业务收入不是GDP的格兰杰原因"的伴随概率为0.09864，在0.1的显著性水平下，拒绝原假设，即可以认为批发业主营业务收入是GDP的格兰杰原因。命题"GDP不是批发业主营业务收入的格兰杰原因"的伴随概率为0.02472，在0.1的显著性水平下，拒绝原假设，即可以认为GDP是批发业主营业务收入的格兰杰原因。由上，可以得出在0.1的显著性水平下，批发业主营业务收入与GDP之间存在双向格兰杰因果关系。批发业主营业务收入与GDP不仅正相关(相关系数为0.9922)，还具有因果性，实证说明在丝绸之路经济带经常项目一体化对经济增长存在正向贡献。

2.信贷规模与GDP的格兰杰因果检验。

利用EVIEWS3.0对年末贷款余额和GDP进行格兰杰因果检验，得到如下结果：

表2 丝绸之路经济带信贷规模与GDP因果检验表

Pairwise Granger Causality Tests			
Date：08/18/16　Time：17:56			
Sample：2000 2014			
Lags：2			
Null Hypothesis：	Obs	F-Statistic	Probability
X2 does not Granger Cause Y	13	8.39281	0.01085
Y does not Granger Cause X2		5.08230	0.03762

(说明：X2代表年末贷款余额，Y代表GDP)

第一章 五通建设的内涵和丝绸之路经济带经济一体化构成分解

如上表所示,命题"年末贷款余额不是GDP的格兰杰原因"的伴随概率为0.01085,在0.05的显著性水平下,拒绝原假设,即可以认为年末贷款余额是GDP的格兰杰原因。命题"GDP不是年末贷款余额的格兰杰原因"的伴随概率为0.03762,在0.05的显著性水平下,拒绝原假设,即可以认为GDP是年末贷款余额的格兰杰原因。由上,可以得出在0.05的显著性水平下年末贷款余额与GDP之间存在双向格兰杰因果关系。年末贷款余额与GDP不仅正向相关(相关系数为0.9912),还具有因果性,实证说明在丝绸之路经济带资本项目一体化对经济增长存在正向贡献。

(二)回归分析

采用EXCEL2003进行多元线性回归分析得到下表分析结果:

表3 丝绸之路经济带经济增长率回归分析表

SUMMARY OUTPUT					
回归统计					
Multiple R	0.929514				
R Square	0.863996				
Adjusted R Square	0.769329				
标准误差	0.065202				
观测值	14				
方差分析	df	SS	MS	F	Significance F
回归分析	2	0.324092	0.162046	38.11627	1.13E−05
残差	12	0.051016	0.004251		
总计	14	0.375109			
	Coefficients	标准误差	t Stat	P-value	
Intercept	0	#N/A	#N/A	#N/A	
X Variable 1	0.173203	0.057209	3.027544	0.010514	
X Variable 2	0.577974	0.117635	4.913297	0.000358	

(说明:X1和X2分别代表批发业主营业务收入增长率和年末贷款余额增长率)

表中可见:显著性检验 R^2 值 0.864,F 值 38.12,说明回归具有显著性,GDP 增长率波动可以由年末贷款余额增长率和批发业主营业务收入增长率解释 86.4%;给定显著性水平 5%,查表得到临界值 $t_{0.025}(14) = 2.145$,变量 1 和 2 均拒绝系数为 0 的原假设,说明变量选取可信,年末贷款余额增长率和批发业主营业务增长率可作为解释 GDP 增长率的因变量,理论模型在当前丝绸之路经济带被证实。

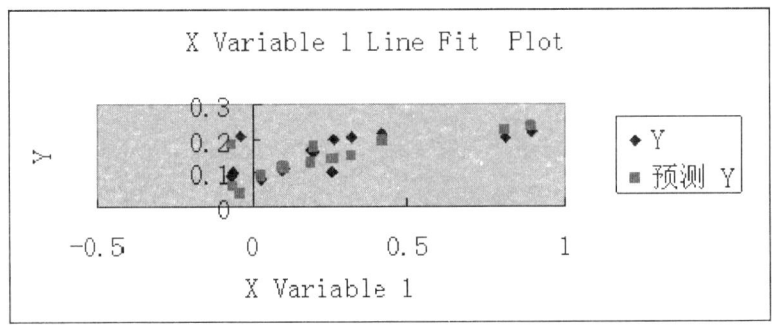

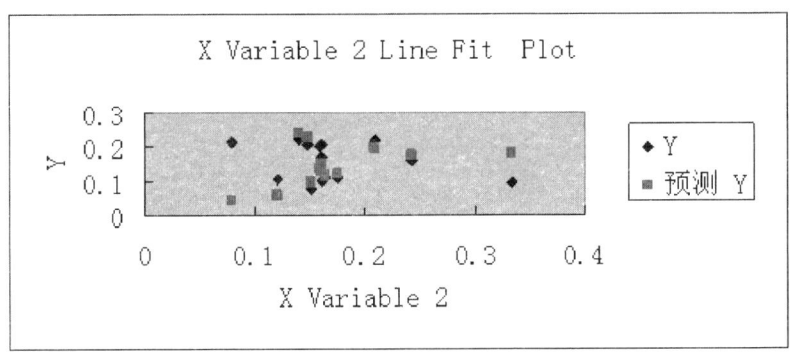

(说明:X1 和 X2 分别代表批发业主营业务收入增长率和并未贷款余额增长率,Y 代表 GDP 增长率)

图 1　丝绸之路经济带经济增长率回归分析线性拟合图

回归分析所得结果如下:

GDP 增长率 = 0.1732 批发业主营业务收入增长率 + 0.5780 年末贷款余额增长率

第一章 五通建设的内涵和丝绸之路经济带经济一体化构成分解

t =（3.0275） （4.9133）

$R^2 = 0.8640$　　　　　　F = 38.12

（三）结果讨论

基于经济理论所构建的模型与现实经济统计数据所选取指标分析结果具有一致性,说明分析的指标选择合理可信,回归分析所得结果可以说明丝绸之路经济带经济一体化中资本项目一体化(信贷增长率)与经常项目 体化(贸易增长率)对经济增长的不同贡献,回归分析的统计指标结论可以转化为经济分析结论,即:

经济增长率 = 0.1732 贸易增长率 + 0.5780 信贷增长率 + 残差

经济增长率 = 0.1732 经常项目一体化进步率 + 0.5780 资本项目一体化进步率 + 残差

不难看出,作为推进丝绸之路经济带经济发展的两个维度,经常项目一体化与资本项目一体化对当前丝绸之路经济带经济发展均具有有力的正向推进作用,但两者推进作用并不平行。这说明经济一体化中生产力三要素配置效率提升和充裕化市场生产关系都能推进丝绸之路经济带经济发展;还说明资本项目一体化对丝绸之路经济带经济发展的影响远高于经常项目一体化,资本项目所揭示的生产关系维度在当前丝绸之路经济带经济发展中的政策作用或者潜力要明显大于经常项目所揭示的生产力维度。当前丝绸之路经济带经济运行更多显示出的还是马克思主义政治经济学和发展经济学所揭示的市场生产关系匮乏,而非新古典经济学所揭示的生产要素配置效率低下。

（四）理论分析

实证结果完全符合经济理论分析。尽管本研究所选择的丝绸之路经济带范围包括从沿海繁荣区到内陆凹陷区的过渡,但丝绸之路经济带陆地型的整体经济文化特征仍然清楚显现,沿海的局部变化并不改变丝绸之路经济带以内陆为典型代表的整体陆地型特征。内陆远离海洋、缺乏便捷海运的地理属性直接决定了丝绸之路经济带当前的经济属性。

以内陆地区为代表的丝绸之路经济带受英美海洋文明的影响较小,所谓雁型转移主要是顺着海岸线转移,从荷兰、英国转移到法国、美国,到后来从欧美转移到拉丁美洲和日本,再转移到东亚四小龙和中国东部沿海,现在从中国东部沿海并没有向丝绸之路经济带腹地转移而更多地转移到了泰国、越南等东南亚地区。较小的影响并不仅限于产业链转移,更重要的是制度文化或者叫社会信用体系或者叫生产关系的较小影响。英美海洋文明在推行市场化生产关系时为了维持其生产关系主导权地位,在产业链转移的同时单一化地推行其社会习惯和文化制度(很多时候采用暴力形式灭绝其他文化,如在诸多太平洋岛屿上的暴行),将自身的社会信用体系作为标准向外输出。以内陆地区为代表的丝绸之路经济带由于地理特质和自身社会信用体系的强大和稳定,并不能完全融入海洋世界经济循环之中,对其社会信用体系也较少接受。较少接受以荷兰、英、美为代表的海洋社会信用体系,意味着按照其社会信用评价标准,丝绸之路经济带市场信用体系相对匮乏。所谓相对匮乏是指丝绸之路经济带并不是人与人之间缺乏信任或者整个社会没有互信机制,而是按照英美的标准这些社会互信机制不能被市场信用评价机构所认可,由此导致了信用体系的相对匮乏。

金融体系评价是当前市场信用评价的最主要形式,但当今世界金融体系的评价标准表现为绝对的单一化形式,即以《巴塞尔协议》为代表的英美社会信用评价标准,凡是进入海洋经济世界循环体系的地区都必须接受这样的标准。"强迫"全世界金融机构接受海洋经济世界的信用评价机制会导致一个结果,即市场信用的中央边缘结构,越是经济上远离海洋经济文化中心则市场信用越匮乏,越是靠近海洋经济文化中心则市场信用越充裕。荷兰、英、美作为海洋经济文化中心,市场信用最为富集,是全世界当之无愧的金融中心、经济中心和文化中心,从国际法庭到联合国

第一章 五通建设的内涵和丝绸之路经济带经济一体化构成分解

总部,各类世界组织主要就集中在荷兰、英国、美国和瑞士等少数几个国家。所谓金融强国不是因为这些国家所标榜的金融技术或金融人才,而是因为金融霸权行为,即将西北欧的社会机制或文化习惯作为唯一标准强迫他国接受,也就是所谓的"普世价值"。今天,虽然英美不再采用类似19世纪至20世纪通过灭绝文化推行自身价值观的暴力行为,但金融霸权和强制性单一标准输出与过去的行为在本质上并无二致。

以内陆地区为代表的丝绸之路经济带在产业链上不能融入海洋所限定的世界经济体系,在社会生产关系上也较少被其单一标准控制,自身社会信用体系不被执行英美海洋标准的金融体系所认可直接导致了丝绸之路经济带市场信用匮乏。作为市场经济体系信用评价的中枢组织,金融机构执行什么样的标准对地区经济发展尤为关键。丝绸之路经济带资本项目一体化之所以对经济增长具有巨大驱动力,主要原因就是市场信用匮乏,金融体系不认可本地社会信用。金融体系不认可本地社会信用并不代表丝绸之路经济带内陆型地区人与人之间缺乏社会信任,恰恰相反,丝绸之路经济带沿线国家和地区具有深沉的文化积淀,社会信用体系稳定,只是执行英美标准的金融机构否定这种社会信任作为市场信用基础承担市场风险的能力。

经常项目一体化能够有力推进丝绸之路经济带经济增长说明丝绸之路经济带生产力三要素配置效率仍然具有提升空间,虽然这种限制的影响较海洋社会信用体系对丝绸之路经济带社会信用体系歧视要小,但也不容忽视。以生产力三要素配置优化为目标的丝绸之路经济带经常项目一体化受到的限制主要来自交通基础设施,没有海洋所提供的天然运输途径,经济带市场配置就必须借助于交通建设,没有交通就没有发展。"要想富,先修路"是内陆地区发展的格言,也是丝绸之路经济带经常项目一体化能够发挥作用的关键。同时,形而上学地遵循与自身无关的海洋贸易规则也是制约丝绸之路经济带内部贸易发展的重要障碍。陆地便捷的信息交流和渐进式的社会文化环境根本无须海洋式基于文化冲突的强制霸权统一贸易规则,双边协商、灵活机动的贸易约定有助于丝绸之路经济带贸易畅通和实现经常项目一体化。

四、研究结论和政策建议

(一)研究结论

基于历史唯物主义一般原理所构建的马克思主义经济学社会再生产函数为丝绸之路经济带经济一体化分析提供了理论基础。实证分析证实了反映生产关系的资本项目一体化和反映生产力三要素配置效率的经常项目一体化对丝绸之路经济带经济发展均具有有力推进作用,并且资本项目一体化在其中更为关键。究其原因,主要在于海洋社会信用体系评价标准歧视陆地属性的丝绸之路经济带社会信用体系,现有金融机构不能认可差异化、多元化的陆地社会制度,内陆缺乏水运条件也使得基于交通基础设施建设的公共行为能够提升生产力三要素配置效率。

(二)政策建议

基于本节分析可以提出如下政策建议:

第一,建立丝绸之路经济带差异化、多元化、包容化的金融评价体系,基于自身社会文化基础充裕丝绸之路经济带市场信用。与丝绸之路经济带区域重合的古丝绸之路具有悠久历史,连接着许多灿烂文明,人与人之间的社会交往密切,社会信任从不匮乏。当前市场信用匮乏导致的经济落后只是金融机构受英美的金融体系蒙蔽,对自身社会信用采用了歧视的态度,不予认可。丝绸之路经济带经济一体化的关键就在于建立因地制宜、差异化、多元化、包容化的金融评价体系,正确客观评价自身社会互信的市场信用。如此,丝绸之路经济带资本规模才会大幅增加,丝绸之路经济带经济发展才能快速推进。

第二,以政府为主导建设跨地区的道路联通网络和制定双边灵活机

第一章　五通建设的内涵和丝绸之路经济带经济一体化构成分解

动贸易制度约定,不断提升生产力三要素的配置效率。丝绸之路经济带经常项目一体化相对于海洋经济存在巨大障碍,即没有便捷的交通条件实现生产力三要素有效配置,道路基础设施建设成为先决条件。政府间的沟通对于跨地区交通网建设甚为关键,充分尊重各地区意见,兼顾各方利益,有效投资并落到实处是提升生产力三要素配置效率的关键。同时,陆地地区山水相连、文化相通,完全无须形而上学地全部遵循英美国家基于文化冲突输出的单一化海洋贸易规则。地区间信息传递方便,基于双边或多边的政府间灵活机动贸易规则约定可以消除当前经常项目一体化障碍,有效提升生产力三要素配置效率。

第三节　本章小结

本章基于马克思主义历史唯物论一般原理构建了马克思主义经济学社会再生产函数,并以此为基础对丝绸之路经济带经济一体化构成进行了实证分解和理论分析。分析结论指出:反映生产关系维度的资本项目一体化和反映生产力维度的经常项目一体化均对丝绸之路经济带经济增长具有驱动力,但资本项目一体化更为重要;以民心相通为基础,建立丝绸之路经济带差异化、多元化、包容化的金融评价体系,去除基于英美社会信用体系单一金融标准对丝绸之路经济带的金融抑制是推进丝绸之路经济带经济一体化和推动经济增长的关键。

注释:

[1]本段和下段内容参考部分引用了百度百科词条"历史唯物主义"的内容,ht-tp://baike.baidu.com/ibem/历史唯物主义? seoof = er.

[2]马克思:《资本论》,中共中央马克思恩格斯列宁斯大林著作编译局编译,北

京:人民出版社,1975。

　　[3]高鸿业主编:《西方经济学(宏观部分)》(第五版),北京:中国人民大学出版社,2011。

　　[4]习近平主席在中国人民抗日战争暨世界反法西斯战争胜利70周年纪念大会发表重要讲话,人民网,http://tv.people.com.cn/n/2015/0903/c141029-27543268.html,2015年9月3日。

　　[5]巴罗、萨拉-伊-马丁:《经济增长》(第二版),夏俊译,上海:格致出版社、上海三联书店、上海人民出版社,2010。

　　[6]库兹涅茨:《各国的经济增长》,常勋等译,常勋等译,北京:商务印书馆,2015。(缺译者)

　　[7]里昂惕夫:《投入产出经济学》,崔书香译,北京:商务印书馆,2009。

　　[8]索洛:《经济增长理论——一种解说》(第二版),朱保华译,上海:格致出版社、上海三联书店、上海人民出版社,2015。

　　[9]纯粹计划体制的投入产出法却被以自由主义著称的新古典经济学认可,荒谬但也必然,因为两者都否定生产关系的发展变化,否定历史唯物主义的发展观。

　　[10]Denison E F,The Sources of Economic Growth in the United Staes & the Alternatives before Us,New York,1962.

　　[11]舒尔茨:《报酬递增的源泉》,李海明译,北京:中国人民大学出版社,2016。

　　[12]Romer P M,"Increasing Returns and Long Run Growth",Journal of Political Economy,1986,94(5):1002—1037.

　　[13]张学良、孙海鸣:《探寻长三角地区经济增长的真正源泉:资本积累、效率改善抑或TFP贡献》,载《中国工业经济》2009年第5期。

　　[14]董敏杰、梁泳梅:《1978-2010年的中国经济增长来源:一个非参数分解框架》,载《经济研究》2013年第5期。

第二章　丝绸之路经济带经常项目一体化与经济增长的因果链分析

内容提要

本章对丝绸之路经济带经济一体化中的经常项目进行进一步分析，首先基于LYQ模型构建逻辑因果链，探寻影响经常项目一体化的关键环节，接着对影响各环节效率的因素进行分析，最终发现经常项目一体化驱动丝绸之路经济带经济增长的关键内容。

第一节　丝绸之路经济带经常项目一体化因果链分析

一、文献综述

海洋经济的经常项目一体化可以追溯到古希腊以雅典城为中心的提洛同盟，从希腊半岛南部、提洛群岛到小亚细亚西岸统一的贸易规则和集中的贸易纠纷裁决将海洋经济或者叫海洋文明推向了第一次高峰，据说经常会有15%左右的雅典城公民担任提洛同盟贸易纠纷的陪审员。[1]

现代海洋经济一体化尽管从英国和荷兰开始，但其首先执行的并不是以自由贸易为特征的经常项目一体化，而是贸易地方保护主义。重商主义的限制进口政策让后来的英美"主流"经济学者甚至否认那是现代经济学的开端。随着英国世界工厂地位的确立,贸易保护主义退出历史舞台,以自由贸易为特征的海洋经常项目一体化推进经济发展的研究开始在英美经济学中充当绝对"主流"角色,并从此长盛不衰。从亚当·斯密(1776)的绝对比较优势到大卫·李嘉图(1817)的相对比较优势再到赫克歇尔、俄林(1933)的 H–O 理论,从马歇尔(1890)基于局部均衡分析和消费者剩余概念对社会效率论证到帕累托(1906)、科斯(1962)基于两两均衡分析和帕累托改进概念对社会效率论证,通过市场交换即自由贸易实现生产力三要素(他们称为生产要素)效率配置优化都被认为是推进经济增长的关键,任何抑制自由贸易的制度、习惯和文化都意味着对社会生产效率的伤害,除自由贸易之外经济增长再无讨论的必要性。因为在他们眼中只有经常项目一体化而没有资本项目一体化,只有生产力三要素之间的技术关系而没有反映社会信用制度的社会生产关系。同时,海洋经济运输的天然地理特质也让他们在思考经常项目一体化时往往忽略交通基础设施投入和道路联通在其中的作用,只把贸易畅通和贸易规则标准化作为经济一体化的唯一内容。

以"后起国家"为主要研究对象的发展经济学兴起后,开始把道路联通与经常项目一体化和地区经济增长频繁地联系在一起。没有海外市场而又必须消除内陆贫困的发展中国家,道路建设是其贸易发生的前提条件。尽管亚当·斯密在《国富论》(1776)第三章中就论述了交通发展对市场范围拓展的重要作用,但真正将此作为经济发展基础的是以熊彼特(1912)[2]、罗丹(1943)[3]、纳克斯(1953)[4]、罗斯托(1960)[5]等为代表的发展经济学家。熊彼特首先提出了"铁路经济学",认为铁路发展对经济发展具有非常重要的意义;罗丹最早提出的"大推进"理论认为交通等基础设施是一种社会先行资本,必须优先发展;罗斯托也将交通等基础设施视为社会先行资本,认为其是实现经

第二章 丝绸之路经济带经常项目一体化与经济增长的因果链分析

济起飞的一个重要前提条件;纳克斯认为交通基础设施投资是政府的责任,私人企业很少有动力对具有初始投资不可分和强外部性特征的交通基础设施进行投资。在经济发展理论基础上,新经济地理学对交通基础设施推进区域经济发展提供了新的注脚:藤田昌久、克鲁格曼和维纳布尔斯(1999)[6]将运输成本作为经济增长的一个内生变量看待,认为畅通的交通运输网络有利于降低交易成本,进而促进经济增长。发展经济学家和新经济地理学者对交通等基础设施与区域经济产出关系的理论研究为进一步的科学实证分析奠定了坚实的理论基础。

"主流"经济学者和发展经济学者基于不同历史时代和地理环境分别从不同角度对经常项目一体化进行了理论上的说明,但全面理解和分解经常项目一体化过程的研究还不多见。毫无疑问,贸易和交通基础设施都会在经常项目一体化中驱动经济增长,但它们在一个地区到底是什么样的关系,在丝绸之路经济带上是什么样的关系?本研究认为,对于陆地型经济一体化的丝绸之路经济带不能简单地认为通过单一化贸易规则或所谓的自由贸易就能自动实现有效的生产力三要素配置,也不能简单化地将单因素投入交通基础设施和复杂因素产出经济增长直接联系在一起,人为化的跨越如"交通基础设施—运输周转—贸易往来—区域经济增长"这样的经常项目一体化推进经济发展内在逻辑关系,而应通过理论分析构造因果链,寻找丝绸之路经济带经常项目一体化与经济增长因果链中的关键环节,从而达到规划丝绸之路经济带经常项目一体化维度经济发展路径的研究目的。鉴于以上论述,本研究希望在此方面予以尝试。

二、模型构建和指标选取

（一）LYQ 模型构建

LYQ 模型来源于 Tapio(2005)[7]采用弹性分析方法分解碳强度下降目标成因中的因果链构造,其能够分解直接投入与目标产出之间多阶段影响因素的影响性质和影响权重。因果链构造可以选择一个中间变量,也可以选择多个中间变量,但变量之间应具有明确的逻辑相关关系。两个连续变量之间弹性值相乘可以得到最终经济增长与初始投入之间的动态关系,而每两个连续变量之间弹性值大小进行标准化可以说明该影响因素对最终结果的影响程度,从而确定影响目标产出的关键节点。

本研究使用 LYQ 模型分析丝绸之路经济带上经常项目一体化与地区经济产出之间的动态关系。与海洋经常项目一体化拥有天然廉价运输条件不同,陆地经常项目一体化的前提是交通基础设施,高昂的交通基础设施投资(修路)是生产力三要素配置效率提升的物质基础。没有路,任何配置效率都无从谈起。道路只提供了配置的可能性,而运输使配置得以物理实现。生产力三要素配置的动力来自市场诱因,即贸易利润,贸易交换是配置效率实现的经济形式。生产力三要素的配置效率在这一过程中得以提升,丝绸之路经济带经济水平也在这一过程中得以推进。以上正是丝绸之路经济带经常项目一体化推进经济增长的内在机制,借此可以构造丝绸之路经济带经常项目一体化推进经济增长逻辑因果链:交通基础设施(先行投入,道路联通)—运输(货物往来,物流运通)—贸易(经济往来,贸易畅通)—经济增长(共同发展,经常项目一体化)。

LYQ 一般的交通基础设施投入与经济增长弹性值分析模型如下:即公式(1):

第二章 丝绸之路经济带经常项目一体化与经济增长的因果链分析

$$E_{x_0,x_n} = \prod_{i=1}^{n} E_i \tag{1}$$

其中,$E_i = (\%\Delta x_{i-1}/x_{i-1})/(\%\Delta x_i/x_i)$。

基于弹性定义,上式可以进一步表达为式(2):

$$E_{x_0,x_n} = \prod_{i=1}^{n} \frac{V_{x_{i-1}}}{V_{x_i}} \tag{2}$$

其中,$V_{x_i} = (\%\Delta x_i/x_i)$。

上式中,E_i 表示因果链上第 i 项和第 $i-1$ 项的弹性,E_{x_0,x_n} 表示交通基础设施投入与经济发展的弹性,V_{x_i} 表示因果链上第 i 项的变化速度。

基于逻辑因果链,本研究将从交通基础设施到经济增长的经常项目一体化动态关系分解为三组中间变量弹性值的乘积,即交通基础设施规模对运输规模之间的弹性值、运输规模与贸易量之间的弹性值、贸易量与地区经济增长(以 GDP 增加表示)之间的弹性值,分别称为道路联通弹性、物流运通弹性和贸易畅通弹性。

用公式表示为:

$$E_{GDP;INF} = (\%\Delta GDP/GDP)/(\%\Delta INF/INF)$$
$$= 道路联通弹性 \times 物流运通弹性 \times 贸易畅通弹性 \tag{3}$$

将上式中的各因子进一步分解如下:

$$道路联通弹性 = (\%\Delta TRS/TRS)/(\%\Delta INF/INF) \tag{4}$$

$$物流运通弹性 = (\%\Delta TRA/TRA)/(\%\Delta TRS/TRS) \tag{5}$$

$$贸易畅通弹性 = (\%\Delta GDP/GDP)/(\%\Delta TRA/TRA) \tag{6}$$

式中,GDP 表示丝绸之路经济带节点区域的经济产出,INF 表示该节点交通基础设施规模,TRS 表示该节点区域的运输规模,TRA 表示该节点区域的贸易额。道路联通弹性值越大表示交通基础设施效率优化趋势越强,物流运通弹性值越大表示运输效率优化趋势越强,贸易畅通弹性值越大表示贸易对经济的驱动效率提升趋势越强。

与传统 LYQ 模型分析环境压力与经济增长的分离目标不同(姚宇等,2010[8],2011[9],2012[10]),本研究研究的是要素投入对经济增长的驱动关系,因此构建如下影响力评价函数:

$$WE_i = \begin{cases} -\log\frac{E_{x_0}}{E_{x_n}}, & 当 E_{x_0,x_n} < 1 时 \\ \log\frac{E_{x_0}}{E_{x_n}}, & 当 E_{x_0,x_n} > 1 时 \end{cases} \quad (7)$$

$|\sum_{i=1}^{n} WE_i| = 1$ 确保了对影响力评价的标准化和可比较性。

为研究某一较长时期的主导性影响因素,还可以通过如下方法计算该时期内相关变量的变化速度:

$$x_t = x_0 \times (1 + V_x) \quad (8)$$

式中,x_t 代表变量 x 的 t 时期数据,x_0 代表变量 i 的基期数据,V_x 代表变量 x 在 0 到 t 时期的变化速度。

(二)弹性评价标准的确定

本研究弹性状态的评价分别采用 OECD 和 Tapio 两种标准:

OECD 弹性指标[11]:OECD 指标构建主要是描述环境压力(状态)与驱动力变化的关系,以及衍生政策拟定的问题。以温室气体排放为例,二氧化碳排放为环境压力,GDP 为经济驱动力,如果二氧化碳排放量的增长率与 GDP 增长率呈现不平行关系,则经济体产生脱钩关系。不平行增长可分为两种情况:如果经济增长率高于二氧化碳排放量增长率,成为"相对脱钩";如果经济稳定增长而二氧化碳排放量反而减少则为"绝对脱钩"。OECD 为衡量脱钩指标构建变化,首先建立脱钩指数与脱钩因子,见如下公式:

脱钩指数 = (EP/DF)期末/(EP/DF)期初

脱钩因子 = 1 - 脱钩指数

其中 EP 为压力指标值,DF 为驱动力指标值。再选定某一年作为基准年,例如以 1999 年为基准年,令其指数为 100,以 2007 年为终期年,直接计算终期年相对于基准年的脱钩因子变化值,即可看出两者

第二章 丝绸之路经济带经常项目一体化与经济增长的因果链分析

是呈现绝对脱钩(脱钩因子为正,且值接近1),或是相对脱钩(脱钩因子为正,且值接近0),又或是无脱钩(脱钩因子为0或为负值)。OECD脱钩指标对于基期年选定具有高度敏感性,在不同的基期年下,将呈现迥然不同的结果。

弹性脱钩:Petri Tapio(2005)基于OECD指标评价方法构建了弹性脱钩的评价指标,进一步将脱钩细分为弱(weak)脱钩、强(strong)脱钩、扩张连结(expansive coupling)、衰退(recession)脱钩等八项指标,其克服了OECD脱钩模型在基期选择上的困境,采用"弹性概念"可以动态地反映变量间脱钩关系。下式和表1分别表述了Tapio弹性脱钩的评价方法和评价标准(以温室气体排放中CO_2和GDP关系为例):

$$t_{CO_2,GDP} = (\%\triangle CO_2/CO_2)/(\%\triangle GDP/GDP)$$

表1 Tapio(2005)8个等级与弹性值比照表

状态	公式	$\triangle CO_2$ (环境压力)	$\triangle GDP$ (经济增长)	弹性 t
负脱钩	扩张负脱钩	>0	>0	>1.2
负脱钩	强负脱钩	>0	<0	<0
负脱钩	弱负脱钩	<0	<0	0<t<0.8
脱钩	弱脱钩	>0	>0	0<t<0.8
脱钩	强脱钩	<0	>0	<0
脱钩	衰退脱钩	<0	<0	>1.2
连结	增长连结	>0	>0	0.8<t<1.2
连结	衰退连结	<0	<0	0.8<t<1.2

(资料来源:本研究根据Tapio P. Towards a theory of decoupling: Degrees of decoupling in the EU and the case of road traffic in Finland between 1970 and 2001 [J]. Journal of Transport Policy, (12), 2005:137—151 整理)

(三)指标的选取和数据来源

对交通基础设施(先行投入,道路联通)—运输(货物往来,物流运通)—贸易(经济往来,贸易畅通)—经济增长(发展目标,经常项目一体化)"的经济发展因果链各节点变量的指标选取分别为:交通基础设施规模选用沿途各省份的公路里程数、铁路里程数相加汇总处理,运输规模选用货物周转量,贸易规模选用各区域贸易总额,经济产出选用各区域GDP。由于国外数据获取困难,本研究将研究范围限定在丝绸之路经济带中国段[12],该区域可以代表性地反映丝绸之路经济带经济总体状况。本研究选取江苏省、安徽省、山西省、河南省、陕西省、甘肃省、青海省、新疆维吾尔自治区、宁夏回族自治区9个省份作为基本的研究单元。目前我国并没有专门针对丝绸之路经济带经济指标的直接统计,故本研究对我国丝绸之路经济带沿途各省份的对应变量进行了加总处理。数据来源均为国家统计局官方网站。

三、实证分析

(一)2003—2013年我国丝绸之路经济带经常项目一体化因果链主导因素分析

基于公式(8)计算可得2003-2013年道路基础设施规模、物流运输规模、贸易规模和实际GDP增速分别为:9.58%、16.80%、14.88%和17.05%,基于公式(2)—(7)计算各因素对应弹性状态和影响力如下表:

表2 2003—2013年我国丝绸之路经济带经常项目一体化因果链主导因素弹性状态表

	弹性值	弹性状态	弹性评价	影响力
道路联通弹性	1.75365	联结	扩张负脱钩	97.44%
物流运通弹性	0.88571	脱钩	增长连接	-21.05%
贸易畅通弹性	1.14583	联结	增长连接	23.61%
整体弹性	1.77975	联结	扩张负脱钩	100%

(说明:弹性状态采用OECD(2002)给出的弹性状态标准,弹性评价采用Tapio(2005)给出的弹性值评价标准。数据来源:本研究计算整理)

第二章　丝绸之路经济带经常项目一体化与经济增长的因果链分析

不难看出,2003—2013年我国丝绸之路经济带经常项目一体化对经济增长驱动力呈明显上升趋势,整体弹性值为1.77975,表现为显著的联结状态,弹性评价为扩张负脱钩,符合经常项目一体化对区域经济驱动的一般规律,即通过道路基础设施建设推进市场一体化,在道路联通、物流运通和贸易畅通等多环节共同作用下推进整个区域经济增长。驱动过程中,主导因素来自道路联通环节,其弹性值为1.75365,远离于1,正向贡献率97.44%,说明我国丝绸之路经济带目前还处于陆地型经济经常项目一体化的初始阶段,即基础设施先行投资阶段,基础设施规模对于陆地型区域经济一体化和区域经济增长具有主导性的驱动力。贸易畅通环节同样是驱动过程的重要因素,其弹性值为1.14583,大于1,正向贡献率23.61%,说明了经常项目一体化的最终实现形式市场交换(即,贸易)能够实现生产力三要素配置优化和促进分工,市场化优势对我国丝绸之路经济带完全适用,市场的资源配置效率有利于推进区域经济增长;与以上两个环节因素的正向驱动不同,物流运通环节表现为负向影响因素,其弹性值为0.88571,小于1,负向贡献率21.05%,说明我国丝绸之路经济带物流发展与区域经济经常项目一体化并不同步,物流业发展不能跟上交通基础设施规模的提升和区域经济经常项目一体化发展的要求。

(二)2003—2013年我国丝绸之路经济带经常项目一体化因果链影响因素的历史分析

进一步基于LYQ框架式(1)—(7)可以计算2003—2013年分年因果链和各环节弹性值,得到表3和表4数据。

表3　2003—2013年我国丝绸之路经济带经常项目一体化因果链影响因素分年弹性表

年份	道路联通因素		物流运通因素		贸易畅通因素	
	弹性值	弹性评价	弹性值	弹性评价	弹性值	弹性评价
2004	2.618	扩张负脱钩	2.939	扩张负脱钩	0.459	弱脱钩

续表

年份	道路联通因素		物流运通因素		贸易畅通因素	
	弹性值	弹性评价	弹性值	弹性评价	弹性值	弹性评价
2005	3.937	扩张负脱钩	2.019	扩张负脱钩	0.695	弱脱钩
2006	0.095	弱脱钩	2.440	扩张负脱钩	0.784	弱脱钩
2007	3.279	扩张负脱钩	1.745	扩张负脱钩	1.037	增长联结
2008	20.318	扩张负脱钩	0.085	弱脱钩	3.632	扩张负脱钩
2009	2.420	扩张负脱钩	-2.170	强脱钩	-0.521	强负脱钩
2010	5.926	扩张负脱钩	2.479	扩张负脱钩	0.575	弱脱钩
2011	8.689	扩张负脱钩	0.793	弱脱钩	1.447	扩张负脱钩
2012	-46.476	强负脱钩	0.259	弱脱钩	3.243	扩张负脱钩
2013	2.904	扩张负脱钩	0.323	弱脱钩	4.544	扩张负脱钩

（数据来源：本研究计算整理）

表4 2003—2013年我国丝绸之路经济带经常项目一体化因果链影响因素影响力分年分解表

年份	道路联通因素	物流运通因素	贸易畅通因素
2004	76.3%	85.4%	-61.7%
2005	80.2%	41.1%	-21.3%
2006	-138.1%	52.4%	-14.3%
2007	66.7%	31.3%	2.0%
2008	164.0%	-134.2%	70.2%
2009	87.8%	—	—
2010	83.4%	42.5%	-25.9%
2011	94.0%	-10.1%	16.1%
2012	107.2%	-58.8%	51.1%
2013	83.3%	-78.0%	104.4%

（数据来源：本研究计算整理）

第二章　丝绸之路经济带经常项目一体化与经济增长的因果链分析

表中可见：

道路联通因素对我国丝绸之路经济带经常项目一体化驱动经济发展贡献整体上持续稳定正向,除 2006 年外均是当年经济带经常项目一体化驱动经济的主要环节,年平均正向贡献比率达到 93.64%。2006 年的负向贡献原因在于在此期间交通基础设施规模超常规增长,增长率达 92.4%,但由于社会对新增交通基础设施的认识不足,交通基础设施配置效率并没有随着规模同步提升,导致同期货运周转量增长率仅为 8.8%。

物流运通因素对我国丝绸之路经济带经常项目一体化驱动经济发展贡献变化趋势显著,其转折点在 2008 年。2008 年之前该环节对经济带经常项目一体化驱动经济发展呈正向作用,且年均贡献达到 52.55%;2008 年之后该环节贡献转为负向,年均值达到 -47.73%。发生在 2008 年的全球金融危机是造成这一变化的主要原因,运输周转规模的提升在危机之后已难以对经济带贸易发展和经济增长形成驱动,说明以欧美国家外需为主导的经济增长模式一旦受到抑制,丝绸之路经济带内需仍处在起步水平和低附加值的特点就表现出来,陆地贸易受与之无关的海洋规则约束的弊病也展现出来,物流所表现出的市场配置功效也就因此开始下降。

贸易畅通因素对我国丝绸之路经济带经常项目一体化驱动经济发展贡献变化趋势显著,呈现明显正向递进过程(2009 年和 2010 年因全球金融危机出现波动),其弹性值从 0.459 持续提升至 4.544,贡献率则从负向的 61.7% 成长为正向的 104.4%,从经常项目一体化驱动经济发展的主要抑制因素发展为最重要的驱动因素。从负到正的实证数据肯定了市场化的外在表现形式—贸易—对生产力三要素配置效率提升的关键作用,陆地型地区道路联通对贸易抑制的解除、地方保护主义的减弱和民心相通推进的贸易自由化使得贸易畅通正在成为我国丝绸之路经济带经常项目一体化推进经济发展的关键环节。

四、研究结论和政策建议

根据本节所做实证和理论分析,对丝绸之路经济带经常项目一体化驱动经济发展得出如下结论和政策建议:

首先,道路联通是丝绸之路经济带经常项目一体化驱动经济发展的主要环节。丝绸之路经济带的经常项目一体化是陆地型经济一体化,道路建设是经常项目一体化的前提;同时该区域仍处于经济起飞阶段,交通基础设施规模在经济带内还有着提升的必要,以道路联通带动丝绸之路经济带经济发展的战略路径完全正确,应当坚决予以贯彻。但应注意,道路联通因素对经济带经济发展的贡献仅仅依靠道路硬件投资并不能实现,提升交通基础设施规模的同时还必须扩大相关社会宣传,增强公众对交通基础设施的认知度。社会宣传等软件投资可以提升交通基础设施配置效率、推进货运周转量,其同样是道路联通推动经济带经济发展的必要条件。

其次,贸易畅通具有丝绸之路经济带经常项目一体化驱动经济发展的最大潜力。消除地方贸易保护、取消海洋贸易规则强加给内陆临近地区贸易的束缚和通过民心相同推进贸易自由化,对经济带未来的经济发展至关重要,经济带未来经济发展的关键驱动环节必将从依靠硬件连接转向依靠软件匹配。应当注意,与长期依靠欧美外需时代以地区为中心出口财政补贴、择优出口的促进贸易政策不同,内需贸易政策的关键是消除地方中心论和贸易保护主义,摆脱英美海洋贸易标准对丝绸之路经济带陆地贸易的束缚,在民心相通和政策沟通基础上建立双边灵活机动适合双方社会信用体系的双边和多边贸易规则,不断释放道路联通对市场配置效率提升的巨大驱动力。

第三,物流运通同样是经常项目一体化推动丝绸之路经济带经济发展的重要环节。物流业发展是经济带经常项目一体化驱动经济发展不可

第二章　丝绸之路经济带经常项目一体化与经济增长的因果链分析

缺少的重要环节,加大物联网建设和支持各类物流产业发展对经济带一体化建设非常重要。近年来,物流运通因素对我国丝绸之路经济带经常项目一体化驱动经济发展一直呈现负向贡献,这其中存在贸易内需转型和内需低附加值等客观原因,也存在物流结构和物流业发展与陆地贸易不匹配等主观问题。中西部地区并不仅限于能源富集和资源运输,便利的交通基础设施和贸易结构内需转型为多元的物流服务提供了可能性,只有调整物流结构和物流业多元发展,物流运通因素才能真正成为推动丝绸之路经济带经济发展的关键力量。

第二节　丝绸之路经济带道路联通对贸易畅通推进的效率分析

一、文献综述

罗丹(1943)、纳克斯(1953)、罗斯托(1960)等发展经济学家对包括交通在内的基础设施与经济增长的关系提出了许多有见地的思想,这些思想被广泛用于指导发展中国家的经济建设。罗丹最早提出了"大推进"理论,认为交通等基础设施是一种社会先行资本,必须优先发展;罗斯托也将交通等基础设施视为社会先行资本,认为交通等基础设施发展是实现经济起飞的一个重要前提条件;纳克斯发展了罗丹的理论,认为交通基础设施投资是政府的责任,私人企业很少有动力对具有初始投资不可分和强外部性特征的交通基础设施进行投资。交通基础设施具有网络属性,它将各个区域的经济活动连成一个整体,通过扩散效应,使经济增长较快区域带动增长较慢区域的经济发展,从而表现为正的空间溢出作用。同时交通基础设施又会产生负的空间溢出作用,通过聚集效应,使生产要素更方便地流向经济发达地区。在这种情况下,一个区域的经济增长可能会以其他区域的经济衰退为代价。贝伦斯(2004)[13]论证了一个国家的基础设施对其国际经济一体化及区域经济不平等的影响,他的研究表明,国际贸易量主要取决于交通成本的降低,那些拥有更好的交通基础设施的国家因为能够取得更高的国际贸易流量因而更容易取得区域经济的均衡发展。众多发展经济学家对交通等基础设施作为社会先行资本的论述为进一步的实证研究奠定了坚实的理论基础。

经济发展理论为经济空间实证分析奠定了基础:Aschauer(1989)[14]首次引入计量经济研究方法分析了基础设施与经济增长的关系;Holtz-Eakin(1994)[15]、Barro(1995)[16]等使用生产函数法,将基础设施从总投资中分离出来,单独估计基础设施资本对经济增长的影响;Kevin(1997)[17]、Everaert 和 Heylen(2001)[18]运用部分生产函数法,采用时间序列数据分析得出了基础设施的产出弹性是相当大的结论。Holtz Eakin和 Schwartz(1995)[19]首创空间权重矩阵,将邻近区域的基础设施变量引入传统的生产函数中,研究基础设施的溢出效应。Matthew(2004)[20]利用 DEA 方法和随机前沿模型对美国交通体系的运行效率进行分析,认为交通体系经济效率与经济规模正向相关。

国内学者对交通基础设施与社会经济产出关系的研究主要集中在交通基础设施和经济增长两个变量之间的实证分析上。张学良(2007)[21]认为交通基础设施对经济增长有明显的促进作用,但是这种促进作用是有区域差异的,中部地区、东部地区、西部地区的影响是在逐渐减弱的。刘秉镰等(2010)[22]使用不同的计量方法,对我国交通基础设施与全要素生产率进行了研究,认同张学良(2007)的研究结论。刘生龙(2010)[23]使用中国 28 个省份的面板数基于巴罗类型的增长模型和增长分解研究了交通基础设施对经济增长的影响,认为交通基础设施对经济增长有正向促进作用。杨帆等(2011)[24]认为,交通基础设施对区域经济的增长是通过乘数效应、旅行效应、外部效应发挥作用的。张学良(2012)[25]认为,交通基础设施的空间溢出效应是促进经济增长的主要作用。黄寿峰等

(2012)[26]研究认为交通基础设施与经济增长之间是双向影响的。吴振明等(2013)[27]评估研究了我国交通运输业的运行效率问题,认为我国交通输业正在向创新型转变。此外,刘育红(2012)[28]在其博士论文中基于空间溢出效应对我国丝绸之路经济带交通基础设施对区域经济发展的贡献进行了专门化的分析,但研究主要以城市为节点,并不能从区域空间上探讨道路联通投入交通基础设施的配置使用效率。

总体来看,当前实证研究多将重点放在交通基础设施与区域经济增长以及空间溢出效应的纯粹统计分析方面,简单化地将单因素投入交通基础设施和复杂因素产出经济增长联系在一起,人为地跨越了经常项目一体化因果链上的多个环节。上节研究表明,丝绸之路经济带经常项目一体化的主要环节是道路联通和贸易畅通,道路联通所直接改善的是贸易流转。鉴于此,本节希望从交通基础设施投入与其直接经济产出——区域间生产力三要素流转量入手,即分离并只针对道路联通对贸易畅通的推进效率,对丝绸之路经济带交通基础设施经济效率问题进行尝试性分析并探讨提升推动道路联通环节效率的影响因素。

二、变量选择和模型建立

(一)变量和指标选择

交通基础设施的建设是道路联通的前提,交通基础设施的运营是道路联通的实现。高效地配置交通基础设施使用效率,尽量达到少投入、多产出的最优配置是解决道路联通推进贸易畅通的关键,本节问题的实质就是研究道路联通投入与贸易畅通产出的全要素生产率(TFP)。在指标数据的选取上,本研究依据 Charnes 等(1982)[29]的指数选择原则[30],结合研究对象丝绸之路经济带的特点和现实意义,在考虑数据的有效性和可得性的同时,选择投入产出指标。

合理准确地选择输入变量和输出变量是有效判断投入产出效率的基本保障,除了满足上述基本条件外,还应该注重所选输入变量与输出变量之间的有效合理的逻辑因果关系。本节研究的是丝绸之路经济带上的道路联通对贸易畅通推进的效率问题,那么关键就是找出与道路联通投入直接配置的贸易畅通产出。既然交通基础设施的根本作用是保障生产力三要素的自由流通,从而促进区域经济增长,那么生产力三要素运输量就应该是本研究的直接产出量。进一步结合丝绸之路经济带沿途各地区的生产力三要素运输是以干旱陆地运输为主的基本现实,本研究将公路里程数(公里)、高速公路里程数(公里)、铁路里程数(公里)、民航运输路线长度(公里)作为输入指标,客运周转量(亿人公里)与货物周转量(亿吨公里)作为产出指标。交通基础设施具有较强的空间溢出效应,刘育红(2012)[31]在研究中以城市节点的方式将研究局限于城市之间的直接比较,这样会存在人为降低交通基础设施经济增长溢出效应的缺点,因此本研究选择区域作为研究单元。

由于国外数据获取困难,本研究将研究范围限定在丝绸之路经济带中国段[23],该区域可以代表性地反映丝绸之路经济带经济总体状况。本研究选定该段上江苏省、安徽省、山西省、河南省、陕西省、甘肃省、青海省、宁夏回族自治区、新疆维吾尔自治区9个省区作为基本的研究单元。目前我国并没有专门针对丝绸之路经济带经济指标的直接统计,故本研究对我国丝绸之路经济带沿途各省份的对应变量进行了加总处理。

(二)数据来源

本节使用的数据主要来自国家统计局网站公布的年度数据,其中,江苏省、山西省两省份的民航运输路线长度(公里)有个别数据缺失,采用曹定爱(1999)[33]的数据平滑法进行补充。本研究将所研究的投入数据汇总于表5中,产出数据汇总于表6中。

第二章 丝绸之路经济带经常项目一体化与经济增长的因果链分析

表5 2000—2011年投入数据特征描述

省份	最大值				平均值				最小值				标准差			
	X1	X2	X3	X4	X1	X2	X3	X4	X1	X2	X3	X4	X1	X2	X3	X4
江苏	152247	4122	2350	110727	101814	2839	1535	47389	28198	1090	752	29823	43769	1082	420	27379
山西	134808	4005	3774	51268	93489	1750	3132	24668	55408	518	2512	16869	33779	980	442	11090
河南	247587	5196	4282	241151	157079	3048	3894	116427	64453	505	3319	60915	88579	1797	331	64940
陕西	151986	3803	4083	898628	91856	1723	3217	501826	44006	349	2638	187568	46210	46210	446	219609
甘肃	123696	2343	2665	55629	75021	1004	2373	20759	39344	13	1962	2166	37009	760	164	20260
青海	64280	1133	1863	37612	40980	228	1411	27390	18679	26	1090	16490	17716	295	340	6254
新疆	155150	1459	4393	176992	112728	631	3127	147650	34585	431	2761	111768	40539	300	631	20221
宁夏	24506	1306	1266	54221	16672	703	877	33688	10171	83	780	16823	5432	375	180	13493
安徽	149535	3009	3121	97638	107076	1750	2495	70876	44493	470	2163	54017	44176	922	333	14087

(数据来源:2000—2011年《中国统计年鉴》《中国交通统计年鉴》以及各省统计年鉴。说明:表中X1表示公路里程,X2表示高速公路里程,X3表示铁路里程,X4表示航空路线长度;X1,X2,X3,X4的单位为公里)

表6 2000—2011年产出数据特征描述

省份	最大值		平均值		最小值		标准差	
	Y1	Y2	Y1	Y2	Y1	Y2	Y1	Y2
江苏	1710	6958	1212	3384	763	1459	305	1790
山西	416	3063	307	1814	219	866	62	743
河南	1989	8531	1200	3626	759	1554	426	2460
陕西	869	2825	535	1390	331	573	171	774
甘肃	629	2037	367	1152	226	640	135	481
青海	105	486	58	219	30	87	26	141
新疆	489	1475	324	908	187	457	93	356
宁夏	114	933	72	432	51	205	21	278
安徽	1627	8446	932	3262	519	1051	380	2793

(数据来源:2000—2011年《中国统计年鉴》《中国交通统计年鉴》以及各省统计年鉴。说明:表中Y1表示客运周转量,Y2表示货运周转量;Y1的单位为亿人公里,Y2的单位为亿吨公里)

表 7 2000—2011 年投入和产出变量的数据特征描述

指标	Y1	Y2	X1	X2	X3	X4
均值	556.2	1798.5	88523.8	1519.6	2451.2	110072.6
最大值	1989.1	8530.8	247587.0	5196.0	4393.0	898628.0
最小值	29.7	86.6	10171.0	13.0	752.0	2166.0
中值	380.7	1239.8	71762.0	1111.5	2441.5	51828.0
标准差	480.7	1859.9	58259.3	1313.6	1018.4	163493.8
观测值	108.0	108.0	108.0	108.0	108.0	108.0

(数据来源:同表5、表6。说明各字母含义同表5、表6;各变量单位同表5、表6)

(三)模型构建

DEA 方法的效率研究主要基于超越对数成本函数的参数估计法和基于数据包络分析基本模型的非参数估计法,但是学术界对使用哪种方法来确定所研究单元的最佳效率边界并未取得一致意见。非参数估计法的优点是,在比较研究单元的效率时,不对它们的基本数值的无效率分布做假设要求,并且对研究范围时间段的效率变化不做假设规定;它的缺点是,没有考虑随机误差对效率的影响,由于对于研究单元往往是多投入多产出的效率比较,随机误差会产生较大的影响,所以学术界多使用参数估计法。在 DEA 的方法中,有 Charnes 等(1978)[34]的 CCR 模型、Banker 等(1984)[35]的 BCC 模型,但是这两种模型考虑时间因素时,会有各个时间的生产前沿出现差别问题产生,这样就致使 CCR 模型和 BCC 模型不能对各单元进行纵向研究比较,即 CCR 模型和 BCC 模型只能对截面数据进行横向比较,使用范围有限。由 Malmquist(1953)[36]提出的 Malmquist 指数方法扩展改进了 CCR 模型和 BCC 模型,使得 Malmquist 指数方法既可以研究面板数据又可以研究时间序列和截面数据,并且在效率的评估上更为科学,所以本研究采用基于 DEA – Malmquist 指数方法来分析丝绸之路

第二章　丝绸之路经济带经常项目一体化与经济增长的因果链分析

经济带的交通基础设施效率。DEA – Malmquist 指数方法在使用时又细分为基于投入角度的分析和基于产出角度的分析两种分析模式,本研究选用基于产出角度的模型分析方法分析研究。

以 t 时期技术 T^t 为参照的 $Malmquist$ 指数可以表示为:

$$M_0^t(x_{t+1},y_{t+1},x_t,y_t) = d_0^{\ t}(x_{t+1},y_{t+1}) = d_0^{\ t}(x_t,y_t) \tag{1}$$

那么,以 $t+1$ 时期技术 T^{t+1} 为参照的 $Malmquist$ 指数可以表示为:

$$M_0^{t+1}(x_{t+1},y_{t+1},x_t,y_t) = d_0^{t+1}(x_{t+1},y_{t+1})/d_0^{t+1}(x_1,y_1) \tag{2}$$

以上两式在时间选取上容易出现人为原因刻意选择造成效率的差异性,本研究根据 Fisher(1994)[37]的模型,取两者的几何平均值可构造如下方程式:

$$M_0^{t,t+1}(x_{t+1},y_{t+1},x_t,y_t) = \sqrt{\frac{d_0^t(x_{t+1},y_{t+1})}{d_0^{\ t}(x_t,y_t)} \times \frac{d_0^{t+1}(x_{t+1},y_{t+1})}{d_0^{t+1}(x_t,y_t)}} \tag{3}$$

(x_{t+1},y_{t+1}) 和 (x_t,y_t) 分别表示 $t+1$ 期和 t 期的投入和产出向量; d_0^t 和 d_0^{t+1} 是以 T^t 为参照时期 t 和时期 $t+1$ 的距离函数。

将上式进一步分解,可得综合技术效率变化指数(TEC)和外部变化指数(TCP),其分解过程如下:

$$M_c^{t,t+1}(x_{t+1},y_{t+1},x_t,y_t)$$

$$= \frac{d_c^{t+1}(x_{t+1},y_{t+1})}{d_c^{\ t}(x_t,y_t)} \sqrt{\frac{d_c^t(x_{t+1},y_{t+1})}{d_c^{t+1}(x_{t+1},y_{t+1})} \times \frac{d_c^t(x_t,y_t)}{d_c^{t+1}(x_t,y_t)}} \tag{4}$$

技术效率变化指数(TEC)进一步分解为纯技术效率指数(PTEC)和规模效率指数(SEC),则上式转换为:

$$M_{v,c}^{t,t+1} = \frac{d_v^{t+1}(x_{t+1},y_{t+1})}{d_v^t(x_t,y_t)} \times \left| \frac{d_v^t(x_t,y_t)}{d_c^t(x_{t+1},y_{t+1})} \Big/ \frac{d_v^{t+1}(x_{t+1},y_{t+1})}{d_c^{t+1}(x_{t+1},y_{t+1})} \right| \times$$

$$\sqrt{\frac{d_c^t(x_{t+1},y_{t+1})}{d_c^{t+1}(x_{t+1},y_{t+1})} \times \frac{d_c^t(x_t,y_t)}{d_c^{t+1}(x_t,y_t)}} = \text{PTEC} \times \text{SEC} \times \text{TCP} = \text{TEC} \times \text{TCP} = \text{TFPC}$$

$$\tag{5}$$

上式中,TFPC 表示全要素生产率,当 TFPC＞1 时,全要素生产率效率提高,TFPC＜1 时,全要素生产效率下降;PTEC 表示交通基础设施的运营效率,SEC 表示交通基础设施的规模效应,PTEC＞1 表示交通基础设施的运营效率改善,SEC＞1 表示交通基础设施具有规模效率;TCP 代表影响交通基础设施效率外部影响的外部变化指数,主要反映交通基础设施的技术改善和贸易环境变化等影响产出的外部变化。在本研究分析期间,交通基础设施的技术改善大体可以忽略,其主要变化来自贸易环境。

三、实证分析

将我国丝绸之路经济带 9 个省区的基础数据代入本研究设计的研究模型中,采用 DEAP2.1 软件将处理后的计算结果分别显示在表 8 和表 9 中。为了使数据更加直观,本研究根据表 8 和表 9 数据分别绘制图 1 和图 2。

表 8　2000—2011 年度年均道路联通 Malmquist 指数变化及其分解表

年份	综合技术效率指数(TEC)	规模效率指数(SEC)	纯技术效率指数(PTEC)	环境变动指数(TCP)	全要素生产率指数(TFPC)
2000－2001	1.090	1.048	1.040	0.798	0.870
2001—2002	1.220	1.138	1.074	0.664	0.811
2002—2003	0.908	0.906	1.003	0.960	0.872
2003—2004	1.030	1.003	1.028	0.947	0.976
2004—2005	0.992	1.004	0.987	0.972	0.964
2005—2006	0.927	0.963	0.962	0.856	0.793
2006—2007	0.921	0.961	0.958	1.043	0.960
2007—2008	1.163	1.099	1.058	1.133	1.317
2008—2009	0.988	1.005	0.983	0.980	0.969
2009—2010	0.925	0.930	0.994	1.058	0.978
2010—2011	0.730	0.823	0.887	1.153	0.842
均值	0.982	0.985	0.996	0.950	0.932

(数据来源:本研究整理计算)

第二章 丝绸之路经济带经常项目一体化与经济增长的因果链分析

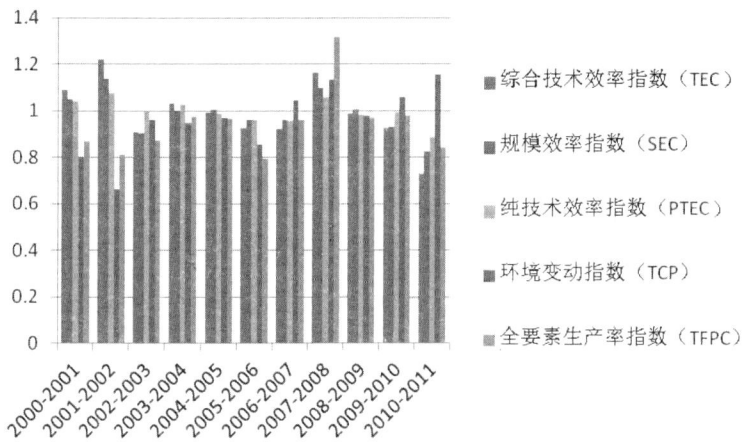

图1 2000—2011年度年均道路联通Malmquist指数变化及其分解图

表9 2000—2011年丝绸之路经济带平均道路联通Malmquist指数及其分解表

省份	综合技术效率排名	综合技术效率指数（TEC）	规模效率指数（SEC）	纯技术效率指数（PTEC）	环境变动指数（TCP）	全要素生产率指数（TFPC）	全要素生产率排名
江苏	3	1.000	1.000	1.000	0.949	0.949	6
山西	7	0.963	1.000	0.963	1.021	0.982	3
河南	6	0.979	0.979	1.000	0.977	0.957	4
陕西	5	0.981	1.004	0.976	0.956	0.938	7
甘肃	9	0.938	0.983	0.955	0.826	0.775	9
青海	8	0.960	0.960	1.000	0.860	0.826	8
新疆	1	1.027	0.959	1.071	0.931	0.956	5
宁夏	4	0.982	0.982	1.000	1.042	1.023	1
安徽	2	1.009	1.000	1.006	1.008	1.018	2

（数据来源：本研究整理计算）

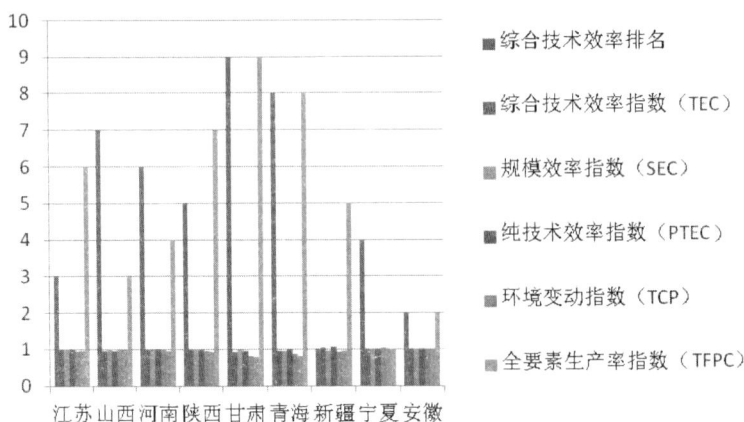

图2　2000—2011年丝绸之路经济带平均道路联通Malmquist指数及其分解图

（一）我国丝绸之路经济带整体道路联通Malmquist指数及其分解

表8可见,从整体上分解,反映我国丝绸之路经济带道路联通驱动贸易畅通效率的全要素生产率从2000年到2011年年均下降6.8%。对这一变化进行分解可以发现,综合技术效率指数年均下降1.8%,外部变化指数则以5%的速度逐年相对递减恶化。对综合技术效率指数进一步分解可以发现,规模效率年均下降1.5%,而纯技术效率年均下降0.4%。由此可见,我国丝绸之路经济带道路联通驱动贸易畅通全要素生产率的变化主要来自外部变化的作用,东南亚金融危机、911事件、2008金融危机的不断冲击导致了整个经济带的贸易环境经常性恶化;规模效率的下降反映了新建交通基础设施对贸易和生产要素流动的边际作用在递减,而纯技术效率基本保持不变反映了交通部门的运营能力是有保证的,其随着交通基础设施增加并未受到影响。

从时间过程看,2000—2005年反映我国丝绸之路经济带道路联通驱动贸易畅通效率的全要素生产率逐年下降,但呈现一个基本稳定的下降速度递减过程,效率逐年下降的原因主要是国际贸易环境恶化所导致的内部贸易环境恶化;而反映交通基础设施规模和运营的综合技术效率一直都是处于上升中。2005—2008年全要素生产率出现较大波动,其中

第二章 丝绸之路经济带经常项目一体化与经济增长的因果链分析

2005—2006年急速下降,2007—2008年急速上升,前者主要原因是综合技术效率下降和外部环境恶化同时出现,后者刚好相反。2008—2011年全要素生产率再次表现为逐年下降且有加速趋势,其主要是因为综合技术效率持续下降。规模效率和纯技术效率双双下降,反映了交通设施增加导致交通运营能力下降和新建交通基础设施对贸易和生产要素流动的边际作用递减;而同期外部变化指数大于1,反映我国经济转向内陆经济后,丝绸之路经济带的贸易环境在不断改善。

(二)我国丝绸之路经济带分省份道路联通Malmquist指数及其分解

表9可见,宁夏回族自治区在各省份中反映道路联通驱动贸易畅通效率的全要素生产率最高,为1.023,平均每年增长2.3%。相比其他省份,其领先的原因是贸易环境在逐步改善,其综合技术效率排名居中,纯技术效率保持不变而规模效率略有下降。尽管安徽省反映道路联通驱动贸易畅通效率的全要素生产率排名第二,但其各项指数均未有明显变化,新增交通基础设施并未带来运营能力和规模效率的下降。山西省反映道路联通驱动贸易畅通效率的全要素生产率排名第三,主要得益于贸易环境的改善,虽然规模效率维持稳定,但交通基础设施运营能力的下降导致综合技术效率排名在倒数第三。河南省反映道路联通驱动贸易畅通效率的全要素生产率排名第四,环境变动和综合技术效率变动均呈负向贡献,综合技术效率排名第六,新增交通基础设施导致规模效率下降,但交通基础设施运营能力维持稳定。新疆维吾尔自治区尽管综合技术效率排名第一,但反映道路联通驱动贸易畅通效率的全要素生产率排名却在第五,主要原因是贸易环境负向变动,交通基础设施的运营能力改善是其综合技术效率领先的原因。江苏省虽然综合技术效率维持稳定,规模效率和纯技术效率均稳定在1,但反映道路联通驱动贸易畅通效率的全要素生产率排名却在第六,效率负向变动的原因主要是贸易环境负向变化。陕西省反映道路联通驱动贸易畅通效率的全要素生产率排名第七,其落后的原因主要是纯技术效率下降和贸易环境负向变化,但陕西省的规模效率

却是各省份最高且大于1,反映了陕西新增交通基础设施的边际产出是递增的。各省份中反映道路联通驱动贸易畅通效率的全要素生产率甘肃省和青海省最低,分别为0.775和0.826,平均年下降分别为22.5%和17.4%。环境变动和综合技术效率下降均构成其下降主要原因,其环境变动年均下降分别为17.4%和14%,而综合技术效率也排名最后两名,导致甘肃省该项排名最后的原因不是交通基础设施规模效率下降而是交通基础设施运营能力下降,青海省则主要因为交通基础设施规模效率下降。

(三)实证结论

1. 贸易环境负向变化是造成当前我国丝绸之路经济带道路联通驱动贸易畅通效率下降的主要原因。从区域上,这种负向影响对我国丝绸之路东段(江苏)和西段(甘肃、青海、新疆)影响更大,而对中段(陕西、山西、宁夏、安徽、河南)影响相对较小;从时间上,这种负向影响从2000年到2006年影响较大,之后影响较小。实证结果显示了我国丝绸之路经济带当前经济对英美主导的海洋经济体系、对外需都过度依赖,经济带内生的市场化产出能力还存在很大不足,经济带的内陆转型和内需转型还存在很大距离,但这种转型在政策作用和经济自发演化中已经发生。实证结果同时显示我国丝绸之路经济带东段和西段受海洋经济贸易环境影响较大,但两者原因并不相同。东段影响大是因为其经济的外需比重大、经济外向性强,西段影响大则因为其经济的市场化产出能力不足,社会产出还没有充分转化为市场再生产组织能力。

2. 反映交通基础设施运营能力的纯技术效率整体保持稳定,说明我国丝绸之路经济带在新增交通基础设施的同时,其运营能力是有保证的。从区域上,仅有陕西、山西和甘肃三省出现效率下降,其他各省和自治区均保持增加或维持稳定;从时间上,纯技术效率下降主要发生在2004年之后,特别是2008年之后快速下降,反映了大规模新增交通基础设施后运营能力无法跟上。

第二章 丝绸之路经济带经常项目一体化与经济增长的因果链分析

3. 反映新增交通基础设施边际贡献的规模效率对我国丝绸之路经济带交通基础设施效率下降有一定影响,说明新增交通基础设施在该区域边际贡献下降。从区域上,仅有陕西、江苏、山西、安徽的规模效率大于或等于1,说明在这些省份新增交通基础设施潜力更大;从时间上,2000—2008年区域内交通基础设施的规模效率一直保持稳定,2008年之后快速下降,反映了2008年之后大规模新增交通基础设施的速度超过了社会经济需求的速度。

四、研究结论和政策建议

针对本节所做实证和理论分析,对我国丝绸之路经济带道路联通驱动贸易畅通得出如下结论和政策建议:

第一,经济的内陆转型和内需转型是当前提升丝绸之路经济带道路联通驱动贸易畅通效率的关键因素。近年来,丝绸之路经济带道路联通环节效率下降的主要原因是英美主导的海洋经济体系衰落,丝绸之路经济带经济的可持续发展必须实现经济的内需转型和内陆转型,这也正是国家制定丝绸之路经济带发展战略的深刻内涵。经济的内需转型和内陆转型需要将经济战略重点从鼓励海外出口、鼓励来料加工转向鼓励内需、鼓励自有技术升级,把以往将经济建立在外部需求基础上的思路转变为将经济建立在内部需求基础之上。

第二,超前的交通基础设施建设会导致丝绸之路经济带道路联通驱动贸易畅通效率下降。2008年之后,为应对全球性金融危机对我国经济的冲击,我国政府实施了大规模基础设施投资的需求拉动政策,政策有效维持了我国经济平稳运行,但部分超前的交通基础设施建设也导致丝绸之路经济带道路联通驱动贸易畅通效率下降。随着金融危机冲击的渐渐逝去,当前工作应从两方面入手:一方面,未来的交通基础设施投资应更多考虑与经济需求的对应关系,即新增交通基础设施的经济效率,主动将交通基础设施配置于具有规模效率的地区;另一方面,应着力提升已经建设交通基础设施的运营效率,从运营方面入手提升道路联通环节效率。

第三,市场化本身可以达到提升丝绸之路经济带道路联通驱动贸易畅通效率的作用。市场化本身的推进是改善贸易环境提高道路联通环节效率的又一重要方面,特别对广大内陆地区更是如此。市场化推进将调整内陆地区社会再生产的一般形式,促进社会分工,提升生产力三要素配置效率,有效消除生产力三要素闲置状况,进而从根本上提升道路使用效率,不断促进社会再生产效率提升。

第三节 丝绸之路经济带贸易畅通对经济增长的驱动力分析

一、文献综述

英美的现代贸易论并不从自由主义开始,以约翰·海尔斯和威廉·斯塔福德(1581)[38]为代表的重商主义者鼓励出口、限制进口、禁止黄金输出,认为这种贸易方式才是推进国家经济的根本方法。随着英国世界"领先经济体"地位的确立,贸易理论开始实现自由化转向,并从此成为经济学所谓的主流。达德利·诺思(1691)[39]在《贸易论》中开始提倡自由贸易,认为贸易双方都会从贸易中获得交换利益。

自由贸易论的演变与发展大致可分为两个阶段:第一阶段是18世纪60年代到19世纪60年代的资本主义自由竞争时期,这一时期的自由贸易论通常被称为古典学派的自由贸易论;第二阶段是19世纪中叶到第二次世界大战结束,资本主义进入垄断时期,这一时期的自由贸易论被称为新古典学派的自由贸易论。古典学派的自由贸易理论以亚当·斯密的绝对优势论(1776)、大卫·李嘉图的比较优势论(1817)和约翰·穆勒的相互需求原理(1848)为发展主线。斯密在其经典巨著《国富论》中特别指出:由于自然与社会因素的差异,各国在生产同种商品时会有不同的劳动生产率,因而形成各自绝对生产成本的差异,也就是各自绝对优势的不

第二章 丝绸之路经济带经常项目一体化与经济增长的因果链分析

同;一国参与国际分工和国际贸易的原因在于该国在生产某种商品时存在绝对优势。李嘉图以比较优势论补充和发展了这一学说,他指出:当一国同另一国相比,其在两种产品的生产中均处于绝对劣势(优势)时,只要它在两种产品上的比较成本同另一个国家相比是有差别的,则仍有资格(必要)参与自由贸易;每个国家都会有一种比较优势,或者说是相对优势,都能通过贸易获得比较利益,即"两优相权取其重,两劣相权取其轻"之理。关于贸易利益的分配问题,英国经济学家穆勒运用相互需求原理做出了一定的解释:实际的贸易条件取决于贸易国各自对对方商品的相对需求强度,外国对本国商品的需求强度大于本国对外国商品的需求强度,实际贸易条件就接近于外国国内这两种商品的交换比例,这个实际的贸易条件对本国就有利;反之,如本国对外国商品的需求强度大于外国对本国商品的需求强度,则实际贸易条件就接近于本国国内这两种商品的交换比例,这个实际的贸易条件对外国就有利。

新古典经济学的自由贸易论以赫克歇尔和俄林(1933)提出的生产要素禀赋学说为发展主线。生产要素禀赋学说又被称为 H-O 模型,其主要内容是:不同商品的生产需要投入不同的生产要素比例,而不同国家所拥有的生产要素是不同的,因此,一国应生产那些能密集地利用其较充裕的生产要素的商品并出口,以换取那些需要密集地使用其较稀缺的生产要素的进口商品;各种要素的价格将会因商品和生产要素的移动以及进一步发展或因其中一种遇到较小阻力而趋于均等化。

与生产要素禀赋说相背离现象的里昂惕夫之谜(1953)[40]开启了以人力资本、规模经济递增、产业内贸易、空间聚集效应等为特征的多样化的贸易理论。肯恩(1965)[41]继续阐发自由主义的贸易之路,认为人力资本作为生产要素的存在是被里昂惕夫忽略的内容;弗农(1966)[42]以产品周期演化过程解释了里昂惕夫之谜,即创新产品初始垄断优势以及其后技术转移与扩散形成的垄断优势的丧失;最具影响力的解释当然来自诺奖得主保罗·克鲁格曼(1991)[43],以规模报酬递增、不完全竞争的市场结构为假设前提,在迪克希特－斯蒂格利茨垄断竞争模型[44]的基础上,克鲁格曼分析了产业内贸易的聚集和交换形式,为里昂惕夫之谜提供了更为合理的解释。

贸易对经济增长的实证多集中在外贸与经济增长之间的关系。[45] Emery(1957)[46]利用50个国家1953—1963年的出口、贸易差额与GNP有关数据,使用线性回归法,对GNP与出口的关系进行实证研究,得出出口贸易与GNP正相关、贸易差额与GNP关系不显著的结论。Maizels (1963)[47]利用7个发达国家1899－1959年制造业出口与经济增长数据,使用秩相关检验法,得出出口促进了这些国家的经济增长的结论。Balassa(1978)[48]使用11个初步工业化国家1960—1966年和1966—1973年两个时期的数据,建立开放经济条件下的出口扩张型总量生产函数,加入劳动力平均增长、国内投资占产出的平均比例、外资占产出的平均比例等变量,利用最小二乘法,对GNP平均增长与出口平均增长的关系进行实证分析,得出出口促进经济增长的结论。Feder(1983)[49]集中分析了出口部门对非出口部门的外部经济效益,由此推出著名的Feder模型,结论同样支持出口促进经济增长的观点。Dollar(1992)[50]运用最小二乘法和三阶段回归法分析了95个国家和地区1976—1985年间的数据,得出了支持ELG假设的结论。Ghartey(1993)[51]使用台湾、美国和日本的经济数据,运用向量自回归模型、格兰杰因果检验,得出:台湾出口增长是GDP增长的格兰杰原因;在美国却不是;在日本两者是相互的因果关系。Oxley(1993)[52]对葡萄牙1865—1985年实际GDP与出口的关系进行协整检验,发现存在GLE(growth-led export)现象。Karunaratne (1997)[53]对澳大利亚1959年第三季度至1992年第二季度的数据,运用双变量的Granger检验方法得出的结论是出口促进增长,但运用脉冲响应函数法(IRFS)和预测误差方差分解法(FEVDS)分析时,得出的结论却不一样。Ghatak(1998)[54]考察了韩国人均GDP与出口的关系,发现采用基于水平数据的VAR模型时不支持ELG假设,采用向量误差修正模型

第二章 丝绸之路经济带经常项目一体化与经济增长的因果链分析

(VECM)时则支持 ELG 假设。Dhawan 和 Biswal(1999)[55]利用向量自回归模型(VAR)及 JJ 协整分析技术,分析了印度 1961—1993 年 GDP 与出口的关系,发现在短期内出口增长会带动经济增长,但长期内这种关系并不明显。Jung 和 Marshall(1985)[56]分析了 37 个发展中国家和地区 1950—1981 年出口和 GDP 的关系,发现有 20 个国家的出口增长与经济增长之间不存在因果关系,只有以色列存在双向因果关系。Helleiner(1986)[57]使用非洲低收入国家 1960—1980 年相关数据,运用回归分析,得出了出口增长与经济增长没有显著相关的结论。Chow(1987)[58]检验了 8 个新兴工业化国家和地区 1960—1984 年实际的制造业出口与制造业产出之间的关系,发现墨西哥支持 ELG 假设,巴西、中国香港、以色列、韩国、新加坡、中国台湾存在双向因果关系,阿根廷不存在因果关系。Kwan 和 Cotsomitis(1991)[59]首次运用 Granger 检验,分别对中国 1952—1985 年和 1952—1978 年两个时期的人均收入与出口占收入比率之间的关系进行研究,发现 1952—1985 年间存在双向因果关系,而 1952—1978 年间不存在因果关系。Kwan 和 Kwok(1995)[60]的研究同时考虑了人口、国内投资占国民收入比率两个变量,分析了 1952—1985 年间中国实际国民收入与出口之间的关系,结论支持 ELG 假设。

国内实证与国外实证在方法上类似。范柏乃等(2005)[61]利用格兰杰因果分析和广义差分回归模型,实证检验了 1952—2003 年我国出口贸易与经济增长数据,认为贸易对我国经济增长的促进作用主要是通过出口贸易实现的。孙敬水等(2007)[62]则重点研究了进口贸易对我国经济增长的影响,研究发现:进口贸易可以明显促进我国经济增长,其对经济增长的推动作用是通过弥补供给缺口和激发技术创新实现的。李平等(2007)[63]使用多部门进出口数据研究贸易对经济增长的驱动作用,研究认为出口贸易是促进我国经济增长的主要推动力。周春应(2007)[64]基于 VAR 协整模型研究了进口贸易对中国经济增长的驱动路径,研究发现:进口贸易对经济增长的驱动力是出口贸易量、国内资本积累量、人力资本积累、产业结构升级、市场化程度。唐保庆等(2008)[65]使用扩展的C-D函数模型,对国际货物贸易和国际服务贸易对经济增长的影响路径进行了研究,研究发现:货物贸易对经济增长的驱动是通过物质资本积累和技术进步实现的,而服务贸易对经济增长的驱动则是通过物质资本积累、人力资本积累、技术进步和市场化开放程度实现的。研究还发现,技术和知识密集型的贸易比劳动密集型和资本密集型的贸易结构更能促进经济增长。董有德等(2009)[66]研究认为,不同部门服务贸易对经济增长的驱动力都是通过增加人均资本、加速制度改革和技术进步实现的。马章良(2012)[67]对中国进出口贸易和经济运行的轨迹进行了研究,发现进出口增长都可以促进经济增长,且它们之间存在一个正相关性。

以上理论和实证都说明了贸易交换对经济增长的正向作用,但对丝绸之路经济带经常项目一体化中的贸易环节而言,究竟是哪些因素在驱动经济增长,其驱动的绝对贡献和相对贡献又是如何,回答并不清楚。鉴于此,本节尝试性地进行回答并提出政策建议。

二、理论模型的构建和检验

(一)理论模型的构建

从古典经济学到新古典经济学的学者均认为市场交换可以实现比较优势、要素聚集效应、生产溢出效应等,会提升社会效率从而增加社会产出,生产力三要素(他们称为"生产要素")的配置效率只有依托于贸易交换才能实现优化,贸易畅通本身可以推进经济增长。

基于此,在生产力三要素数量既定并且技术条件确定的情况下,可以构建如下社会生产函数[68]:

$$Y = A \cdot F(T) \quad (1)$$

其中,Y代表地区经济产出,T代表地区贸易规模,A代表技术水平,F(·)代表贸易所实现的生产要素配置效率。当反映特定范围内的配置效率时,F(·)既包含贸易在社会再生产中纯粹的配置效率,又包含由该

第二章 丝绸之路经济带经常项目一体化与经济增长的因果链分析

范围内不同区域配置效率的差异而导致的结构性配置效率。在进行短期分析时,假定技术条件 A 不变。

(二)理论模型的检验

本节选择货物周转量(亿吨公里)指标作为贸易畅通指标,选择地区国内生产总值 GDP(亿元)作为经济产出指标,对理论模型进行检验及后续的实证分析。本节所使用的数据均来自各省统计年鉴及统计公报。

基于式(2)计算丝绸之路经济带 2000—2012 年货物周转量与 GDP 的动态弹性。

$$T = \frac{\%\Delta Y/Y}{\%\Delta F/F} = V_Y/V_F \qquad (2)$$

其中,T 表示货物周转量与 GDP 的动态弹性,Y 表示经济总产出,F 表示货物周转量,ΔY 表示经济总产出的变化量,ΔF 表示货物周转量的变化量,V_Y 表示经济总产出的增速,V_F 表示货物周转量的增速。计算结果由表 10 给出。

表10 2000—2012 年丝绸之路经济带贸易规模与 GDP 的动态弹性

年份	弹性值	弹性状态	弹性评价
2001	1.5537	联结	扩张负脱钩
2002	1.3358	联结	扩张负脱钩
2003	1.4081	联结	扩张负脱钩
2004	1.3489	联结	扩张负脱钩
2005	1.4024	联结	扩张负脱钩
2006	1.9140	联结	扩张负脱钩
2007	1.8098	联结	扩张负脱钩
2008	0.3088	脱钩	弱脱钩
2009	1.1301	联结	增长联结
2010	1.4265	联结	扩张负脱钩
2011	1.1480	联结	增长联结
2012	0.8387	脱钩	增长联结

(说明:弹性评价标准,弹性值小于1为脱钩,大于1为连接。弹性评价标准依据Tapio P. Towards a theory of decoupling:Degrees of decoupling in the EU and the case of road traffic in Finland between 1970 and 2001[J]. Journal of Transport Policy,(12),2005:137-151。数据来源:本研究整理计算)

由上表易知,除2008年因全球金融危机冲击外,其余年份贸易规模和经济增长均表现出联结关系。检验证明,当前丝绸之路经济带贸易畅通对经济增长具有驱动力,理论模型在当前正确有效。

三、实证模型构建

(一)LMDI模型的构建

指数分解法和结构分解法是目前学术界分解研究因果链中各个影响因素的常用方法,学术研究中常用的是指数分解法中由法国学者Divisia于1924年提出的迪氏指数法,该方法又经学者们不断发展完善最终形成了对数平均迪氏指数法(Log arithmic Mean Divisia Index,LMDI)[69]。LMDI具有全分解、无残差、易使用以及乘法分解与加法分解的一致性、结果的唯一性、易理解等优点,目前在学术界及许多领域都得到了广泛的应用。

本节将使用LMDI分解法研究分析丝绸之路经济带贸易对经济增长驱动力,为了便于梳理研究,把贸易量对经济增长的驱动影响进一步分解为贸易活动效应、结构效应、强度效应,以深入揭示和分析贸易与经济增长之间的内在动态因果驱动关系。其中,活动效应是指在贸易量结构和贸易生产效率不变的情况下,仅由贸易量的变动而导致的经济产出的变动。结构效应是指在贸易量和贸易生产效率不变的情况下,仅由贸易结构变动而引起的经济产出的变动。强度效应是指在贸易量和贸易结构不变的情况下,仅由贸易量产出效率变动而引起的经济产出的变动。

模型构建如下:

$$Y = \sum_{i=1}^{n} L \times \frac{L_i}{L} \times \frac{Y_i}{L_i} = \sum_{i=1}^{n} LB_i M_i \tag{3}$$

第二章 丝绸之路经济带经常项目一体化与经济增长的因果链分析

上式中,Y 代表总经济产出,即丝绸之路经济带沿途各省份的经济产出之和。L 代表总贸易规模,即丝绸之路经济带沿途各省份的贸易量之和,L_i 代表 i 地区的贸易量,即贸易规模,B_i($=L_i/L$)表示贸易的区域结构,即各个地区的贸易量占整个丝绸之路经济带区域总贸易量的比重;M_i($=Y_i/L_i$)表示贸易的强度效应,即各个省份的国内生产总值与贸易量的比值,反映该省份单位贸易量所创造的财富大小。

本研究用 GDP 代表经济产出 Y,以货物周转量(亿吨公里)作为贸易量 L。这样我们可以将 GDP 在乘法模式下分解为以下形式:

$$GDP_t/GDP_0 = GDP_{tot} = D_{act} \times D_{str} \times D_{int} \quad (4)$$

根据乘法分解模式下的 LMDI 分解方法有:

$$D_{act} = \exp\left(\sum_i \frac{(GDP_i^T - GDP_i^{T-1})/(\ln GDP_i^T - \ln GDP_i^{T-1})}{(GDP^T - GDP^{T-1})/(\ln GDP^T - \ln GDP^{T-1})} \ln\left(\frac{L^T}{L^{T-1}}\right)\right) \quad (5)$$

$$D_{str} = \exp\left(\sum_i \frac{(GDP_i^T - GDP_i^{T-1})/(\ln GDP_i^T - \ln GDP_i^{T-1})}{(GDP^T - GDP^{T-1})/(\ln GDP^T - \ln GDP^{T-1})} \ln\left(\frac{B_i^T}{B_i^{T-1}}\right)\right) \quad (6)$$

$$D_{int} = \exp\left(\sum_i \frac{(GDP_i^T - GDP_i^{T-1})/(\ln GDP_i^T - \ln GDP_i^{T-1})}{(GDP^T - GDP^{T-1})/(\ln GDP^T - \ln GDP^{T-1})} \ln\left(\frac{M_i^T}{M_i^{T-1}}\right)\right) \quad (7)$$

基于对数函数可以进一步将各影响因素的影响力标准化[70]:

$$w_{D_i} = \begin{cases} \log_{GDP_{tot}}^{D_i}, & \text{当 } GDP_{tot} > 1 \text{ 时} \\ -\log_{GDP_{tot}}^{D_i}, & \text{当 } GDP_{tot} < 1 \text{ 时} \end{cases}$$

$\left|\sum_{i=1}^n W_{D_i}\right| = 1$ 保证了各影响因素在标准化处理后具有可比性。

D_{act} 表示贸易规模大小对经济增长的驱动力大小,称为活动效应;D_{str} 反映丝绸之路经济带贸易结构对经济增长的驱动力大小,称为结构效应;D_{int} 反映丝绸之路经济带贸易生产效率对经济增长的驱动力大小,称为强度效应。

(二)数据的来源及指标说明

由于国外数据获取困难,本研究将研究范围限定在丝绸之路经济带中国段[70],选取江苏省、安徽省、山西省、河南省、陕西省、甘肃省、青海省、新疆维吾尔自治区、宁夏回族自治区9个省区作为研究目标,该区域可以代表性地反映丝绸之路经济带经济总体状况。目前我国并没有专门针对丝绸之路经济带经济指标的直接统计,故本研究对我国丝绸之路经济带沿途各省份的对应变量进行了加总处理。数据来源均为国家统计局官方网站。本研究采用的分析数据均来自2000—2013年《中国统计年鉴》和2000—2013年各省统计年鉴以及国家统计局网站公布的年度数据。鉴于数据的可获得性和便于分解考虑,本研究使用丝绸之路经济带上9省份的货运周转量代替贸易量数据分析,采用我国丝绸之路经济带各省份的GDP加总作为该区域的总GDP。

四、实证结果分析

基于式(5)—(7),可以得到活动效应、结构效应和强度效应的数值,为了便于比较观察其变化情况,本研究将计算所得的驱动效应整理到表11中。基于式(8),将各个驱动效应标准化处理以后的结果汇总到表12中。为了更为直观地表示出各个驱动效应在所观测时间段内的变化趋势,根据表11和表12的汇总结果,本研究分表绘制出图3、图4和图5。

表11 2000—2012年丝绸之路经济带贸易畅通对经济增长驱动影响因素分解表

年份	总效应	活动效应	结构效应	强度效应
2000—2001	1.103642	1.088240	0.990011	1.024386
2001—2002	1.108552	1.100437	0.983685	1.024083
2002—2003	1.158841	1.139606	1.005907	1.010907
2003—2004	1.218488	1.161974	1.026488	1.021577
2004—2005	1.210943	1.150396	1.017058	1.034976
2005—2006	1.168241	1.087899	1.013239	1.059819
2006—2007	1.204834	1.113176	1.003510	1.078554
2007—2008	1.204611	1.662524	0.904546	0.801029
2008—2009	1.092294	1.081662	1.004322	1.005484
2009—2010	1.213906	1.149944	1.010613	1.044537
2010—2011	1.199403	1.173680	1.010279	1.011519
2011—2012	1.109825	1.130940	0.997127	0.984157
年均	1.166132	1.170040	0.997232	1.008419

(数据来源:本研究整理计算)

第二章 丝绸之路经济带经常项目一体化与经济增长的因果链分析

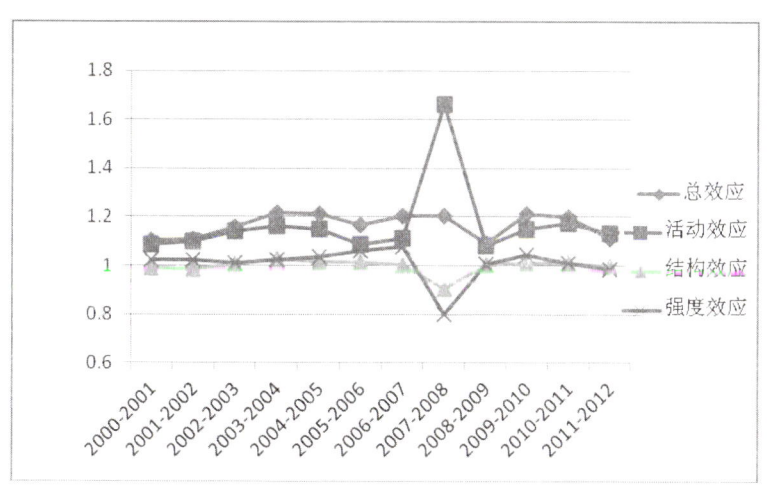

图3 2000—2012年丝绸之路经济带贸易畅通对经济增长驱动影响因素分解图

表12 2000—2012年丝绸之路经济带贸易畅通对经济增长驱动影响因素标准化分解表

年份	活动效应	结构效应	强度效应
2000—2001	85.74888%	-10.18%	24.43114%
2001—2002	92.8699%	-15.9621%	23.09215%
2002—2003	88.6462%	3.99521%	7.35859%
2003—2004	75.96759%	13.22952%	10.80289%
2004—2005	73.20116%	8.83733%	17.96151%
2005—2006	54.17952%	8.45793%	37.36254%
2006—2007	57.53784%	1.88022%	40.58194%
2007—2008	273.06944%	-53.8915%	-119.178%
2008—2009	88.91961%	4.88571%	6.19469%
2009—2010	72.07521%	5.44614%	22.47865%
2010—2011	88.07633%	5.62441%	6.29926%
2011—2012	118.08677%	-2.7613%	-15.3255%

(数据来源：本研究整理计算)

驱动影响因素标准化分解图

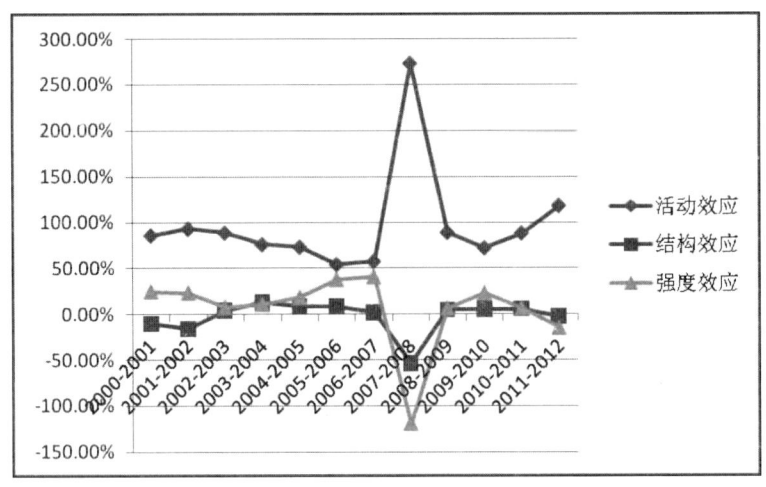

图 4　2000—2012 年丝绸之路经济带贸易畅通对经济增长
驱动影响因素标准化分解变化趋势图

表 13　2000—2012 年丝绸之路经济带各省区贸易量与区域
总贸易量占比变化汇总表(％)

时间＼区域	江苏	安徽	山西	河南	陕西	甘肃	青海	新疆	宁夏
2012	20.11	24.98	8.50	24.15	8.12	5.98	1.34	4.11	2.71
2011	20.02	24.30	8.81	24.55	8.13	5.86	1.40	4.24	2.68
2010	18.88	24.16	9.59	24.32	8.32	5.96	1.42	4.59	2.76
2009	18.16	24.55	9.28	23.90	8.62	6.29	1.41	4.88	2.91
2008	18.07	24.55	10.76	21.70	8.51	6.70	1.41	5.35	2.96
2007	27.85	13.89	12.85	19.11	8.32	8.03	1.23	6.68	2.04
2006	27.58	13.24	13.48	18.96	8.41	8.11	1.12	6.94	2.16
2005	25.32	13.25	14.30	19.90	8.70	8.32	1.24	6.82	2.16
2004	22.85	14.17	13.79	20.50	9.37	8.55	1.33	7.08	2.36
2003	20.04	15.02	14.24	21.39	9.60	8.35	1.40	7.20	2.76
2002	19.36	15.77	11.91	22.26	10.01	9.03	1.39	7.17	3.10
2001	20.88	15.12	9.79	23.41	9.59	9.63	1.38	7.02	3.17
2000	22.52	16.21	7.03	23.97	8.84	9.87	1.34	7.06	3.17

(数据来源:本研究整理计算)

第二章　丝绸之路经济带经常项目一体化与经济增长的因果链分析

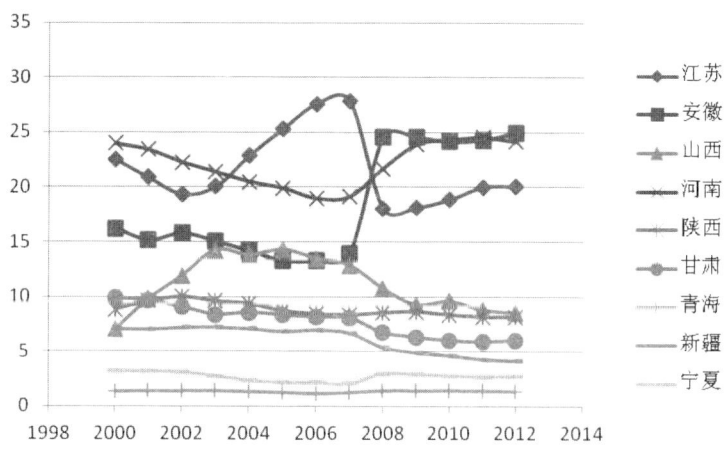

**图5　2000—2012年丝绸之路经济带各省区贸易量与区域
总贸易量占比变化趋势图(%)**

（一）总效应分析

总效应由活动效应、结构效应、强度效应相乘得到,可以用来衡量丝绸之路经济带贸易畅通对经济的整体驱动。由表11可见,2000—2012年间贸易畅通对经济增长表现为持续正向贡献,年均效应值1.166132,反映了丝绸之路经济带沿线9个省区贸易畅通对经济增长存在正向驱动力,以市场交换为主要驱动的生产力三要素配置效率提升对丝绸之路经济带经济增长具有推进而不是抑制作用。2000—2012年间这种推进作用呈现小幅波动:2003—2004年贸易畅通对经济驱动的总效应达到最高水平1.218488;2000—2002年、2001—2002年和2008—2009年出现了三次较低水平,其中最低值是2008—2009年的1.092294。在2000—2012年间,9个省区的GDP总和从23133.59亿元上升至144826.4亿元,年均增长率达16.52%;反应贸易规模的货运周转量从6891.30亿吨公里上升到39304.96亿吨公里,年均增长率达15.61%;经济的强劲增长与贸易畅通增长同向相关,相关系数为0.9904。

（二）活动效应分析

从表11可见,反映贸易规模的活动效应是贸易畅通推动丝绸之路经济带经济增长的根本动力。在绝对量上,2000—2012年间贸易畅通活动效应对经济增长的驱动效应明显,且一直处于高位正向驱动状态。只是在2008—2009年出现了小幅下降,此时的驱动力为1.081662,远低于平均值1.170040,但仍然是正向驱动,这主要是因为全球金融危机导致的贸易规模下降。由表12可见,在相对量上,活动效应表现十分强劲,一直担任贸易畅通驱动丝绸之路经济带经济增长的主力,贡献度一直在50%以上,占据活动效应、结构效应和强度效应三个驱动力中的绝对优势地位。其中在2007—2008年,活动效应对经济增长驱动力的贡献程度达到了最高值273.06944%,但这一峰值并非来自贸易规模急速提升,而是由于国际贸易环境随着2008国际金融危机的爆发恶化导致贸易获利能力下降、强度效应急剧下降。活动效应不论在绝对量还是相对量上的积极贡献都说明当前丝绸之路经济带市场机制对生产力三要素配置具有效率,市场化以推进市场规模扩大推动社会产出增长。

(三)结构效应分析

从表13可见,2000—2012年各地区贸易量占总贸易量的比重相对稳定,即该段时间内丝绸之路经济带上的贸易结构相对稳定,由此导致结构效应对丝绸之路经济带经济增长的驱动力较小。在绝对量上,由表11可见,2000—2012年这一效应的均值为0.997232,对丝绸之路经济带经济增长的绝对影响非常小。在相对量上,由表12可见,2000—2012年该因素标准化后的影响力仅为-2.54%,表现为负向微小驱动,这说明丝绸之路经济带内部地区间贸易往来十分有限,本地贸易属性十分显著,贸易主要服务于海外贸易或就近消费市场。

需要强调的是,虽然根据当前的贸易数据,贸易结构对经济增长的驱动力相对较小,但并不能简单认为贸易结构对经济增长没有有力正向驱动可能。对表13进一步分析发现,所研究时间段内我国丝绸之路经济带各个省份的贸易量占区域总贸易量比重稳定是导致贸易结构效应对经济增长驱动不明显的主要原因,如果贸易结构发生变动,其对经济增长的驱

第二章　丝绸之路经济带经常项目一体化与经济增长的因果链分析

动影响力就能显现出来。结构效应的大小与传统贸易大省江苏省、安徽省、河南省的贸易占比呈现较强的正相关性：在江苏省贸易占比增长时，结构效应驱动效果显著，如2003—2004年，江苏省贸易占比增长2.81%，结构效应对经济增长的驱动力立刻显现出来，贡献程度达13.23%；当江苏省贸易占比出现较大幅度下降时，结构效应值很快就变化为负向驱动，例如江苏省贸易比重在2007—2008年出现大幅下降9.78个百分点的现象，而此时对应的结构效应出现近年来最大的负值-53.89%。这种情况再次印证了我国丝绸之路经济带当前贸易结构海洋型和外向型的根本特点：第一，我国丝绸之路经济带的贸易属性是本地属性，主要满足海外需求和本地需求，经济带跨区贸易比重较小；第二，东部地区海外需求比重高、贸易附加值高，中西部地区海外需求比重低、贸易附加值低。

（四）强度效应分析

整体来看，从表11可见，在绝对量上，反映丝绸之路经济带贸易增加值的强度效应在2000—2012年间平均值为1.008419，表现为对丝绸之路经济带经济增长的正向贡献；从表12可见，在相对量上，反映丝绸之路经济带贸易增加值的强度效应在2000—2012年间平均贡献率为5.17%，正向贡献比重十分有限。分年观测，强度效应整体稳定并在2000—2007年间呈上升趋势，在2007—2008年突然出现了大幅下降，而后又逐步恢复稳定。2007—2008年强度效应绝对值由前一年正向贡献的1.078554骤然下降到负向贡献0.801029，相对贡献比率由之前一年的正向驱动值40.58194%变化为负向驱动值119.178%，变化幅度达到了159.76%。这个大幅度的变化和之前稳步上升在内因上完全一致，都是由于丝绸之路经济带的海洋经济外需驱动属性，外贸增加值显著大于内需。外因在前期主要是我国加入世贸，而在之后是2007年开始爆发的全球金融危机，金融危机之前加入世贸导致的外贸逐步增加带来了强度效应的提升，危机爆发导致的对外贸易大幅缩水直接带来了强度效应的骤降。2008年以后贸易畅通的强度效应逐渐稳定，其对经济增长的驱动效应十分微小且处于波动状态。2009—2012年的平均贡献率仅为4.91%，远远低于金融危机之前的23.08%，且在2012年又出现了负值。究其原因，主要是经历金融危机之后贸易结构逐渐稳定，内需和外需趋于平衡，外需规模提升不显著，内需的增加值也并没有表现出提升；特别是2012年又出现了强度效应负向贡献，在没有明显外需减少情况下，这说明丝绸之路经济带内部贸易的增加值还有下降风险，值得关注。

五、研究结论和政策建议

针对本节所做实证和理论分析，对我国丝绸之路经济带贸易畅通驱动经济增长得出如下结论和政策建议：

1. 贸易畅通对丝绸之路经济带经济增长具有显著的驱动力。贸易作为市场化的结果和市场交易机制的表现形式对丝绸之路经济带生产力三要素配置效率提升具有根本意义，其可以取得促进社会分工、提高生产力三要素利用率、发挥比较优势和取得聚集经济等提升社会再生产效率的经济意义。消除地方保护主义、鼓励地区间贸易开展应当作为推进丝绸之路经济带市场经济体制改革的重要内容。

2. 反映贸易规模的活动效应是贸易畅通推动丝绸之路经济带经济增长的根本动力。贸易规模是市场配置的前提，贸易规模量与配置效率提升具有同步性。活动效应具有主导性说明当前丝绸之路经济带市场化水平仍处于起步阶段，仍处于闲置生产要素不断纳入市场体系的阶段过程中，贸易还未能带来社会再生产效率的提升，贸易增加值仍然稳定。因此，对于当前丝绸之路经济带经常项目一体化中的贸易畅通环节而言，最重要的政策还是推进市场化。还要说明的是，推行市场化并非形而上学地接受英美海洋贸易规则，恰恰相反，应当是消除英美规则对经济区内部贸易的约束，制定适合自身社会信用体系灵活多变的贸易双边协定，从而降低交易双方的交易难度。

3. 反映贸易地区结构的结构效应在贸易畅通推进丝绸之路经

第二章　丝绸之路经济带经常项目一体化与经济增长的因果链分析

济增长中影响较小。其根本原因是当前丝绸之路经济带贸易结构的本地属性和经济性质仍属于海洋经济体系,丝绸之路经济带地区间贸易十分有限,一旦作为外部环境的欧美经济恶化,结构效应就会恶化。因此,经济的内陆转型和内需转型应当成为丝绸之路经济带贸易发展的关键战略,其主要措施包括消除地方保护主义、消除海洋经济贸易标准对经济带区域间贸易的制约、平等协商确定适合自身社会信用体系的贸易规则和注重经济带内部的道路联通等。

4. 反映贸易增加值或贸易对社会再生产效率提升的强度效应在贸易畅通推动在丝绸之路经济带经济增长中有一定影响力但波动明显。丝绸之路经济带当前的海洋经济属性使得经济带呈现出外贸比重越高贸易强度效应越强的特点,欧美经济环境直接成为丝绸之路经济带经济产出的决定力量,摆脱欧美依赖实现经济内生的可持续是贸易畅通驱动经济增长的长期要求,更是丝绸之路经济带战略意义的本质所在。提升丝绸之路经济带内部贸易的增加值就是通过自身贸易提升社会再生产效率,其主要措施仍然是消除地方保护主义、消除海洋经济贸易标准对经济带区域间贸易的制约、平等协商确定适合自身社会信用体系的贸易规则和注重经济带内部的道路联通等。

第四节　本章小结

通过构造丝绸之路经济带经常项目一体化的逻辑因果链,应用LYQ模型和Tapio弹性评价实证分析出影响当前丝绸之路经济带经常项目一体化的关键因素是道路联通和贸易畅通。基于投入产出法DEA-Malmquist指数实证分析了影响丝绸之路经济带道路联通效率的关键因素,结论指出:经济的内陆转型和内需转型是当前丝绸之路经济带道路联通驱动贸易畅通的关键因素,新增交通基础设施应倾向于陕西、江苏、山西、安徽等规模效率大于1的地区。基于LMDI方法实证分析了贸易畅通推进丝绸之路经济带经济发展的关键因素,结论指出:贸易作为市场化结果对丝绸之路经济带生产力三要素配置效率提升具有根本意义,过度依赖英美海洋经济体系直接导致了经济带贸易畅通驱动经济增长效率的起伏不定。

注释：

[1]顾准:《希腊城邦制度——读希腊史笔记》,见《顾准文集》,北京:中国市场出版社,2007。

[2]熊彼特:《经济发展理论》,何畏等译,北京:商务印书馆,1990。

[3]Rosenstein-Rodan PN,"The Problems of Industrialization of Eastern and South-Eastern Europe",Economic Journal,1943,53(1):202—211.

[4]Nurkse R,"Some International Aspects of the Problem of Economic Development",American Economic Review,1952,42(2):571—583.

[5]罗斯托:《经济增长的阶段:非共产党宣言》,郭熙保、王松茂译,北京:中国社会科学出版社,2001。

[6]藤田昌久、克鲁格曼、维纳布尔斯:《空间经济学——城市、区域与国际贸易》,梁琦主译,北京:中国人民大学出版社,2005。

[7]Tapio P,"Towards a Theory of Decoupling:Degrees of Decoupling in the EU and the Case of Road Traffic in Finland between 1970 and 2001",Journal of Transport Policy,2005,2(12):137—151.

[8]李忠民、姚宇、庆东瑞:《产业发展、GDP 增长与二氧化碳排放脱钩关系研究》,载《统计与决策》2010 年第 11 期。

[9]Yao Yu,Han Cuicui,Chen Xiangtao. Cause Analysis of the Decoupling Elasticity between China's Carbon Emission and Economic Development:Based on LYQ Framework:proceedings of the forth International Joint Conference on Computational Sciences & Optimization, Kunming, April 15-19, 2011[C]. Los Alamitos:IEEE,c2011.

[10]姚宇、陈向涛、李忠民:《我国实现 2020 年减排目标的战略路径研究》,载《干旱区资源与环境》2012 年第 12 期。

第二章　丝绸之路经济带经常项目一体化与经济增长的因果链分析

［11］OECD. Indicators to Measure Decoupling of Environmental Pressure from Economic Growth. 2002［R/OL］. http://www.olis.oecd.org/olis/2002doc.nsf/LinkTo/sg-sd(2002)1-final. 2002-5-16.

［12］省份的选取基于本学术团队自2007年开始的丝绸之路经济带研究，可参照李忠民、姚宇、刘育红《"丝绸之路"经济带发展研究》（经济科学出版社，2014）、李忠民、夏德水、姚宇《我国新丝绸之路经济带交通基础设施效率分析》（载《求索》2014年第2期）和刘育红《"新丝绸之路"经济带交通基础设施与区域经济增长》（中国社会科学出版社，2014）所选取的省份，包括江苏省、安徽省、山西省、河南省、陕西省、甘肃省、青海省、新疆维吾尔自治区、宁夏回族自治区。

［13］Behrens K,"International integration and regional inequalities: how important is national infrastructure",The Manchester School,2011,79(5):952-971.

［14］Aschauer D A,"Is Public Expenditure Productive",Journal of Monetary Economies,1989,23(89):177-200.

［15］Holtz-Eakin D,"Public-Sector Capital and the Productivity Puzzle", Review of Economics & Statistics,1992,76(1):12-21.

［16］Barro R J,Sala-i-Martin X,Economic Growth, New York: VcGraw-Hill, 1995: 153-171.

［17］Denny K,"Productivity and Trade Unions in British Manufacturing Industry 1973-85",Applied Economics,1997,29(10):1403-1409.

［18］Everaert G,Heylen F,"Public Capital and Productivity Growth: Evidence for Belgium,1953-1996",Economic Modeling,2001,18(1):97-116.

［19］Holtz-Eakin D,Schwartz AE,"Spatial Productivity Spillovers from Public Infrastructure: Evidence from State Highways",International Tax and Public Finance, 1995,2(3):459-468.

［20］Karlaftis M G,"A DEA Approach for Evaluating the Efficiency and Effectiveness of Urban Transit Systems", European Journal of Operational Research, 2004, 152(2): 354-364.

［21］张学良:《中国交通基础设施与经济增长的区域比较分析》,载《财经研究》2007第8期。

[22]刘秉镰、武鹏、刘玉海:《交通基础设施与中国全要素生产率增长——基于省域数据的空间面板计量分析》,载《中国工业经济》2010年第3期。

[23]刘生龙、胡鞍钢:《交通基础设施与经济增长:中国区域差距的视角》,载《中国工业经济》2010年第4期。

[24]杨帆、韩传峰:《中国交通基础设施与经济增长的关系实证》,载《中国人口·资源与环境》2011年第10期。

[25]张学良:《中国交通基础设施促进了区域经济增长吗——兼论交通基础设施的空间溢出效应》,载《中国社会科学》2012年第3期。

[26]黄寿峰、王艺明:《我国交通基础设施发展与经济增长的关系研究——基于非线性Granger因果检验》,载《经济学家》2012年第6期。

[27]吴振明、彭其渊:《我国交通运输业综合效率实证研究——基于"两阶段"效率评估框架》,载《求索》2013第3期。

[28]刘育红:《"新丝绸之路"经济带交通基础设施、空间溢出与经济增长》,陕西师范大学理论经济学博士论文,2012。

[29]Charnes A,Cooper W W,Seiford L,et al. ,"A multiplicative model for efficiency analysis",Socio-Economic Planning Sciences,1982,16(5):223-224.

[30]第一,对于所有的决策单元(DMU),可以得到每个输入和输出值,而且其值均为正数;第二,这些项目(输入、输出和DMU的选择)必须反映分析者或管理者对DMU的相对有效性评估相关的兴趣;第三,从效率比的原则上考虑,输入值应该越小越好,而输出值越大越好;第四,不同的输入和输出的单位不要求一致。

[31]刘育红:《"新丝绸之路"经济带交通基础设施、空间溢出与经济增长》,陕西师范大学理论经济学博士论文,2012。

[32]省份的选取基于本学术团队自2007年开始的丝绸之路经济带研究,可参照李忠民、姚宇、刘育红《"丝绸之路"经济带发展研究》(经济科学出版社,2014)、李忠民、夏德水、姚宇《我国新丝绸之路经济带交通基础设施效率分析》(载《求索》2014年第2期)和刘育红《"新丝绸之路"经济带交通基础设施与区域经济增长》(中国社会科学出版社,2014)所选取的省份,包括江苏省、安徽省、山西省、河南省、陕西省、甘肃省、青海省、新疆维吾尔自治区、宁夏回族自治区。

[33]曹定爱、张顺明:《累积法引论》,北京:科学出版社,1999。

第二章　丝绸之路经济带经常项目一体化与经济增长的因果链分析

［34］Charnes A,Cooper W W,Rhodes E,"Measuring the efficiency of decision making units",European Journal of Operational Research,1978,2(6):429-444.

［35］Banker R D,"Estimating most productive scale size using data envelopment analysis",European Journal of Operational Research,1984,17(1):35-44.

［36］Malmquist S,"Index numbers and indifference surfaces",Trabajos de Estadística y de Investigación Operativa,1953,4(2):209-242.

［37］Fisher NI, Lee AJ,"Time Series Analysis of Circular Data",Journal of the Royal Statistical Society,1994,56(2):327-339.

［38］斯坦利 L. 布鲁:《经济思想史》(原书第六版),焦国华、韩红译,北京:机械工业出版社,2003。

［39］托马斯·孟、尼古拉斯·巴尔本、达德利·诺思:《贸易论》(三种),顾为群等译,北京:商务印书馆,2011。

［40］里昂惕夫:《投入产出经济学》,崔书香译,北京:商务印书馆,2009。

［41］Kenen PB,"Nature,Capital,and Trade",Journal of Political Economy, 1965, 73(5):437.

［42］Vernon R,"International investment and international trade in the product cycle",International Economics Policies & Their Theoretical Foundations,1966,8(4):307-324.

［43］克鲁格曼:《克鲁格曼国际贸易新理论》,黄胜强译,北京:中国社会科学出版社,2001。

［44］安虎森主编:《空间经济学》,北京:经济科学出版社,2005。

［45］本段内容引自贾朝旭:《新疆进出口贸易与经济增长关系的实证研究》,石河子大学经济学硕士论文,2008,有修改。

［46］Emery RF,"The Relation Of Experts And Ecnomic Growth",Kyklos,1967,20(2):470-486.

［47］Maizels A,Recent Trends in World Trade,Palgrave Macmillan UK,1963.

［48］Balassa B,"Exports and Economic Growth:Futher Evidence",Journal of Development Economics,1978,5(2):181-189.

［49］Feder G,"On Exports and Economic Growth",Journal of Development Economics,1983,12(1):59-73.

[50] Dollar D,"outward-oriented developing economics really do grow more rapidly: evidence for 95 LDCS,1976-1985",Economic Development and Cultural Change,1992,40(3):523-544.

[51] Ghartey E E,"Causal Relationship between Exports and Economics Growth: Some Empirical Evidence in Taiwan,Japan and the US",Applied Economics,1993,25(9):1145-1152.

[52] Oxley L,Mcaleer M,"Econometric Issues in Macroeconomic Models with Generated Regressors",Journal of Economic Surveys,1993,7(1):1-40。

[53] Karunaratne ND,"High-Tech Innovation,Growth and Trade Dynamics in Australia",Open Economies Review,1997,8(2):151-170.

[54] Ghatak M,Guinnane T W,"The Economics of Lending with Joint Liability: Theory and Practice",Journal of Development Economics,1999,60(1):195-228。

[55] Dhawan Urvashi,Biswal Bagala,"Reexamining export-led growth hypothesis: a multivariate cointegration analysis for India",Applied Economics,1999,31(4):525-530.

[56] Jung WS,Marshall PJ,"Exports,Growth and Causality in Developing Countries",Journal of Development Economics,1985,18(1):1-12.

[57] Helleiner GK,Between two worlds:the World Bank's Next Decade,Transaction Books,1986.

[58] Chow GC,"Money and Price Level Determination in China",Journal of Comparative Economics,1987,11(3):319-333.

[59] Kwan A C C,Cotsomitis John A,"Economic Rrowth and the Expanding Export Sector: China 1952-1985",International Economic Journal,1991,5(1):105-117.

[60] Kwan A C C,Kwok B,"Exogeneity and the Eexport-led Growth Hypothesis: the Case of China",Southern Economic Journal,1995,61(4):1158-1166.

[61]范柏乃、毛晓苔、王双:《中国出口贸易对经济增长贡献率的实证研究:1952-2003年》,载《国际贸易问题》2005年第8期。

[62]孙敬水:《进口贸易对我国经济贡献的实证分析》,载《国际经贸探索》

第二章 丝绸之路经济带经常项目一体化与经济增长的因果链分析

2007年第1期。

[63]李平、梁俊启:《我国不同部门服务贸易对经济增长的影响》,载《国际贸易问题》2007年第12期。

[64]周春应:《中国进口贸易影响经济增长的传导途径研究》,载《经济评论》2007年第4期。

[65]唐保庆、黄繁华:《国际贸易结构对经济增长的影响路径研究——基于货物贸易与服务贸易的比较分析》,载《世界经济研究》2008年第9期。

[66]董有德、马力:《我国不同部门服务贸易对经济增长的影响机制研究——基于1982~2006年数据的实证分析》,载《世界经济研究》2009年第2期。

[67]马章良:《中国进出口贸易对经济增长方式转变的影响分析》,载《国际贸易问题》2012年第4期。

[68]姚宇、庆东瑞:《信贷规模、效率和结构对中国经济增长驱动力的影响分析——基于LMDI乘法分解》,载《统计与信息论坛》2013年第10期。姚宇:《试论新古典经济学的根本缺陷》,载《新西部(理论版)》2012年第Z2期。

[69]Ang BW,"The LMDI approach decomposition analysis:a practical guide",Energy Policy,2005,33(7):867–871.

[70]省份的选取基于本学术团队自2007年开始的丝绸之路经济带研究,可参照李忠民、姚宇、刘育红《"丝绸之路"经济带发展研究》(经济科学出版社,2014)、李忠民、夏德水、姚宇《我国新丝绸之路经济带交通基础设施效率分析》(载《求索》2014年第2期)和刘育红《"新丝绸之路"经济带交通基础设施与区域经济增长》(中国社会科学出版社,2014)所选取的省份,包括江苏省、安徽省、山西省、河南省、陕西省、甘肃省、青海省、新疆维吾尔自治区、宁夏回族自治区。

第三章 丝绸之路经济带资本项目一体化与经济增长的因果链分析

内容提要：

本章对丝绸之路经济带经济一体化中的资本项目进行进一步分析，首先基于LYQ模型构建逻辑因果链探寻影响资本项目一体化的关键环节，接着对影响各环节效率影响因素进行分析，从而发现推进资本项目一体化驱动丝绸之路经济带经济增长的关键所在。

第一节 丝绸之路经济带资本项目一体化因果链分析

一、文献综述

（一）资本项目一体化的提出和研究进展

与经常项目一体化一样，现代海洋经济的资本一体化同样从17世纪的荷兰和英国开始。1602年成立的荷属东印度股份公司最具代表性。以荷兰为代表的海洋文明通过对自身社会体系的市场信用认可形成了现代金融机制。在股份公司、股票交易所、保险公司和现代银行的推动下，海洋经济在文明的扩张中开始发展，海外获利能力成为内部市场信用评价的主体是海洋资本项目一体化初期的表现形式。

资本项目一体化的进一步发展是发生在英国的金本位制，据说牛顿在17世纪首先提出了这一思想。金本位制形式上的主要目的是避

第三章　丝绸之路经济带资本项目一体化与经济增长的因果链分析

免复本位制下国际经济交往中存在的价格混乱和货币流通不稳的弊病。英国政府在1816年颁布了铸币条例，发行金币，规定1盎司黄金为3镑17先令10.5便士，银币则处于辅币地位。1819年又颁布条例，要求英格兰银行的银行券在1821年能兑换金条，在1823年能兑换金币，并取消对金币熔化及金条输出的限制。英国的金本位制实际上是一个以英镑为中心、以黄金为基础的国际金本位制度。英镑由此成为国际最主要的清算手段，黄金与英镑同时成为各国公认的国际储备，伦敦成为国际金融中心，英国的社会信用体系和市场信用评价标准成为国际所普遍接受的信用体系和市场评价标准。符合这一标准的社会信用就可以转化为市场信用用于组织市场社会再生产，不符合的就会被市场生产关系所放弃。金本位制维持了英国较长时间的世界经济统治地位。二战之后，布雷顿森林体系所建立的美元金汇兑本位制与前者类似，不同之处在于只有国外储备的美元外汇美国才予以兑换黄金。当然，美元替换英镑是一个差异，不过美国的信用体系和市场评价标准与英国一脉相承、差异不大。布雷顿森林体系确立了美国世界金融中心的地位，确立了美元在海洋经济主导世界中的霸主地位，推进了美国在战后向全世界社会评价标准的输出，这种输出的外在表现形式就是我们通常所说的资本输出或投资（如欧洲复兴计划）。

随着美元强势地位的日趋稳固和黄金天然有限导致的美国承兑能力不足，以美元金汇兑本位制为特点的布雷顿森林体系最终在1973年彻底瓦解，资本一体化开始向两个不同方向发展：一是以浮动汇率制为代表的资本项目开放，二是区域货币一体化。

浮动汇率制是西方主流经济学者在贸易自由化（经常项目自由化）之后近年来高举起的又一面自由主义旗帜。这面旗帜的竖起和当年贸易自由主义如出一辙，首先是倡导保护（贸易的重商主义，资本的金本位制），一旦自身强势地位建立，倡导自由主义（贸易自由主义，金融自由主义)马上走向主流。就经常项目而言,浮动汇率有利于真实购买力平价和地区间生产力三要素合理配置,但自由主义的浮动汇率目的并不在此,他们借助浮动汇率宣扬的是资本项目开放和资本项目自由化。资本项目自由化的前提是美元强势地位建立,目的在于强化英美的世界金融中心地位,加速提升英美市场信用向外输出能力,从而实现英美社会信用体系对全世界社会、经济、文化和政治的统治能力,使得英美国家政治经济内政政策有效转化为管理世界的外部政策。蒙代尔—弗莱明(1963)的小国模型[1][2]展示了这种金融轴心国家对其他国家和地区社会信用向市场信用转化的完全控制性。

货币一体化是资本项目一体化的另一个方向,其在含义上开始逐步背离海洋经济体系。[3]受凯恩斯干预主义宏观经济思想影响,蒙代尔于1961年首先提出最优货币区理论[4]。最优货币区是指:由不同国家和区域组成,区域内要素完全流动,对内实行固定汇率,对外实行统一浮动汇率的最优货币联盟区。"最优"是指稳定国内就业和物价水平的能力,内部平衡与外部平衡同时得以实现。货币一体化理论的发展经历了以下几个阶段:第一阶段,20世纪60年代至20世纪70年代晚期,是货币一体化理论的初步形成时期,以蒙代尔为代表人物;第二阶段,20世纪80年代中期至20世纪90年代末,随着欧元货币区域一体化的形成,拉美国家美元化现象,货币一体化研究进入新的发展时期,除了最优货币区的衡量标准外,研究重心转移到货币政策的协调及政策的有效性分析以及货币区的成本和效益分析;第三个阶段,21世纪之后,区域货币理论研究的重心由欧洲、拉美转向亚洲,探讨亚洲货币区域合作问题。最优货币区理论主要研究组成最优货币区的判定标准,蒙代尔提出该理论之后,麦金农、凯南、英格拉姆、弗莱明、托尔和威莱特、明茨等人在此理论基础上进行不断扩展。

蒙代尔(1961)提出,用生产要素流动性作为组成最优货币区的标

第三章 丝绸之路经济带资本项目一体化与经济增长的因果链分析

准。蒙代尔认为,在价格、工资呈刚性的前提下,是否能组成最优货币区主要取决于相关地区的要素流动程度。如果,劳动力和资本在区域内能够自由流动,则当货币区域内发生不对称冲击或供给冲击时,经济能够自动恢复到内外均衡的状态。麦金农(1963,1973)[5]提出,把经济的开放程度作为组成单一货币区的标准。他认为在外部世界价格普遍稳定的条件下,那些贸易关系密切、开放程度高的小经济体应组成共同的货币区,同样有利于实现内外部经济的均衡和价格的稳定。同时指出,固定汇率制更适合于小国开放型经济体。凯南(1969)[6]则以生产的多样化为最优货币区标准,认为多样化程度相近的国家适合组成货币区;产品多样化能够隔离种种冲击,因而使外部冲击对经济的影响变小;多样化程度越高,经济抵御外部冲击的能力越强,因而也更适合于实行固定汇率制,组成货币区;多样化程度低的国家,适合于实行浮动汇率制,组成货币区。英格拉姆(1969)[7]认为,应以国际金融高度一体化为单一货币区的唯一标准。当金融市场高度一体化时,一国就可以借助资本的自由流动来恢复由于国际收支失衡所导致的利率的任何不利变化,从而取消通过汇率波动来改变区域内贸易条件的必要性,因此也就适宜实行固定汇率制,组成最优货币区。哈勃勒(1970)[8]和弗莱明(1971)[9]以相同的通货膨胀率为单一货币区的标准,他认为经常项目的不平衡在于各国通货膨胀率不一致,只有通货膨胀率相近的国家才适合组成最优货币区。以上最优货币区标准属于单一分析方法,缺乏内在的一致性或多标准权重表达。有些经济学家将几种不同的标准综合在一起作为组建货币区的标准:汉森和尼尔森(2007)[10]以外部冲击的频率和特征,成员国内部经济结构、产业结构和劳动力的流动性为判断标准。雷曼(1997)[11]提出了劳动力和资本的流动性、经济开放程度、价格工资的灵活性、商品市场一体化和财政一体化5个多元条件作为最优货币区标准。姜波克和罗德志(2002)[12]认为货币区具有5个显著特征:一是成员国货币之间的名义比价相对固定;二是具有一种占主导地位的货币作为各国货币汇率的共同基础;三是这种货币与成员国货币相互间可充分地自由兑换;四是有一个适当的协调和管理机构;五是成员国的货币政策主权受到削弱(甚至丧失)。研究得出的货币一体化标准或条件十分苛刻,这种苛刻恰恰反映了货币一体化的根本条件,即共同的社会信用体系。只有在文化制度上完全一致的小范围陆地,向市场信用转化的货币形式才能统一,不顾条件地扩大一体化范围只能事与愿违,最终分崩离析。货币一体化式的资本项目一体化和以资本项目自由化为口号的海洋式资本项目一体化一样并不适合丝绸之路经济带。

(二)资本项目一体化与区域经济增长关系研究

理论上,自由主义经济学和政治经济学对资本项目一体化推进区域经济增长有着完全不同的解释。从亚当·斯密和大卫·李嘉图开始,自由主义经济学家都将自由贸易的发挥比较优势、生产力三要素合理配置当作经济发展的最终驱动力,但资本项目一体化的研究重点并不在此。宣扬资本项目自由化或资本项目开放和论证货币一体化成为资本项目一体化与区域经济增长关系研究的中心。

关于资本项目开放推动经济增长的研究[13] Quinn(1997)[14]基于1960—1989年58个国家的数据研究发现,资本项目开放与人均GDP之间存在显著的正相关关系。Henry(2000)[15]采用事件分析法研究发现,发展中国家开放股权投资能够通过降低资本成本、刺激投资行为、提高劳动生产率而推动经济增长。Bekaert et al.(2002)[16]基于1980—1997年95个国家的数据研究发现,股票市场开放能够促进经济增长。Gruben和Mcleod(2002)[17]基于100个国家的相关数据研究发现,资本项目开放会显著降低通货膨胀,从而有助于宏观经济稳定。Devereux等学者(2002)[18]认为资本项目开放会通过促使国内税

第三章 丝绸之路经济带资本项目一体化与经济增长的因果链分析

收水平下降推动经济增长。Stiglitz(2006)[19]认为,资本市场开放可以通过引入国际竞争而激发资金需求,进而形成一个具有吸引力的经济环境,政府或微观经济体可通过投资或避险工具多样化来稳定经济,同时还能够通过扩大其他国家的融资来源促进世界经济增长。持负向效应观点的学者也有。Grilli 和 Milesi(1995)[20]基于 1960—1989 年 61 个国家的数据研究发现,资本项目开放与金融稳定和经济增长之间不存在显著的正向关系。Kunt 和 Detragiache(1998)[21]运用多元 logit 模型研究发现,金融自由化和银行危机之间存在高度相关性。Denizer et al.(2000)[22]认为资本项目开放会加剧宏观经济以及金融体系的不稳定。Eichengreen(2001)[23]认为,1973 年以后的资本项目开放和其他金融自由化措施对于金融危机的发生具有某种推动和促进作用。还有一些学者认为资本项目开放具有"收入阈值效应",即存在发展阶段差异。Edwards(2000)[24]研究发现资本项目开放对高收入国家经济有促进作用,对低收入国家经济缺乏影响。Klein 和 Olivei(2001)[25]基于 21 个发达国家和 66 个发展中国家的数据研究发现,发达国家资本项目开放具有推动金融发展和经济增长的作用,而在发展中国家这种效应不显著。

关于货币一体化推动经济增长的研究[26]安德鲁·罗斯(2000)[27]采用 186 个国家的样本数据,实证分析发现:采用统一货币的成员国之间的贸易额是非货币区国家之间贸易额的 3 倍,使用共同货币能够极大地促进区内贸易的发展。赵京霞(2000)[28]认为,欧元区成立货币一体化产生的贸易转移效应将使首批加入的国家贸易最先受益。区内贸易将在规模经济、产业内贸易和内外部投资增加等多种因素的促进下扩大,欧元区的建设还使欧盟向最优货币区过渡和发展;同时一体化提高的本区域竞争力还会促使区外贸易也进一步扩大。杨伟国(2003)[29]认为欧元对欧洲经济来说是一个积极的因素:一方面,欧元区的建立可以降低交易成本、带来价格效应以及因采用单一货币政策而对欧洲经济产生的短期刺激作用,从而促进欧元区的消费、投资需求以及贸易发展;另一方面,欧元也会促进技术创新、增加资本供给以及创造更多的劳动就业,使得欧洲长期经济增长更加强劲;更为重要的是,欧元将促进欧元区内市场结构和政策结构的一致性,从而为欧洲经济的持续增长奠定稳固的基础。王君(2009)[30]对比分析了欧元区建区前后的贸易数据,发现1999年欧元区的建立使得区内贸易额大幅增加、商品和贸易分工结构逐渐趋同、各国均表现出很强的产业内贸易的特征。隋雪琛(2010)[31]通过对欧元区的贸易数据进行实证分析,发现采用单一货币在欧元区产生了贸易创造效应和贸易转移效应,而且贸易创造效应要大于贸易转移效应。张树亮(2011)[32]选取首批加入欧元区的12个国家(也把希腊看作首批加入国家)1990—2008年前后18年的内部贸易数据对欧元区统一货币前后的贸易发展进行了分析,结果发现:欧元建区前后9年的年均增长率分别为2.9%和9.7%,建区后的贸易发展速度是建区前的3倍还多,充分说明欧元区统一货币大大促进了贸易的发展。其次,又对欧元区各国与欧盟成员国中的英国、瑞典和丹麦3个国家的外部贸易效应进行考察,发现欧元区内部贸易的速度快于外部贸易的速度。再次,作者按照关税同盟理论的思路,分析了欧元区12国与英、瑞、丹三国在建区后所产生的贸易创造效应和贸易转移效应,数据显示货币一体化所产生的贸易创造效应远远大于贸易转移效应,因而统一货币具有完全积极的正向贸易效应。

政治经济学者既不认同英美以资本项目开放为口号的海洋式资本项目一体化,也不认同欧盟以货币一体化为目标的共同信用体系资本项目一体化。海洋经济的资本项目一体化并非实现比较优势和生产力三要素效率配置提升,而是实现社会信用体系的外在统一,资本

第三章 丝绸之路经济带资本项目一体化与经济增长的因果链分析

输出的本质是输出市场生产关系、输出社会信用评价标准,从而在推进市场化和全球经济海洋一体化的同时实现"领先"经济体对其他经济体不断强化的控制能力,其控制手段就是金融寡头。这正是列宁帝国主义论(1916)[33]所论述的内容,也为后来明斯基(1986)[34]所提及。同样,货币一体化的前提在多样性文化区域也并不存在,货币一体化所推进经济增长的能力也仅限于小范围文化同质区,在跨文化范围内,其积极影响只在短期,长期必然分崩离析。

(三)总结

西方主流经济学者分别从不同角度对资本项目一体化进行了理论上的说明,但全面理解和分解资本项目一体化过程的研究还不多见。因为西方主流学者不能理解或不愿意理解资本项目一体化的本质是社会信用体系向市场信用的转化过程,资本项目一体化的争论源于是正视社会信用差异还是高唱金融标准化、高唱"金融自由化"或货币一体化有利于要素配置。有些学者不明就里,遑论资本项目开放是人民币国际化的前提,完全不明白这样的人民币国际化并不是真正的人民币国际化而只会让中国经济沦为英美金融轴心的边缘。本研究认为,应通过理论分析构造社会信用体系向市场信用转化的逻辑因果链,寻找丝绸之路经济带资本项目一体化与经济增长因果链中的关键环节,这样才能达到规划丝绸之路经济带资本项目一体化维度推动经济发展路径的研究目的。因此,本研究希望在此方面予以尝试。

二、模型构建和指标选取

(一)LYQ模型构建

LYQ模型来源于Tapio(2005)[35]采用弹性分析方法分解碳强度下降目标成因中的因果链构造,能够分解直接投入与目标产出之间多阶段影响因素的影响性质和影响权重。因果链构造可以选择一个中间变量,也可以选择多个中间变量,但变量之间应具有明确的逻辑相关关系。两个连续变量之间弹性值相乘可以得到最终经济增长与初始投入之间的动态关系,而每两个连续变量之间弹性值大小进行标准化可以说明该影响因素对最终结果的影响程度,从而确定影响目标产出的关键节点。本研究使用LYQ模型分析我国丝绸之路经济带资本项目一体化的动态关系。

与英美海洋资本项目一体化的单一社会信用评价体系强制输出不同,也与欧盟基于小范围统一文化的陆地资本项目一体化不同(文化或社会信用体系不同会导致资本项目一体化分裂,英国脱欧就是典型),丝绸之路经济带陆地型资本项目一体化的关键是相互理解,是在相互理解基础上对多样化社会制度和社会习惯的共同认知、相互包容和相互认可,在相互认可基础上金融机构可以实现对各种类型社会信用的非歧视评价并进行市场授信,丝绸之路经济带市场信用将因此脱离匮乏状态而走向富集,普遍的市场经济社会再生产关系由此形成,丝绸之路经济带经济发展也因此获得大幅推进。这正是习近平主席民心相通和货币流通论述的内涵,也正是丝绸之路经济带资本项目一体化推进经济增长的内在机制,借此可以构造丝绸之路经济带资本项目经济一体化逻辑因果链:人员往来(民心相通)—对市场信用体系的相互认可(货币流通)—经济增长(资本项目一体化)。

LYQ一般的人员往来与经济增长弹性值分析模型如下:

$$E_{x_0,x_n} = \prod_{i=1}^{n} E_i \tag{1}$$

其中,$E_i = (\%\Delta x_{i-1}/x_{i-1})/(\%\Delta x_i/x_i)$。

基于弹性定义,上式可以进一步表达为公式(2):

$$E_{x_0,x_n} = \prod_{i=1}^{n} \frac{V_{x_{i-1}}}{V_{x_i}} \tag{2}$$

其中,$V_{x_i} = (\%\Delta x_i/x_i)$。

第三章 丝绸之路经济带资本项目一体化与经济增长的因果链分析

上式中,E_i 表示因果链上第 i 项和第 $i-1$ 项的弹性,E_{x_0,x_n} 表示人员往来与经济增长的弹性,V_{x_i} 表示因果链上第 i 项的变化速度。

基于逻辑因果链,本研究将人员往来与经济增长动态关系分解为两组中间变量弹性值的乘积,即民心相通对货币流通之间的弹性值、货币流通与经济增长之间的弹性值,分别称为民心相通弹性、货币流通弹性。

用公式表示为:

$$E_{GDP:TRA} = (\%\Delta GDP/GDP)/(\%\Delta TRA/TRA) = 民心相通弹性 \times 货币流通弹性 \tag{3}$$

将上式中的各因子进一步分解如下:

$$民心相通弹性 = (\%\Delta CUR/CUR)/(\%\Delta TRA/TRA) \tag{4}$$

$$货币流通弹性 = (\%\Delta GDP/GDP)/(\%\Delta CUR/CUR) \tag{5}$$

式中,GDP 表示我国丝绸之路经济带节点区域的经济产出,TRA 表示该节点人员往来规模,CUR 表示该节点货币流通量。民心相通弹性值越大表示人员往来效率优化趋势越强,货币流通弹性值越大表示货币流通对经济的驱动效率提升趋势越强。

与传统 LYQ 模型分析环境压力与经济增长的分离目标不同(姚宇等,2010[36],2011[37],2012[38]),本研究研究的是要素投入对经济增长的驱动关系,因此构建如下影响力评价函数:

$$WE_i = \begin{cases} -\log_{E_{x_0,x_n}}^{E_i}, & 当\ E_{x_0,x_n} < 1\ 时 \\ \log_{E_{x_0,x_n}}^{E_i}, & 当\ E_{x_0,x_n} > 1\ 时 \end{cases}$$

$|\sum_{i=1}^{n} WE_i| = 1$ 确保了对影响力评价的标准化和可比较性。

为研究某一较长时期的主导性影响因素,还可以通过如下方法计算该时期内相关变量的变化速度:

$$x_t = x_0 \times (1 + V_x)^t \tag{7}$$

式中,x_t 代表变量 x 的 t 时期数据,x_0 代表变量 x 的基期数据,V_x 代表变量 x 在 0 到 t 时期的变化速度。

(二)弹性评价标准的确定

本研究弹性状态的评价分别采用 OECD 和 Tapio 两种标准:

OECD 弹性指标[39]:OECD 指标构建主要是描述环境压力(状态)与驱动力变化的关系,以及衍生政策拟定的问题。以温室气体排放为例,二氧化碳排放为环境压力,GDP 为经济驱动力,如果二氧化碳排放量的增长率与 GDP 增长率呈现不平行关系,则经济体产生脱钩关系。不平行增长可分为两种情况:如果经济增长率高于二氧化碳排放量增长率,成为"相对脱钩";如果经济稳定增长而二氧化碳排放量反而减少则为"绝对脱钩"。OECD 为衡量脱钩指标构建变化,首先建立脱钩指数与脱钩因子,见如下公式:

$$脱钩指数 = (EP/DF)期末/(EP/DF)期初$$

$$脱钩因子 = 1 - 脱钩指数$$

其中 EP 为压力指标值,DF 为驱动力指标值。再选定某一年作为基准年,例如以 1999 年为基准年,令其指数为 100,以 2007 年为终期年,直接计算终期年相对于基准年的脱钩因子变化值,即可看出两者是呈现绝对脱钩(脱钩因子为正,且值接近 1),或是相对脱钩(脱钩因子为正,且值接近 0),又或是无脱钩(脱钩因子为 0 或为负值)。OECD 脱钩指标对于基期年选定具有高度敏感性,在不同的基期年下,将呈现迥然不同的结果。

弹性脱钩:Petri Tapio(2005)基于 OECD 指标评价方法构建了弹性脱钩的评价指标,进一步将脱钩细分为弱(weak)脱钩、强(strong)脱钩、扩张连结(expansive coupling)、衰退(recession)脱钩等八项指标,其克服了 OECD 脱钩模型在基期选择上的困境,采用"弹性概念"可以动态地反映变量间脱钩关系。下式和表 1 分别表述了 Tapio 弹性脱钩的

第三章 丝绸之路经济带资本项目一体化与经济增长的因果链分析

评价方法和评价标准(以温室气体排放中 CO_2 和 GDP 关系为例):

$$t_{CO_2,GDP} = (\%\Delta CO_2/CO_2)/(\%\Delta GDP/GDP)$$

表1　Tapio(2005)8个等级与弹性值比照表

状态	公式	△CO_2(环境压力)	△GDP(经济增长)	弹性 t
负脱钩	扩张负脱钩	>0	>0	>1.2
	强负脱钩	>0	<0	<0
	弱负脱钩	<0	<0	0<t<0.8
脱钩	弱脱钩	>0	>0	0<t<0.8
	强脱钩	<0	>0	<0
	衰退脱钩	<0	<0	>1.2
联结	增长联结	>0	>0	0.8<t<1.2
	衰退联结	<0	<0	0.8<t<1.2

(资料来源:本研究根据 Tapio P. Towards a theory of decoupling:Degrees of decoupling in the EU and the case of road traffic in Finland between 1970 and 2001 [J]. Journal of Transport Policy,(12),2005:137-151 整理)

(三)指标的选取和数据来源

本研究对人员往来(民心相通)—对市场信用体系的相互认可(货币流通)—经济增长(资本项目一体化)的经济发展因果链各节点变量的指标选取分别为:人员往来选用丝绸之路经济带沿途各地区的旅客周转量,货币流通规模选用丝绸之路经济带沿途各地区年末贷款余额,经济产出选用各地区 GDP。

由于国外数据获取困难,本研究将研究范围限定在丝绸之路经济带中国段[40],该区域可以代表性地反映丝绸之路经济带经济总体状况。本研究选取江苏省、安徽省、山西省、河南省、陕西省、甘肃省、青海省、新疆维吾尔自治区、宁夏回族自治区 9 个省区作为基本的研究单位。目前我国并没有专门针对丝绸之路经济带经济指标的直接统计,故本研究对我国丝绸之路经济带沿途各省份的对应变量进行了加总处理。数据来源均为国家统计局官方网站。

三、实证分析

(一)2000—2014 年我国丝绸之路经济带资本项目一体化因果链主导因素分析

基于公式(7)计算可得 2000—2014 年人口流动规模、货币流通规模和 GDP 增速分别为:6.17%、17.13% 和 15.43%,基于公式(2)—(6)计算各因素对应弹性状态和影响力如下表:

表2 2000—2014 年我国丝绸之路经济带资本项目一体化因果链主导因素弹性状态表

	弹性值	弹性状态	弹性评价	影响力
民心相通弹性	2.77634	联结	扩张负脱钩	111.40%
货币流通弹性	0.90076	脱钩	增长联结	-11.40%
整体弹性	2.50081	联结	扩张负脱钩	100%

(说明:弹性状态采用 OECD(2002)给出的弹性状态标准,弹性评价采用 Tapio(2005)给出的弹性值评价标准。数据来源:本研究计算整理)

由表易知,2000—2014 年我国丝绸之路经济带资本项目一体化对经济增长呈显著驱动状态,14 年间平均整体弹性值为 2.50081,表现为清楚的联结状态;弹性评价为扩张负脱钩,说明资本项目一体化对地区经济增长驱动效果十分显著,与第二章经济一体化分解分析中资本项目对丝绸之路经济带经济增长驱动的理论和实证分析完全一致。通过人员往来推进不同社会文化区域间人与人之间的相互理解,进而推进相互间对社会

第三章 丝绸之路经济带资本项目一体化与经济增长的因果链分析

信用体系的认可,再推动金融机构对差异化社会信用的市场授信扩张(货币量的增加),最终通过市场信用的扩张推进整个区域经济增长,这正是资本一体化推进区域经济增长的内在机制。当前我国丝绸之路经济带驱动过程中的主导环节来自民心相通,2000—2014年间其平均弹性值为2.77634,远高于1,弹性状态为联结,弹性评价为扩张负脱钩,对整体弹性值平均正向贡献为111.40%,说明我国丝绸之路经济带目前还处于资本项目一体化的初始阶段,即人员往来先行深化阶段,人员往来对于资本项目一体化驱动经济增长具有主导性。与民心相通的显著驱动不同,货币流通表现为区域经济一体化的非显著驱动,2000—2014年间其平均弹性值为0.90076,小于1,弹性状态为脱钩,弹性评价为增长联结,对整体弹性值平均负向贡献11.40%,说明我国丝绸之路经济带市场授信规模(货币量)的提升与经济一体化并不完全同步或者驱动力弱,市场授信规模(货币量)的提升速度大于经济增长速度,其经济驱动效果处于增长联结状态的下限,市场授信对市场信用的评判并不准确并且经济体系时常存在货币超发风险。但应看到,金融机构的授信无法有力推进丝绸之路经济带经济增长并非授信规模出现了绝对过剩,丝绸之路经济带广大内陆地区还存在大量生产力三要素闲置,资金匮乏所导致的信贷利率高企还是社会的普遍现象,金融机构的授信无法有力推进经济增长只是授信规模出现了相对过剩,即金融机构基于英美的单一化市场风险评价标准无法正确认知丝绸之路经济带固有的、稳定的社会信用,对自身社会信用体系的歧视是货币流通因素制约资本一体化推进经济增长的关键。

(二)2000—2014年我国丝绸之路经济带资本项目一体化因果链影响因素的历史分析

进一步基于LYQ框架式(1)—(7)可以计算2000—2014年分年各环节弹性值影响力,得到表3和表4数据。

表3 2000—2014年我国丝绸之路经济带资本项目一体化因果链影响因素分年弹性表

年份	民心相通弹性		货币流通弹性		整体弹性	
	弹性值	弹性评价	弹性值	弹性评价	弹性值	弹性评价
2001	1.4292	扩张负脱钩	0.8502	增长联结	1.2151	扩张负脱钩
2002	2.9827	扩张负脱钩	0.6143	弱脱钩	1.8323	扩张负脱钩
2003	15.6492	扩张负脱钩	0.6547	弱脱钩	10.2455	扩张负脱钩
2004	0.9538	增长联结	1.5446	扩张负脱钩	1.4732	扩张负脱钩
2005	1.0128	增长联结	2.6282	扩张负脱钩	2.6619	扩张负脱钩
2006	1.6147	扩张负脱钩	1.0429	增长联结	1.6840	扩张负脱钩
2007	1.2816	扩张负脱钩	1.2660	扩张负脱钩	1.6224	扩张负脱钩
2008	1.6895	扩张负脱钩	1.3741	扩张负脱钩	2.3215	扩张负脱钩
2009	5.5311	扩张负脱钩	0.2768	弱脱钩	1.5307	扩张负脱钩
2010	1.8671	扩张负脱钩	1.0185	增长联结	1.9017	扩张负脱钩
2011	1.3357	扩张负脱钩	1.2483	扩张负脱钩	1.6673	扩张负脱钩
2012	2.2338	扩张负脱钩	0.6651	弱脱钩	1.4858	扩张负脱钩
2013	-0.7509	强负脱钩	0.6270	弱脱钩	-0.4708	强负脱钩
2014	2.3356	扩张负脱钩	0.5348	弱脱钩	1.2490	扩张负脱钩

(数据来源:本研究计算整理)

第三章 丝绸之路经济带资本项目一体化与经济增长的因果链分析

表4　2000—2014年我国丝绸之路经济带资本项目一体化

因果链影响因素影响力分年分解表

年份	民心相通因素	货币流通因素
2001	183.3%	-83.3%
2002	180.47%	-80.47%
2003	118.2%	-18.2%
2004	-12.21%	112.21%
2005	1.3%	98.7%
2006	91.93%	8.07%
2007	51.27%	48.73%
2008	62.27%	37.73%
2009	401.73%	-301.73%
2010	97.15%	2.85%
2011	56.62%	43.38%
2012	202.98%	-102.98%
2013	—	—
2014	381.45%	-281.45%

（数据来源：本研究计算整理）

由表可见：

2000—2014年14年间我国丝绸之路经济带资本项目一体化整体弹性评价除2013年因人口流动罕见减少外均呈现扩张负脱钩，说明资本项目一体化对经济带经济增长具有持续稳定的显著驱动力，资本项目一体化所揭示的市场化社会再生产生产关系方向理应作为推进丝绸之路经济经济增长的根本原则。需要说明的是生产关系的市场化不同于生产力三要素配置关系的市场化，生产关系（资本项目）的市场化指的是社会再生产组织形式的市场化，是市场化的本质，生产力三要素配置关系（经常项目）的市场化指的是社会交换形式的市场化，是市场化的外在表现。西方"主流经济学"囿于意识形态障碍，往往只讨论经常项目一体化，不讨论资本项目一体化从而背离了社会经济问题本质，使得理论上常常根本无法回答经济困局。

2000—2014年14年间,民心相通的弹性评价有11年呈现为扩张负脱钩,说明人员往来对金融机构授信规模有着强劲的驱动力,即人员往来1%的增加,可以引起金融机构授信规模远大于1%的增加。2004和2005年,民心相通弹性评价为增长联结,说明这两年人员往来与金融机构授信仍存在一定的联结关系,只是驱动力不强;2013年民心相通弹性为-0.7509,弹性评价为强负脱钩,主要原因在于该年的旅客周转量出现了14年间仅有的一次减少而年末信贷余额仍然持续增加。2000—2014年14年间民心相通因素对我国丝绸之路经济带经济发展呈现持续稳定正向贡献,除2004年和2005年外均是当年驱动经济带经济增长的绝对主导因素,年平均正向贡献比率达到139.73%。2004年的负向贡献主要是因为非典(SARS)爆发导致人员往来对货币流通驱动力影响,该年弹性值下降至1以下,但弹性评价仍为增长联结说明驱动力下降并不严重。

货币流通弹性的变化情况比较复杂。2001年、2006年、2010年的弹性状态为增长联结,说明货币流通因素与GDP增长之间存在着一定的驱动关系,虽然这种驱动力并不是十分显著。其中2001年的弹性值小于1,说明金融机构授信规模1%的增长带来的GDP增长小于1%;2006和2010年的弹性值大于1,说明金融机构授信规模1%的增长带来的GDP增长略大于1%。比之更差的是2002年、2003年、2009年、2012—2014年,这些年的弹性状态为弱脱钩,即弹性值小于0.8,说明这些年份金融机构授信规模与GDP之间不存在明显的驱动关系,金融机构授信增加并没有带来明显的GDP增长。2004年、2005年、2007年、2008年、2011年的弹性评价为扩张负脱钩,说明货币流通因素对GDP增长存在强劲的驱动力,金融机构授信规模增加1%带来的GDP增长量远大于1%。2000—2014年14年间,货币流通因素在我国丝绸之路经济带资本项目一体化因果链中整体呈现负向贡献,年平均贡献率为-39.73%,说明14年

第三章 丝绸之路经济带资本项目一体化与经济增长的因果链分析

间货币流通因素并不能有效驱动经济带经济增长,其原因主要在于金融机构授信机制对丝绸之路经济带固有社会信用存在歧视、社会稳定的信用体系不被金融机构接受。这种原因的外在表现就是信贷悖论,一方面金融机构按照英美所谓风险评价标准自身展现出货币超发风险和存贷款比率失调,另一方面丝绸之路经济带表现为生产力三要素闲置和借款利率高企。

四、研究结论和政策建议

(一)研究结论

本节实证和理论分析可以得到如下结论:

资本项目一体化的逻辑因果链构造主要包括民心相通和货币流通环节,资本项目一体化对我国丝绸之路经济带经济增长具有持续稳定显著的正向驱动力。民心相通是当前资本项目一体化驱动丝绸之路经济带经济增长的主导环节,货币流通环节对丝绸之路经济带资本项目一体化驱动经济增长呈现负向贡献,其所反映的当前丝绸之路经济带市场授信机制存在不能有效评价本地区社会信用体系问题是丝绸之路经济带经济发展的根本问题。

(二)政策建议

根据本研究所得结论,对丝绸之路经济带资本项目一体化驱动经济发展提出如下政策建议:

首先,改革金融体系市场信用评价机制,打破英美金融风险评价标准话语权垄断,正确客观对待内陆传统社会信用体系。货币流通因素所反映的金融机构市场授信机制是丝绸之路经济带资本项目一体化的最终实现环节,但在当前资本项目一体化推动经济带经济增长因果链中却呈现负向驱动,其根本原因就在于现有金融机构不能正确客观地认可丝绸之路经济带固有的传统社会信用,单纯以英美金融市场风险评估标准为标准造成了货币超发和货币短缺并行的悖论(银行贷不出款,市场贷不到款)。改革金融体系市场信用评价机制,打破英美金融风险评价标准话语权垄断,必须首先消除对英美金融的崇拜,理解所谓英美金融中心的本质不过是西方维护其世界生产关系主导权的工具,理解世界经济并不仅仅只有英美主导的海洋经济体系。金融危机所导致的以投资银行为代表的美国金融体系崩溃已经清晰给出了注脚,丝绸之路经济带的提出也已经显化了陆地经济的存在,正确客观地对待陆地传统社会信用体系是丝绸之路经济带金融机构摆脱西方独立运行的关键。金融机构公平客观地认可丝绸之路经济带传统社会信用体系应当是丝绸之路经济带经济发展的重中之重。

其次,推进地区间人际交往,促进地区间差异化社会文化的相互理解,实现经济带民心相通。民心相通是当前丝绸之路经济带资本项目一体化推进经济发展的主导因素,已经对推动丝绸之路经济带这样的横向多元文化地区经济发展发挥了重要作用。陆地地区山水相连,信息传递快捷方便,文化尽管多样但整体形式是渐进融合,人际交往对于内陆地区成本低且相互理解效果好,实现民心相通可行且实际。这与海洋经济体系港口两端文明差异大、信息传递困难、人际交往难度大完全不同,与海洋经济消灭差异文化建立单一社会信用标准更加不同。丝绸之路经济带广大内陆地区历史积淀深厚,传统社会信用体系稳固可信,但只有民心相通才能跨越社会文化差异障碍实现相互理解,才能让这种稳固的社会信用体系转化为相互认可的市场信用。丝绸之路经济带建设更应着眼于人际交往和文化交流,特别是普通居民间的日常交流。如此,丝绸之路经济带陆地型经济的资本项目一体化才能真正实现。

第三章　丝绸之路经济带资本项目一体化与经济增长的因果链分析

第二节　丝绸之路经济带民心相通对货币流通推进的效率分析

一、文献综述

人口流动和人员交往是实现民心相通的根本路径,是资本项目一体化驱动经济发展的重要内容,但以往研究更多集中在生产要素市场化、产业经济、空间经济和人力资本生产要素形成等经济经常项目一体化方向,即自由贸易或稀缺资源配置方向。

基于生产要素市场化推动经济增长的观点,从古典经济学开始自由主义经济学者一直主张取消人口流动的种种限制。单纯以人口流动为中心分析其对经济增长贡献的是20世纪中叶兴起的发展经济学。发展经济学的奠基人刘易斯在他的著名论文《无限劳动供给下的经济发展》(1954)[41]一文中建立了一个二元经济的古典模型,他认为经济发展依赖现代工业部门的不断扩张,而现代工业部门的扩张需要农业部门提供丰富的廉价劳动力,农业剩余劳动力向工业迁移是经济发展的关键力量。承接刘易斯,费景汉和拉尼斯在《经济发展的一种理论》(1961)[42]一文中认为人口迁移并非只是农业向工业的纯粹单一维度,迁移中农业劳动生产率同样会提升。托达罗(1970)[43]将研究重点放在人口流动的空间分析上,他假定乡村人口迁入城市的动机主要在于城乡预期收入差异,差异越大,流入城市的人口越多,因此他认为对城市失业人口给了最低生活补贴,会导致要素供给的价格扭曲,致使更多的剩余劳动力进入城市,使城市的失业率更高。贝克尔(1964)[44]则认为人口迁移是人力资本形成而非配置的重要途径,他认为用于劳动力迁移的支出是一种投资,而不是消费,因为它不仅可以在短期内提高劳动生产率,而且可以长期起到推进经济增长的作用。

国内学者的研究多集中在实证人口流动对经济增长影响方面。段平忠、刘传江在《人口流动对经济增长地区差距的影响》(2005)[45]中通过建立人口流动与经济增长之间计量模型分析发现:改革开放以来,经济增长的地区差距逐渐扩大,人口流动对经济增长差距的收敛作用明显,人口流动的地区差距与经济增长的地区差距高度相关,流动人口确实对各地区的经济增长具有显著的贡献作用,且这种作用呈递减趋势。薛丹、李现总在《浅析人口流动与经济增长的关系——基于山东省的实证分析》(2010)[46]一文中以山东省为例,运用灰色关联度分析方法研究山东省人口流动与经济增长的关系,发现山东省的人口流动与人均GDP之间有显著的关联性,其中流入人口对经济的贡献大于流出人口的贡献,流入城市的人口的贡献大于流入乡村的人口的贡献。杜小敏、陈建宝在《人口迁移与流动对我国各地区经济影响的实证分析》(2010)[47]一文中利用面板数据的变系数模型分别实证考察了人口迁移和流动对我国各地区(省域)经济的影响。结果发现我国各地区间人口迁移相对平稳,人口流动则在2000年以后呈现出持续快速增长的态势,且空间流向极不均衡;人口的迁移和流动对中国整体经济来说是一个帕累托改进;户籍制度对于发达地区起到了人才沙漏的作用;对于中部绝大部分地区以及西部的一些人口输出大省,伴随人口迁出而引起的人力资本流失对当地经济的负面影响开始凸显出来,人口流出虽然基本呈现一个正面影响,但对本地经济发展的贡献并不如预想的那么明显。李晓阳、林恬竹、张琦在《人口流动与经济增长互动研究——来自重庆的证据》(2015)[48]一文中基于经济收敛模型及其衍生模型应用面板数据,考察了重庆市及其五大功能区人口流动与经济增长的关系。结果发现:重庆市人口流动与经济增长之间存在互动,且相互抑制;经济增长对人口流动的抑制明显小于人口流动对经济增长的抑制;人口稀疏地区靠人口流动推动经济增长,人口稠密地区则靠

第三章　丝绸之路经济带资本项目一体化与经济增长的因果链分析

投资拉动经济增长。文章认为,政府有必要对人口流动进行合理调控与适度监管,以实现经济的可持续增长。

以上研究的理论贡献和科学过程不容否定,但研究只是将人口流动限定在劳动力作为生产力三要素之一的市场配置效率和从简单劳动向复杂劳动转化的过程中,即只是从技术关系、从生产力视角理解问题,未能把人口流动理解为增进地区间居民互信、形成更广泛的社会信用体系相互认可和推进市场信用范围扩大以及资本项目一体化推进经济增长过程中的关键内容,即未能从社会生产关系视角思考人口流动作为民心相通途径实现货币流通从而推进经济增长。这是自由主义经济学否定历史发展、否定社会生产关系和秉承形而上学方法的必然结果,根本不能形成对区域经济一体化的全面正确理解。丝绸之路经济带有着灿烂悠久、富裕多样性的历史文化和稳固有效地社会信用体系,这是人类社会未来经济发展的瑰宝而不是自由主义者认为的阻展经济发展的糟粕。以增进差异文化理解为目的的民心相通是丝绸之路经济带资本项目一体化的关键环节,是实现经济带社会信用体系和市场信用体系相互认可(即货币流通)的前提和基础,分析民心相通对货币流通的推进效率对丝绸之路经济带经济一体化和推进丝绸之路经济带经济发展至关重要。鉴于此,本节希望从生产关系入手基于马克思主义历史唯物论方法对民心相通与货币流通的关系进行尝试性研究。

二、变量选择和模型建立

(一)构建思路

按照马克思主义历史唯物论,社会再生产具有技术关系(生产力)和社会关系(生产关系)两个维度。资本项目一体化所揭示的正是调节生产关系以推进生产力的发展,即充分有效的利用现有稳定社会信用体系,使其成为社会再生产的动力,而不是反其道而行,像自由主义者一样将人类社会最为珍贵的多样性历史文化作为经济发展的阻力和糟粕。民心相通、货币流通到经济增长的逻辑脉络正在于此。

民心相通需要通过地区间的人际交往而形成,其目的在于通过交往中相互理解的增进实现不同地区居民对差异化社会信用体系的包容认同,最终推进整个经济带市场信用的相互认可,即实现货币流通,从而充分有效的利用现有社会信用拧合更广泛的生产要素推进社会生产。从民心相通到货币流通的关键是分析地区间人际交往的有效性,地区间人际交往的有效性是通过人口流动建立地区间社会互信体系的前提,人口流动的效率应尽量达到少投入、多产出的最优配置。本节即解决这一关键问题,而这一问题的实质就是研究人口交往投入与互信体系产出的全要素生产率(TFP)。

(二) 变量和指标选择

在指标数据的选取上,本研究依据 Charnes 等(1982)[49]的指数选择原则[50],同时考虑本节研究对象的特点和现实意义,以及数据的有效性和可得性,选择投入产出指标。合理准确地选择输入变量和输出变量是有效判断效率的基本保障,除了满足上述基本条件外,还应该注重所选输入变量与输出变量之间的有效合理的逻辑因果关系。本节研究的是丝绸之路经济带上人口流动对货币流通驱动的效率问题,那么关键就是找出与民心相通投入人口流动直接配置的产出。既然人口流动的根本作用是形成市场经济体制下区域间基于社会互信的市场信用认可规模,从而推进区域经济增长,那么市场信用规模就应该是本研究的直接产出量。进一步结合丝绸之路经济带沿途各地区人口流动的基本现实,将旅客周转量(亿人公里)和旅游人次(万人)作为输入指标,将金融机构年末贷款余额(亿元)作为产出指标。

第三章 丝绸之路经济带资本项目一体化与经济增长的因果链分析

由于国外数据获取困难,本研究将研究范围限定在丝绸之路经济带中国段,该区域可以代表性的反映丝绸之路经济带经济总体状况。本研究选定江苏省、安徽省、山西省、河南省、陕西省、甘肃省、青海省、宁夏回族自治区、新疆维吾尔自治区9个省区作为基本的研究单元。目前我国并没有专门针对丝绸之路经济带经济指标的直接统计,故本研究对我国丝绸之路经济带沿途各省区的对应变量进行了加总处理。

(三)数据来源

本节使用的数据主要来自国家统计局网站及各省的统计公报,其中,旅游人次存在数据缺失,具体缺失为:2000年江苏省、陕西省、甘肃省、新疆维吾尔自治区,2001年甘肃省,2010年河南省。对于2000年江苏省和2010年河南省,本节利用多项式进行预测,其余缺失数据均利用指数进行预测。现将具体数据特征整理如下:

表5 2000—2014年投入数据特征描述

省份	最大值		最小值		平均值		标准差	
	X1	X2	X1	X2	X1	X2	X1	X2
江苏	1872	57297	763	7134	1283	26983	323	16529
安徽	1825	2953105	519	3006	1047	208213	427	759434
山西	423	30057	219	2921	325	11043	68	8209
河南	2084	45800	759	5071	1320	19654	463	13827
陕西	898	33200	331	2298	591	11807	193	9814
甘肃	666	12663	226	416	418	3677	160	3803
青海	110	2006	30	321	67	967	30	543
宁夏	121	1820	51	244	80	803	26	513
新疆	544	5206	187	711	364	2449	118	1585

(说明:X1为旅客周转量,单位为亿人公里;X2为旅游人次,单位为万人。数据来源:本研究整理计算)

表6 2000—2014年产出数据特征描述

省份	最大值 Y	最小值 Y	平均值 Y	标准差 Y
江苏	69573	5968	29260	21218
安徽	22088	2385	8092	6318
山西	16559	2408	7331	4722
河南	27228	4357	11318	6696
陕西	19174	1860	7603	5475
甘肃	11076	1171	3869	3042
青海	4172	366	1297	1107
宁夏	4608	383	1774	1372
新疆	11671	1403	4250	3233

（说明：Y为年末贷款余额，单位为亿元。数据来源：本研究整理计算）

表7 2000—2014年投入和产出变量的数据特征描述

指标	X1	X2	Y
最大值	2084	2953105	69573
最小值	30	244	366
均值	611	31733	8311
标准差	166	250928	6080
观测值	135	135	135

（说明：各字母含义同表5、表6；各变量单位同表5、表6。数据来源：本研究整理计算）

（四）模型构建

DEA方法的效率研究主要基于超越对数成本函数的参数估计法和基于数据包络分析基本模型的非参数估计法，但是学术界对使用哪种方法来确定所研究单元的最佳效率边界并未取得一致意见。非参数估计法的优点是，在比较研究单元的效率时，不对他们的基本数值的无效率分布做假设要求，并且对研究范围时间段的效率变化不做假设规定；他的缺点

第三章 丝绸之路经济带资本项目一体化与经济增长的因果链分析

是,没有考虑随机误差对效率的影响,由于对于研究单元往往是多投入多产出的效率比较,随机误差会产生较大的影响,所以学术界多使用参数估计法。在 DEA 的方法中,有 Charnes 等(1978)[52]的 CCR 模型、Banker 等(1984)[53]的 BCC 模型,但是这两种模型考虑时间因素时,会有各个时间的生产前沿出现差别问题产生,这样就致使 CCR 模型和 BCC 模型不能对各单元进行纵向研究比较,即 CCR 模型和 BCC 模型只能对截面数据进行横向比较,使用范围有限。由 Malmquist(1953)[54]提出的 Malmquist 指数方法扩展改进了 CCR 模型和 BCC 模型,使得 Malmquist 指数方法既可以研究面板数据又可以研究时间序列和截面数据,并且在效率的评估上更为科学,所以本研究采用基于 DEA – Malmquist 指数方法来分析我国丝绸之路经济带的交通基础设施效率。DEA – Malmquist 指数方法是使用的时候又细分为基于投入角度的分析和基于产出角度的分析两种分析模式,本研究选用基于产出角度的模型分析方法分析研究。

以 t 时期技术 T^t 为参照的 Malmquist 指数可以表示为:

$$M_0^t(x_{t+1}, y_{t+1}, x_t, y_t) = d_0^t(x_{t+1}, y_{t+1}) / d_0^t(x_t, y_t) \tag{1}$$

那么,以 $t+1$ 时期技术 T^{t+1} 为参照为 Malmquist 指数可以表示为:

$$M_0^{t+1}(x_{t+1}, y_{t+1}, x_t, y_t) = d_0^{t+1}(x_{t+1}, y_{t+1}) / d_0^{t+1}(x_t, y_t) \tag{2}$$

以上两式在时间选取上容易出现人为原因刻意选择造成效率的差异性,本研究根据 Fisher(1994)[55]的模型,取两者的几何平均值可构造如下方程式:

$$M_0^{t,t+1}(x_{t+1}, y_{t+1}, x_t, y_t) = \sqrt{\frac{d_0^t(x_{t+1}, y_{t+1})}{d_0^t(x_t, y_t)} \times \frac{d_0^{t+1}(x_{t+1}, y_{t+1})}{d_0^{t+1}(x_t, y_t)}} \tag{3}$$

(x_{t+1}, y_{t+1}) 和 (x_t, y_t) 分别表示 $t+1$ 期和 t 期的投入和产出向量;d_0^t 和 d_0^{t+1} 是以 T^t 为参照,时期 t 和时期 $t+1$ 的距离函数。

对上式进一步分解,可以分解为综合技术效率变化指数(TEC)和外

部变化指数(TCP),其分解过程如下:

$$M_c^{t+1}(x_{t+1},y_{t+1},x_t,y_t) = \frac{d_c^{t+1}(x_{t+1},y_{t+1})}{d_c^t(x_t,y_t)} \sqrt{\left[\frac{d_c^t(x_{t+1},y_{t+1})}{d_c^{t+1}(x_{t+1},y_{t+1})} \times \frac{d_c^t(x_t,y_t)}{d_c^{t+1}(x_t,y_t)}\right]}$$

(4)

技术效率变化指数(TEC)进一步分解为纯技术效率指数($PTEC$)和规模效率指数(SEC),则上式转换为:

$$M_{v,c}^{t,t+1} = \frac{d_v^{t+1}(x_{t+1},y_{t+1})}{d_v^t(x_t,y_t)} \times \left|\frac{\frac{d_v^t(x,y)}{d_c^t(x_t,y_t)}}{\frac{d_v^{t+1}(x_{t+1},y_{t+1})}{d_c^{t+1}(x_{t+1},y_{t+1})}}\right| \times \sqrt{\frac{d_c^t(x_{t+1},y_{t+1})}{d_c^{t+1}(x_{t+1},y_{t+1})} \times \frac{d_c^t(x_t,y_t)}{d_c^{t+1}(x_t,y_t)}}$$

$$= PTEC \times SEC \times TCP = TEC \times TCP = TFPC \quad (5)$$

上式中,$TFPC$ 表示全要素生产率,当 $TFPC>1$ 时,全要素生产率效率提高,$TFPC<1$ 时,全要素生产效率下降;$PTEC$ 表示人口流动的纯技术效率,SEC 表示人口流动的规模效应,$PTEC>1$ 表示人口流动的纯技术效率改善,即单位人口流动对社会互信和金融机构授信的推进能力提升,$SEC>1$ 表示人口流动对金融机构信贷提升的推进存在规模效率;TCP 代表影响人口流动效率的外部变化指数,主要反映人口流动的技术改善和人口流动政策环境变化等影响产出的外部变化,前者主要是指交通运输基础的改善和旅行时间费用的下降,后者主要是指行政政策对人口流动限制的变化。

三、实证分析

将我国丝绸之路经济带 9 个省区的基础数据代入本研究设计的研究模型中,采用 $DEAP\ 2.1$ 软件处理后将计算结果分别显示在表 8 和表 9 中。为了使数据更加直观,本研究根据表 8 和表 9 数据分别绘制图 1 和图 2。

第三章 丝绸之路经济带资本项目一体化与经济增长的因果链分析

表8 2000—2014年度年均民心相通 Malmquist 指数变化及其分解表

年份	综合技术效率指数（TEC）	规模效率指数（SEC）	纯技术效率指数（PTEC）	环境变动指数（TCP）	全要素生产率指数（TFPC）
2000—2001	1.003	0.980	1.023	0.989	0.992
2001—2002	0.971	0.999	0.972	1.038	1.008
2002—2003	0.995	0.976	1.020	1.266	1.260
2003—2004	1.045	1.043	1.002	0.895	0.936
2004—2005	1.001	1.031	0.971	0.945	0.946
2005—2006	0.972	1.012	0.961	1.060	1.031
2006—2007	0.906	0.939	0.965	1.011	0.916
2007—2008	0.872	0.926	0.942	1.208	1.054
2008—2009	1.509	1.088	0.973	1.134	1.200
2009—2010	0.955	0.946	1.010	1.103	1.054
2010—2011	0.984	1.017	0.967	1.038	1.021
2011—2012	1.008	1.080	0.933	1.060	1.068
2012—2013	1.049	1.035	1.013	1.246	1.307
2013—2014	1.016	1.012	1.004	1.098	1.115
均值	0.987	1.005	0.982	1.073	1.059

（数据来源：本研究整理计算）

表9 2000—2014年丝绸之路经济带平均民心相通 Malmquist 指数及其分解表

省份	综合技术效率指数（TEC）	规模效率指数（SEC）	纯技术效率指数（PTEC）	环境变动指数（TCP）	全要素生产率指数（TFPC）	综合技术效率排名	全要素生产率排名
江苏	1.027	1.027	1.000	1.089	1.118	1	1
安徽	0.973	1.012	0.962	1.078	1.049	7	7

续表

省份	综合技术效率指数(TEC)	规模效率指数(SEC)	纯技术效率指数(PTEC)	环境变动指数(TCP)	全要素生产率指数(TFPC)	综合技术效率排名	全要素生产率排名
山西	0.999	1.004	0.995	1.101	1.099	3	2
河南	0.964	1.011	0.953	1.097	1.057	8	6
陕西	0.989	1.016	0.973	1.089	1.077	6	4
甘肃	0.942	0.982	0.959	1.024	0.964	9	9
青海	0.998	0.998	1.000	1.079	1.077	4	5
宁夏	1.007	1.007	1.000	1.074	1.081	2	3
新疆	0.989	0.989	1.000	1.029	1.018	5	8

（数据来源：本研究整理计算）

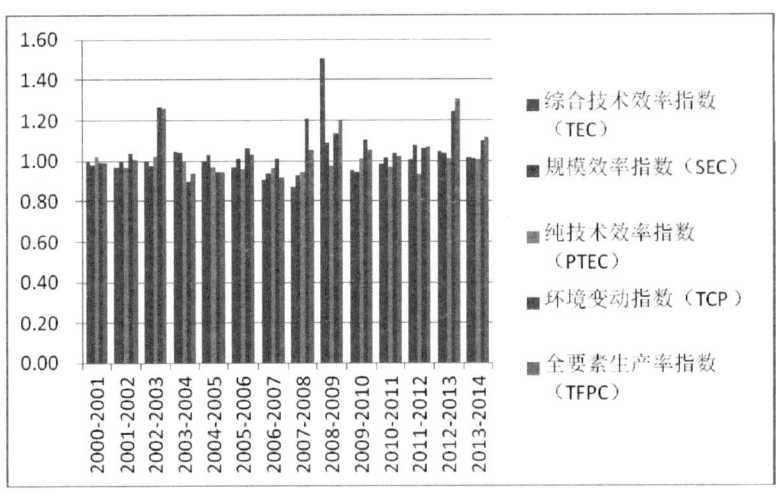

图1 2000—2014年年均民心相通Malmquist指数变化及其分解图

第三章　丝绸之路经济带资本项目一体化与经济增长的因果链分析

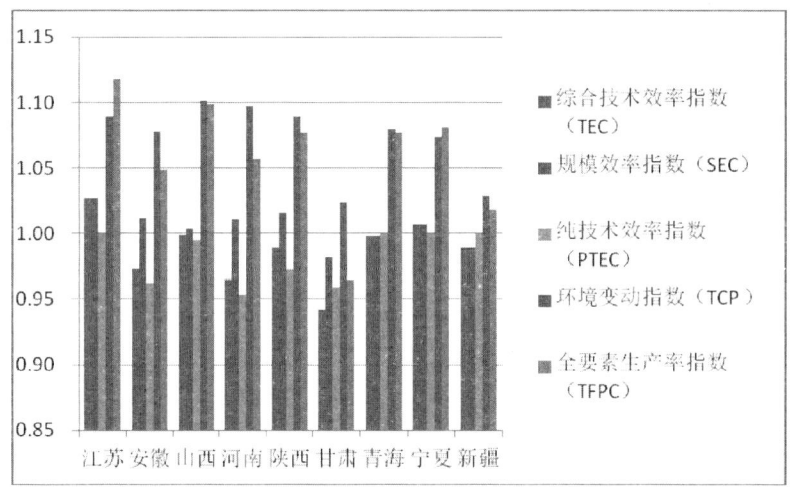

图2　2000—2014年丝绸之路经济带平均民心相通Malmquist指数及其分解图

(一)我国丝绸之路经济带整体民心相通Malmquist指数及其分解

由表8可见,整体而言,我国丝绸之路经济带人口流动指标(反映民心相通)对金融机构授信规模指标(反映货币流通)推进效率的全要素生产率从2000年到2014年年均上升0.838%。对这一变化进行分解可以发现,综合技术效率指数年均上升0.092%,外部变化指数年均上升0.750%。对综合技术效率指数进一步分解可以发现,规模效率年均上升0.230%,而纯技术效率年均下降0.134%。由此可见,规模效率、纯技术效率和环境变动指数均会对我国丝绸之路经济带人口流动对金融机构授信规模推进的全要素生产率发生影响,但影响程度不同。其中,反映外部环境变化的指数影响最大,规模效率其次,纯技术效率影响最小。规模效率的正向贡献说明人口流动只有达到一定规模,对社会互信的建立才会具有帮助。在目前状态下,人口流动规模越大,对地区间互信建立越会呈现加速贡献。纯技术效率的微小负向贡献说明,单位人口流动量对金融机构信贷规模形成的作用有下降趋势。人口流动与社会互信机制不同步,主要是因为金融机构的授信常常不依赖于人际沟通所内生的社会互信,而更多借助于来自英美的外来社会信用评价标准,这使得民心相通不能有效或十分低效地转化为货币流通。环境变动指数的影响主要源于外部旅行环境改善和人口流动政策约束减少。近年来,国家不断加大交通特别是客运交通基础设施投入,丝绸之路经济带的轴心陇海兰新线不断提速,其支段郑西高铁更成为全国率先开通的高铁线路,经济带各地区高速公路网络也逐步形成,这些都让丝绸之路经济带上旅行时间和旅行费用大为缩减,丝绸之路经济带人口流动大为受益。同时,一直约束我国人口自由流动的户籍制度也日益放松,跨地区户籍转换和跨地区身份证申领和补办等便于人口流动的政策逐步开展,人口流动的政策环境与旅行环境一样都在近些年取得了大幅改善。

分年观测,2000—2014年我国丝绸之路经济带人口流动对金融机构授信规模推进的全要素生产率在规模效率变动、纯技术效率变动和外部环境变动轮流主导作用下发生变化,变动过程并不稳定。2000—2001年我国丝绸之路经济带人口流动对金融机构授信规模推进的全要素生产率下降0.008,主要原因是规模效率下降0.02和环境变动指数下降0.011,而纯技术效率正向贡献提升0.023;2001—2002年我国丝绸之路经济带人口流动对金融机构授信规模推进的全要素生产率提升0.008,主要原因是环境变动指数提升0.038抵消了纯技术效率下降0.028;2002—2003年我国丝绸之路经济带人口流动对金融机构授信规模推进的全要素生产率大幅提升0.26,主要原因是环境变动指数快速提升了0.266;2003—2004年我国丝绸之路经济带人口流动对金融机构授信规模推进的全要素生产率下降0.064,主要原因是环境变动指数下降0.105压制了规模效率上升的0.043;2004—2005年我国丝绸之路经济带人口流动对金融机构授信规模推进的全要素生产率下降0.054,主要原因是环境变动指数下降0.055和纯技术效率下降0.029,超过了规模效率上升的0.031;2005—2006年我国丝绸之路经济带人口流动对金融机构授信规模推进

第三章 丝绸之路经济带资本项目一体化与经济增长的因果链分析

的全要素生产率上升 0.031,主要原因是环境变动指数提升 0.06 超过了纯技术效率下降的 0.039;2006—2007 年我国丝绸之路经济带人口流动对金融机构授信规模推进的全要素生产率下降 0.084,主要原因是纯技术效率下降 0.035 和规模效率下降 0.061;2007—2008 年我国丝绸之路经济带人口流动对金融机构授信规模推进的全要素生产率提升 0.054,主要原因是环境变动指数提升 0.208 压制了纯技术效率下降 0.058 和规模效率下降 0.074;2008—2009 年我国丝绸之路经济带人口流动对金融机构授信规模推进的全要素生产率提升 0.2,主要原因是环境变动指数提升 0.134 和规模效率提升 0.088,远超纯技术效率下降 0.027;2009—2010 年我国丝绸之路经济带人口流动对金融机构授信规模推进的全要素生产率提升 0.054,主要原因是环境变动指数提升 0.103 压制了规模效率下降 0.054;2010—2011 年我国丝绸之路经济带人口流动对金融机构授信规模推进的全要素生产率提升 0.021,主要原因是环境变动指数提升 0.038 和规模效率提升 0.017,压制了纯技术效率下降 0.033;2011—2012 年我国丝绸之路经济带人口流动对金融机构授信规模推进的全要素生产率提升 0.068,主要原因是环境变动指数提升 0.06 和规模效率提升 0.08,压制了纯技术效率下降 0.067;2012—2013 年我国丝绸之路经济带人口流动对金融机构授信规模推进的全要素生产率跃升 0.307,主要原因是环境变动指数提升 0.246,规模效率和纯技术效率也分别提升了 0.035 和 0.013;2013—2014 年我国丝绸之路经济带人口流动对金融机构授信规模推进的全要素生产率再次跃升 0.115,主要原因是环境变动指数提升 0.098,规模效率和纯技术效率也分别提升了 0.012 和 0.004。

不难看出,2000—2014 年间,环境变动指数除 2003—2005 年因非典突发事件效率下降外,其余各年均保持稳定上升,并且在多数年份是人口流动对金融机构授信规模推进的全要素生产率提升的主导因素,这说明丝绸之路经济带旅行费用、旅行时间和旅行便利性在政府基础设施改善、运输提速和放松户籍管理等政策支持下得到持续稳定以改善。规模效率呈明显波动性,经历了两个周期,三年下降接着三年上升,四年波动又接着四年上升,该因素对全要素生产率影响缺乏稳定性。纯技术效率虽然表现为无规律波动,但整体上呈现下降趋势,下降年份达到 8 年,说明单位人口流动对金融机构信贷的驱动效率持续下降,独立的人口流动相互了解并不能展现出对社会互信越来越强的提升作用。

(二)我国丝绸之路经济带分省份民心相通 Malmquist 指数及其分解

表 9 可见,江苏省反映人口流动对金融机构信贷规模推进作用的全要素生产率最高,为 1.118,其领先的原因在于综合技术效率排名亦居首位及环境变动指数排名靠前(第三位),说明江苏省人口流动对金融机构信贷规模的推进仍具有规模效率(纯技术效率为 1)并且人口流动环境不断改善。山西省的全要素生产率排名第二,为 1.099,其排名第二的原因在于环境变动指数排名居首位及综合技术效率排名靠前(第三位)。山西省纯技术效率下降导致的综合技术效率下降减少了其人口流动环境提升对全要素生产率提升起到的推进作用。宁夏回族自治区全要素生产率排名第三,为 1.081,排名靠前的原因是综合技术效率排名靠前(第二位)。宁夏回族自治区的环境变动指数排名较为靠后但仍大于 1,说明人口流动环境有所改善但改善不明显。陕西省全要素生产率排名第四,为 1.077,其环境变动指数排名为并列第三,而综合技术效率排名较为落后,为第六名,落后的原因是纯技术效率的下降。青海省的全要素生产率与陕西并列第四,其环境变动指数和综合技术效率排名均为第四。综合技术效率的下降是规模效率的下降引起的,也就是说,青海的人口流动对金融机构信贷规模的推进作用已经不具有规模效率。河南省全要素生产率排名第六,为 1.057,其环境变动指数排名第二,综合技术效率排名落后,为第八,这主要是由纯技术效率的下降引起的。安徽省全要素生产率排名第七,为 1.049,综合技术效率排名第七,环境变动指数排名第五,环境

处于改善状态而综合技术效率处于恶化阶段(由纯技术效率的下降引起)。新疆维吾尔自治区全要素生产率排名第8,为1.108,其综合技术效率排名第五,环境变动指数排名第七,环境处于微弱改善状态而综合技术效率处于恶化阶段(由规模效率的下降引起)。甘肃省全要素生产率排名最末,也是9个省区中唯一一个全要素生产率小于1即效率处于下降状态的省份,其综合技术效率排名第九,环境指数变动排名第八,两者均处于下降状态。

(三)实证结论

(1)人口流动环境的改善是我国丝绸之路经济带当前人口流动对货币流通推进效率上升的主要原因。从区域上看,各省份的环境变动指数均大于1,说明各省份14年间人口流动环境均处于改善状态,这种改善对山西、河南、江苏、陕西全要素生产率的提升效果较大;从时间上,环境变动指数除2000—2001年、2003—2005年出现恶化外,其余年份均处于改善状态,这种改善在2002—2003年、2007—2008年、2012—2013年影响较大。

(2)反映人口流动纯技术效率的纯技术效率指数有下降趋势,说明我国丝绸之路经济带人口流动所产生的社会互信转化为金融机构认可的市场信用能力在下降。从区域来看,江苏、青海、宁夏、新疆的纯技术效率指数未出现变化,其余省区均呈现微弱下降态势;从时间上,纯技术效率指数14年中有8年呈现下降趋势,整体平均也是下降趋势。

(3)反映新增人口流动量对货币流通影响的规模效率对我国丝绸之路经济带变化亦较为平稳,平均而言对全要素生产率的提升有微弱的正向贡献。从区域上,仅有甘肃、青海、新疆的规模效率指数小于1,说明在这些省份增加人员流动对货币流通的推动作用不大;从时间上看,2000—2003年、2006—2008年、2009—2010年人口流动不具有规模效率。

五、研究结论及政策建议

(一)研究结论

基于本节实证分析可得如下结论:

从民心相通到货币流通的关键是分析人员流动对金融机构市场授信推进的效率,基于 DEA-Malmquist 指数分解的实证显示出当前丝绸之路经济带民心相通对货币流通推进效率的主导因素是外部环境改善,即政府交通基础设施改善、旅行便捷性提升和户籍政策放宽。人口流动的规模效率作用不显著,且人口流动的纯技术效率还有所下降,其原因主要在于金融机构单一接受英美风险识别标准、歧视地区间差异化的社会信用、不认同人际交往所推进的经济带共同社会认知。

(二)政策建议

首先,改革金融体系市场信用评价体系,建立适合于丝绸之路经济带的金融评价标准,实现民心相通向货币流通的有效转化,推进区域经济发展。民心相通转化为货币流通的关键在于金融机构的价值评判,在于金融机构对丝绸之路经济带民心的认可。如果这些机构只是眼光朝外,只认可英美的社会信用是市场信用,而对丝绸之路经济带自身稳定的社会信用采取歧视态度,那么再充分的民心相通对经济发展也毫无意义。应当承认,在外向型经济改革时期,金融机构接受英美化标准有利于推动金融产业形成,有利于在一定历史阶段推进社会经济发展,但那个历史阶段很快会过去,金融机构需要与时俱进。应该明白,金融机构的最终本质是服务于丝绸之路经济带自身的社会信用体系而不是替英美社会信用标准、意识形态做枪炮,今天金融机构的本土化标准改革势成必然,金融机构应与自己的人民民心相通而不应采取拿来主义背离自己的民心。

其次,进一步改善丝绸之路经济带客运出行条件,放宽跨区域旅行行政管理标准,争取从外部环境改善入手提升民心相通对货币流通的驱动

第三章 丝绸之路经济带资本项目一体化与经济增长的因果链分析

效率。外部环境改善是当前丝绸之路经济带民心相通推进货币流通的主导因素,也是以往政策的经验总结,进一步在这一方向不断努力很有必要。这其中,内陆地区客运条件改善居首要地位,高铁网络和高速网络规划应当从海洋外向重点转向内陆内需重点,把经济带内部人际往来作为道路联通的主要目标。同时,平台式的文化和商贸交流也可以达到促进地区间相互理解的根本目的,通过政府或民间机构搭建面对面交往的互动平台和建诸互联网的信息交流平台都可以达到推进相互理解、增进民心相通的根本目的。

第三节 丝绸之路经济带货币流通对经济增长的驱动力分析

一、文献综述

囿于时代原因,早期很多经济学者都将货币资本与实物资本画等号,因此也将货币资本视为生产要素,认为它可以推动经济增长,这其中包括庸俗经济学者关于货币增加降低节欲成本、促进资本投入增加的论述。随着货币信用化的规模扩大,金融资本与实物资本的不对等性越来越显著,货币中性论越来越成为西方主流,即货币只承担信用中介,货币量增加、金融资本规模(信贷规模)提升不能推进经济增长。自由主义学者不承认货币、信贷以及金融资本对经济的驱动能力,不论马歇尔、庇古或者杰文斯、瓦尔拉斯都对货币量(信贷规模)与经济增长的关系不做讨论。

西方"主流"经济学分裂的货币非中性论从不纯粹的奥地利学派瑞典经济学家魏克赛尔(1898)[56]开始。他认为对于一般价格水平来说,其重要影响因素就是利率,当利率低于资本自然利息率时,投资需求增加,带动物价上涨,并且只要利率低于资本自然利息率,物价将不断上涨,反之,则价格下降,并不断下降。熊彼特[57]是一位不属于奥地利学派的奥地利经济学家,他在1911年提出一个发达的金融体系可以通过降低信息成本与交易成本,影响居民储蓄、投资决策,进而促进生产力与经济增长水平提高,对货币的功用进行了近似社会关系的解释。真正指出货币对经济的巨大作用的人是凯恩斯,他在《就业、利息和货币通论》(1936)[58]中指出,古典学派所谓充分就业的均衡只是一个特例,通常情况总是小于充分就业的均衡,造成这一现象的根本原因在于有效需求(消费需求+投资需求)不足且投资需求取决于人们对经济前景的预期,要增加投资和消费,就必须降低利率,而利率决定于货币的供求关系。在凯恩斯及其追随者希克斯、萨缪尔森等人看来,货币的作用是巨大的,货币是非中性的,国家应制定适当的货币政策以克服经济危机和萧条实现平稳的经济增长。

20世纪70年代后,凯恩斯主义逐渐衰落,与发达国家金融扩张目标相一致的金融自由主义开始兴起。麦金农(1973)[59]和肖(1973)[60]以发展中国家为研究样本,在对金融发展与经济增长间关系进行研究的基础上提出了"金融抑制"与"金融深化"理论。他们认为,多数发展中国家先后以金融管制代替金融市场机制,以低利率、政策性贷款和财政政策等为工业部门融通资金,这就使得储蓄不足、资本匮乏与金融抑制、资本低效率配置并存,使发展中国家陷入贫困的恶性循环之中。他们进一步指出,发展中国家之所以欠发达,就在于实际利率太低,甚至为负数,这种人为压低利率,使得发展中国家金融体系和经济效率低下,消除金融抑制和实现金融自由化是发展中国家经济发展的关键。

与理论的纷争类似,货币(金融)与经济增长关系的实证同样充满矛盾。[61]Goldsmith(1969)[62]最早开始金融发展与经济增长的实证研究,检验了35个国家近百年的数据,确定了一国金融发展水平的指标体系,包括金融规模、金融机构数量及金融结构比例等,实证得出的结论为:金融发展与经济发展水平正相关。其后,King和Levine(1993)[63]使用80个国家1960—1989年间的数据进行回归分析,并扩展了金融发展水平的测

第三章 丝绸之路经济带资本项目一体化与经济增长的因果链分析

度指标,实证结论为:金融中介规模的扩张和功能的完善有利于经济中的资本形成,同时对全要素生产率的提高和长期经济增长具有刺激作用,银行信贷的发展能预测十至三十年的长期经济增长。Levine 和 Zervos(1998)[64]通过对47个国家1976—1993年的资料统计和研究分析,得出银行贷款独立并正向地与当前以及未来的资本积累以及经济发展水平相关。Rajan 和 Zingales(1996)[65]证明了金融发展与经济增长之间存在着 Granger 因果关系,认为金融发展可以通过降低外部融资依赖的企业财务成本的途径来促进经济增长。Fisman 和 Love(2004)[66]以私营部门银行机构提供的信用水平来衡量金融发展,研究金融发展对产业发展的影响。他们的研究发现:短期内金融发展能优化产业资源的配置,支持产业发展;长期而言,金融发展更能促进金融依赖性产业的发展。Fink、Haiss 和 Hristoforova(2006)[67]采用美国、英国、法国、意大利、德国、日本、荷兰7个发达国家1950—2001年间的数据,通过协整和 Granger 因果方法研究发现除德国外,其他6国的信贷量增长、债券市场发展和股票市场发展都是经济增长的原因。Mishkin(2007)[68]认为有效的信贷系统能够减轻借款者和贷款者之间的信息不对称,从而缓解抑制信贷扩张的外部融资约束。Jalil 和 Feridun(2011)[69]利用巴基斯坦1975—2008年间的数据,实证检验该国金融发展与经济增长的关系。基于主成分分析法(PCA),他们构建出一个金融深度复合指标,并采用分布滞后模型(DLM)进行协整分析,结果表明金融部门的发展和经济增长之间具有显著且正向的关系。Ulrike Rondorf(2012)[70]利用欧元地区的面板数据验证了银行贷款对经济增长的重要性。Adu,Marbuah 和 Mensah(2013)[71]以加纳为考察对象,分析金融发展与长期经济增长之间的关系,以私人信贷占国内生产总值的比例、国内信贷总量为金融发展的代理变量,均发现金融发展对经济增长有正向的作用。

也有少数学者对金融发展和经济增长的关系进行实证检验后,发现两者之间并不存在显著的正向关系。Rousseau 和 Wachtel(2002)[72]以84个国家1960—1995年的数据进行回归分析,发现金融发展与经济增长存在负相关性。Beck 和 Levine(2002)[73]使用42个国家36个行业的数据,实证发现银行信贷与经济增长没有显著关系。Saci(2009)[74]以GMM方法对30个发展中国家的面板数据进行分析,发现私人部门信贷和流动负债均对经济增长有负向的影响。Halkos 和 Trigoni(2010)[75]利用15个欧盟成员国1975—2005年的样本,使用VAR模型和协整检验技术,结果发现短期内金融系统对经济增长的影响并不显著,长期内银行部门的发展对经济增长存在负向作用。P. K. Narayan 和 S. Narayan(2013)[76]分析了65个发展中国家的数据,发现在全样本下银行信贷对经济增长有副作用;区域层面的考察表明,除亚洲国家以外,金融发展并没有显著促进经济增长。

美国次贷危机的爆发,使得信贷又引起学者们的广泛关注。部分学者实证发现金融发展与经济增长之间存在着非线性的关系。Kase(2008)[77]认为:如果一国的信贷系统运行良好,则有利于国家的经济增长;但如果信贷运行低效或是无效的,则很有可能引起银行体系的不稳定。Rousseau 和 Wachtel(2011)[78]利用1965—2004年的数据实证发现,当金融深化或者私人部门信贷超过一定规模时,金融发展不再表现出对经济增长的正向促进作用。Arcand, Berkes 和 Panizza(2012)[79]基于69个国家1960—2010年的数据,以私人信贷占GDP的比重为金融发展的代理变量进行参数和半参数分析,发现阈值为110%。在阈值水平下金融发展促进经济增长;而超过阈值,金融发展开始对经济增长产生阻滞作用。

国内学者对货币流通与经济增长的关系也进行了大量实证研究。白钦先、张志文在《金融发展与经济增长:中国的经验研究》(2008)[80]中把投资、出口、进口、人力资本、制度质量及通货膨胀这6个变量作为条件信

第三章 丝绸之路经济带资本项目一体化与经济增长的因果链分析

息集,对金融发展与经济增长的关系及金融发展对经济增长的作用机制进行了实证分析,得出的结论有:债券市场规模发展、银行对私人信贷扩张和股票市场流动性提高可以明显驱动经济增长,而股票市场规模扩大和波动性增加对经济增长具有明显的负面作用;金融发展对中国经济增长的作用机制主要是通过促进投资规模扩张,进而驱动经济增长。温守义在《开发性金融对经济增长的影响分析》(2006)[81]中利用1998年第一季度至2005年第四季度国家开发银行贷款、基础设施投资和GDP数据建立ECM模型,进而说明开发性金融对我国经济增长的驱动效应,得出:开发性金融对经济增长表现为直接影响(资本积累,作用的主要路径为:开发性金融—基础设施投资—经济增长)及间接影响(市场制度环境建设)两方面,开发性金融对经济增长的驱动效果显著。李超在《基于JJ检验消费金融对经济增长贡献研究》(2012)[82]中研究了怎样最大限度提升消费金融对经济增长的驱动这一问题。该文章通过对比美国和日本消费金融市场的发展情况,指出目前我国消费金融市场的不足;进而结合我国当前经济形势,利用跨期消费理论和序数效用理论,分析了消费者对消费金融产品的选择;最后基于协整检验和向量误差修正模型分析解决了消费者对金融产品的短期消费和长期消费对经济增长的贡献度。

囿于对意识形态问题的回避,西方经济学的分析不论从理论还是实证上都很难对经济增长与货币关系进行本质阐述。马克思主义政治经济学从一开始就将货币的本质定义为社会生产关系,整部《资本论》(1867)[83]的核心就是"货币转化为资本"这一市场经济生产关系形成的关键。马克思、恩格斯之后,不论凡勃伦的《企业论》(1904)[84]和希法亭的《金融资本》(1910)[85]探索资本主义在进入垄断资本主义阶段后生产方式和积累方式的变化(即在资本主义基本运动规律层面上的变化),还是布哈林(1914)[86]和列宁(1916)[87]将垄断资本主义与帝国主义对外扩张联系起来(即从生产关系的变化中分析资本主义国家对外政策的根据),都将货币或金融资本作为影响经济的根本因素,斯威齐和巴兰合著的《垄断资本》(1966)[88]更鲜活地刻画出了发达国家"生产停滞与金融膨胀"为特征的社会再生产形式。货币流通推进经济增长是资本项目一体化的最终实现环节,对经济增长至关重要,因此,汇率自由化成为英美自由主义经济学家高举的旗帜,货币一体化成为欧盟一体化的核心目标。丝绸之路经济带货币流通推进经济增长与前两者完全不同,它既不是英美的社会信用体系输出和消灭差异化意识形态,也不是欧盟假设的社会信用体系同质,它是基于对多样性社会文化包容理解基础上的社会信用体系相互认可。鉴于此,本研究希望从社会生产关系维度、从资本项目一体化维度应用马克思主义政治经济学方法尝试性地研究丝绸之路经济带货币流通对经济增长的驱动作用。

二、理论模型的构建和检验

(一)理论模型的构建

与新古典经济学否定社会生产关系的存在和货币中性的认识不同,马克思主义政治经济学以社会生产关系为研究起点,认为货币转化为资本是市场经济生产关系形成的前提条件,是劳动力转化为商品的基础,货币流通的本质就是金融机构对社会信用体系的市场信用化,因此货币流通成为基于生产关系视角社会再生产的直接驱动力。

马克思认为,在社会总资本的再生产过程中,货币资本有着重大的作用,货币资本表现为发动资本运动和"社会再生产的第一推动力"。基于此,在剩余劳动力广泛存在并且技术条件确定的情况下,构建如下社会生产函数[89]:

$$Y = A \cdot F(C)$$

其中,Y 代表地区经济产出,C 代表地区货币资本规模,A 代表技术水平,$F(\cdot)$ 代表货币资本的组织效率。当反映特定范围内的组织效率时,

第三章 丝绸之路经济带资本项目一体化与经济增长的因果链分析

$F(\cdot)$既包含货币资本在社会再生产中纯粹的组织效率,又包含由该范围内不同区域组织效率的差异而导致的结构性组织效率。在进行短期分析时,假定技术条件 A 不变。

(三)理论模型的检验

由于信贷资本是当前丝绸之路经济带货币资本的主要构成,2001—2014 年间贷款规模占 $M2$ 比重均超过 90%,本节选择年末贷款余额作为货币资本指标,选择地区国内生产总值(GDP)作为经济产出指标,对理论模型进行检验及后续的实证分析。本节所使用的数据均来自各省统计年鉴及统计公报。

基于式(1)计算丝绸之路省份陕西省 2004—2014 年年末贷款余额总和与 GDP 总和的动态弹性。

$$T = \frac{\%\Delta Y/Y}{\%\Delta F/F} = V_Y/V_F \tag{1}$$

其中,T 表示年末贷款余额与 GDP 的动态弹性,Y 表示经济总产出,F 表示年末贷款余额,ΔY 表示经济总产出的变化量,ΔF 表示年末贷款余额的变化量,V_Y 表示经济总产出的增速,V_F 表示年末贷款余额的增速。计算结果由表 10 给出。

表 10　2004—2014 年陕西省年末贷款余额与 GDP 的动态弹性

年份	弹性值	弹性状态	弹性评价
2004	1.507603	联结	扩张负脱钩
2005	2.578307	联结	扩张负脱钩
2006	1.027135	联结	增长联结
2007	1.222561	联结	扩张负脱钩
2008	1.342749	联结	扩张负脱钩
2009	0.295706	脱钩	弱脱钩
2010	1.015170	联结	增长联结
2011	1.237697	联结	扩张负脱钩
2012	11.792998	联结	扩张负脱钩
2013	1.142825	联结	增长联结
2014	0.209074	脱钩	弱脱钩

(说明:弹性评价标准,弹性值小于 1 为脱钩,大于 1 为连接结。弹性评价标准依

据 Tapio P. Towards a theory of decoupling:Degrees of decoupling in the EU and the case of road traffic in Finland between 1970 and 2001 [J]. Journal of Transport Policy,(12),2005:137 – 151。数据来源:本研究整理计算)

由上表易知,除 2009 年和 2014 年因应对金融危机和经济放缓而进行信贷快速扩张导致的脱钩外,其余年份货币流通与经济增长均表现出联结关系。检验证明,当前丝绸之路经济带剩余劳动力依然存在,货币流通对经济增长具有驱动力,理论模型在当前正确有效。

三、实证模型的构建

(一)LMDI 模型构建

LMDI(对数平均迪氏指数法)是 B. W. Ang 在《Decomposition analysis for policy making in energy:which is the preferred method》(2004)[90]一文中对法国数学家 Divisia1924 年提出的迪氏分解进一步改进而发展来的,B. W. Ang 将此方法运用于能源领域分析,开创了 LMDI 方法多领域运用的先河。姚宇、庆东瑞在《信贷规模、效率和结构对中国经济增长驱动力的影响分析——基于 LMDI 乘法分解》(2013)一文中,首次采用对数方法对 LMDI 乘法分解的因素影响力进行了标准化,从而达到因素影响力之间的可比较。

本节即采用 LMDI 方法对丝绸之路经济带 9 个省区金融机构信贷规模对经济增长的整体驱动力进行分解,分解影响货币流通驱动丝绸之路经济带经济增长的关键因素。与其他因素分解法相较,LMDI 分解方法的优点在于其分解得完全及不产生残差,能很好地解决分解中的剩余问题及数据汇总时的零值与负值问题,是一种路径独立、残差为零、聚合一致的分解方法。LMDI 可以清晰高效地分解出驱动因素的总量、结构和效率对被驱动因素的不同影响,较好实现理论模型基于实证数据的应用。

利用 LMDI 方法将本节理论模型转化为统计模型:

第三章 丝绸之路经济带资本项目一体化与经济增长的因果链分析

$$Y = \sum_{i=1}^{n} L \times \frac{L_i}{L} \times \frac{Y_i}{L_i} = \sum_{i=1}^{n} LB_iM_i \tag{2}$$

在上式中，Y 代表总经济产出，L 代表信贷资本规模，L_i 代表 i 地区的信贷量，Y_i 代表 i 地区的经济产出，$B_i(=L_i/L)$ 代表 i 地区信贷量在总信贷量中所占的份额；$M_i(=Y_i/L_i)$ 代表 i 地区单位信贷量的 GDP 产出。

在基期 T_{-1}（以上一年为基期）和报告期 T 的 GDP 差异可表示为乘法模式如下：

$$\frac{GDP_t}{GDP_0} = GDP_{tot} = D_{act} \times D_{str} \times D_{int} \tag{3}$$

式（3）中，D_{act}、D_{str}、D_{int} 分别表示乘法分解下货币流通对经济增长驱动的活动效应、结构效应与强度效应；D_{act} 反应货币流通规模对 GDP 的驱动力大小，D_{str} 反应货币流通地区结构对 GDP 的驱动力大小，D_{int} 反应货币流通经济效率对 GDP 的驱动力大小；效应值大于 1 代表对经济有驱动力，小于 1 代表该因素抑制经济增长。

根据 LMDI 乘法分解方法，有：

$$D_{act} = \exp\left(\sum_i \frac{(GDP_i^T - GDP_i^{T-1})/(\ln GDP_i^T - \ln GDP_i^{T-1})}{(GDP^T - GDP^{T-1})/(\ln GDP^T - \ln GDP^{T-1})} \ln\left(\frac{L^T}{L^{T-1}}\right)\right) \tag{4}$$

$$D_{str} = \exp\left(\sum_i \frac{(GDP_i^T - GDP_i^{T-1})/(\ln GDP_i^T - \ln GDP_i^{T-1})}{(GDP^T - GDP^{T-1})/(\ln GDP^T - \ln GDP^{T-1})} \ln\left(\frac{B_i^T}{B_i^{T-1}}\right)\right) \tag{5}$$

$$D_{int} = \exp\left(\sum_i \frac{(GDP_i^T - GDP_i^{T-1})/(\ln GDP_i^T - \ln GDP_i^{T-1})}{(GDP^T - GDP^{T-1})/(\ln GDP^T - \ln GDP^{T-1})} \ln\left(\frac{M_i^T}{M_i^{T-1}}\right)\right) \tag{6}$$

利用对数函数进一步将三种影响因素的影响力进行标准化：

$$W_{D_i} = \begin{cases} \log_{GDP_{tot}}^{D_i}, & \text{当 } GDP_{tot} > 1 \text{ 时} \\ -\log_{GDP_{tot}}^{D_i}, & \text{当 } GDP_{tot} < 1 \text{ 时} \end{cases} \tag{7}$$

$\left|\sum_{i=1}^{n} W_{D_i}\right| = 1$ 保证了对各影响力评价的标准化及可比性，标准化结果为正代表该效应对经济增长有推动作用，为负表示该效应抑制经济增长。

(二)数据的来源及指标说明

由于国外数据获取困难,本研究将研究范围限定在丝绸之路经济带中国段,该区域可以代表性的反映丝绸之路经济带经济总体状况。本研究选取江苏省、安徽省、山西省、河南省、陕西省、甘肃省、青海省、新疆维吾尔自治区、宁夏回族自治区9个省区作为基本的研究单位。目前我国并没有专门针对丝绸之路经济带经济指标的直接统计,本研究将我国丝绸之路经济带沿途各省份的对应变量进行加总处理。指标选择上,本研究使用我国丝绸之路经济带上9个省区的年末贷款余额反映市场信用规模,采用我国丝绸之路经济带各省份的GDP加总作为该区域的整体GDP。本研究采用的分析数据均来自2000—2013年《中国统计年鉴》和2000—2013年各省统计年鉴以及国家统计局网站公布的年度数据。

四、实证结果分析

基于式(4)—(6),可以分别计算货币流通规模、货币流通地区结构、货币流通经济效率对GDP驱动的活动效应、结构效应与强度效应,式(7)可以对其进行标准化计算,结果分别由表11、图3和表12、图4给出。

表11　2000—2014年丝绸之路经济带货币流通对经济增长驱动影响因素分解表

年份	总效应	活动效应	结构效应	强度效应
2000—2001	1.103641	1.121903	0.999451	0.984262
2001—2002	1.108557	1.176711	1.003209	0.939068
2002—2003	1.158840	1.242603	1.004990	0.927960
2003—2004	1.218489	1.141452	1.003807	1.063441
2004—2005	1.210941	1.080253	1.001487	1.119315
2005—2006	1.168241	1.161312	1.001053	1.004909
2006—2007	1.204833	1.161798	0.997840	1.039287

第三章　丝绸之路经济带资本项目一体化与经济增长的因果链分析

续表

年份	总效应	活动效应	结构效应	强度效应
2007—2008	1.204612	1.148904	0.994734	1.054039
2008—2009	1.092294	1.333450	0.998717	0.820201
2009—2010	1.213907	1.210012	0.998397	1.004830
2010—2011	1.199402	1.159732	0.996376	1.037968
2011—2012	1.109825	1.165109	0.997899	0.954556
2012—2013	1.101449	1.161800	0.998529	0.949450
2013—2014	1.081254	1.151929	0.999625	0.938998

(数据来源：本研究整理计算)

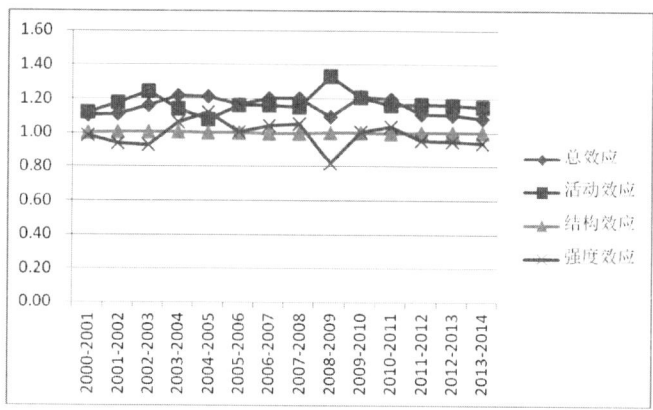

图3　2000—2014年丝绸之路经济带货币流通对经济增长驱动影响因素分解图

表12　2000—2014年丝绸之路经济带货币流通对经济增长驱动影响因素标准化分解表

年份	活动效应	结构效应	强度效应
2000—2001	116.64%	-0.56%	-16.09%
2001—2002	157.89%	3.11%	-61%
2002—2003	147.34%	3.38%	50.72%

续表

年份	活动效应	结构效应	强度效应
2003—2004	66.95%	1.92%	31.13%
2004—2005	40.33%	0.78%	58.89%
2005—2006	96.17%	0.68%	3.15%
2006—2007	80.48%	-1.16%	20.68%
2007—2008	74.57%	-2.84%	28.27%
2008—2009	325.97%	-1.45%	-224.52%
2009—2010	98.34%	-0.83%	2.49%
2010—2011	81.5%	-2%	20.5%
2011—2012	146.65%	-2.02%	-44.63%
2012—2013	155.21%	-1.52%	-53.68%
2013—2014	181.05%	-0.48%	-80.57%

(数据来源：本研究整理计算)

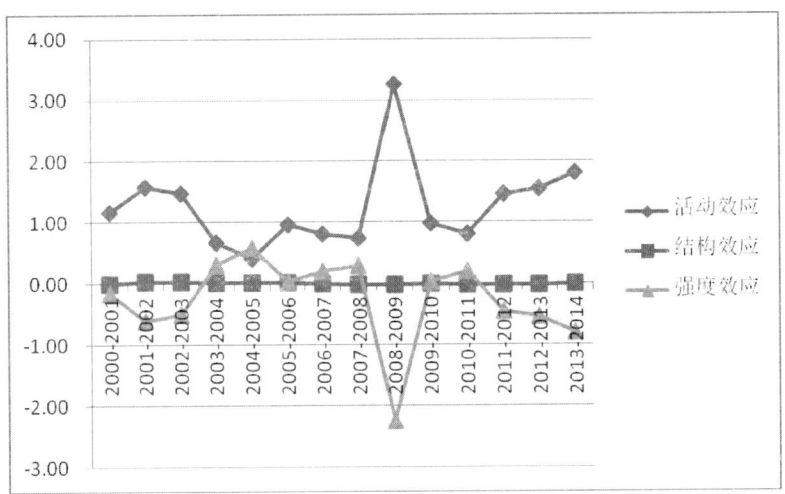

图4　2000—2014年丝绸之路经济带货币流通对经济增长驱动影响因素标准化分解变化趋势图

第三章 丝绸之路经济带资本项目一体化与经济增长的因果链分析

表13　2000—2014年我国丝绸之路经济带各省区货币流通量占比变化汇总表(%)

区域时间	江苏	安徽	山西	河南	陕西	甘肃	青海	宁夏	新疆
2000	29.33	11.72	0.1206	0.2141	0.0914	0.0576	0.0180	0.0188	0.0690
2001	29.23	11.41	0.1055	0.2140	0.1112	0.0556	0.0185	0.0193	0.0694
2002	30.66	10.95	0.1081	0.2068	0.1099	0.0547	0.0179	0.0195	0.0671
2003	33.86	10.11	0.1088	0.1924	0.1064	0.0525	0.0169	0.0204	0.0629
2004	35.39	10.24	0.1078	0.1901	0.1005	0.0506	0.0163	0.0202	0.0581
2005	37.41	10.48	0.1052	0.1806	0.0968	0.0472	0.0156	0.0205	0.0552
2006	38.68	10.74	0.1021	0.1793	0.0934	0.0446	0.0153	0.0208	0.0505
2007	39.79	10.88	0.0993	0.1719	0.0922	0.0441	0.0159	0.0215	0.0484
2008	41.01	10.89	0.0947	0.1625	0.0949	0.0434	0.0162	0.0249	0.0443
2009	41.49	10.92	0.0930	0.1580	0.0973	0.0440	0.0164	0.0227	0.0445
2010	40.92	11.13	0.0945	0.1542	0.0969	0.0445	0.0177	0.0235	0.0483
2011	40.10	11.50	0.0944	0.1466	0.0994	0.0480	0.0187	0.0244	0.0525
2012	39.12	11.71	0.0950	0.1440	0.0997	0.0517	0.0201	0.0242	0.0569
2013	38.27	11.81	0.0930	0.1430	0.1023	0.0546	0.0210	0.0244	0.0609
2014	37.37	11.87	0.0890	0.1463	0.1030	0.0595	0.0224	0.0248	0.0627

(数据来源:本研究整理计算)

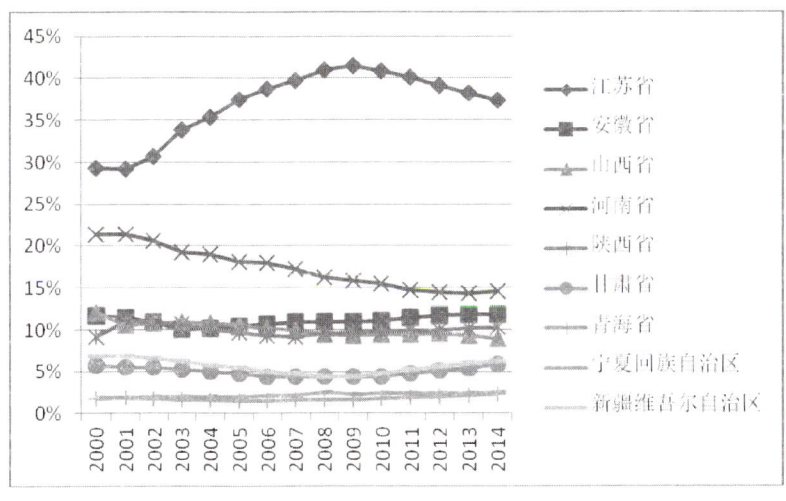

图5　2000至2014年我国丝绸之路经济带各省区货币流通量占比变化趋势图(%)

基于以上计算结果进行数据分析：

(一)总效应分析

总效应由活动效应、结构效应、强度效应相乘得到,可以用来衡量丝绸之路经济带货币流通对经济的整体驱动。由表11可见,2000—2014年间货币流通对经济增长表现为持续正向贡献,年均效应值1.155449,反映了丝绸之路经济带沿线9个省区货币流通对经济增长存在正向驱动力,以信贷资本为驱动的市场经济生产关系发展对丝绸之路经济带经济增长具有推进而不是抑制作用。2000—2014年间这种推进作用呈现小幅波动:2003—2004年货币流通对经济驱动的总效应达到最高水平1.218489,2013—2014年间货币流通对经济驱动的总效应出现最低水平1.081254。在2000—2014年间,9个省区的GDP总和从23133.59亿元上升至172480.44亿元,年均增长率达16.71%;货币流通从20345.59亿元上升到186149.90亿元,年均增长率达19.00%;经济的强劲增长与货币流通增长同向相关,相关系数为0.9912。

(二)活动效应分析

活动效应用来衡量丝绸之路经济带货币流通规模对经济增长的驱动力大小。在绝对量上,从表11可见,2000—2014年间货币流通量的增加对丝绸之路经济带沿线9个省区经济增长表现为持续正向贡献,并且驱动效果十分显著,年均值达到1.172641,高于总效应值。这种效应依然不存在比较确定的增减趋势,14年间升降交替。该效应值在2008—2009年间达到最高值1.333450,以后便呈现出递减的趋势,2011—2012年出现了一定回升,但1.165109的效应值仍然无力超越2008—2009年的最高值。在相对量上,从表12可见,2000—2014年间货币流通量的增加表现为驱动丝绸之路经济带经济增长的绝对主导因素,其平均值达到126.36%。但是这种效应比较不稳定:2004—2005年出现近年来最低值40.33%;2005—2006年出现一定程度的回升,此后开始逐渐下降,但并没有跌破40.33%,2008—2009年活动效应强劲上升并达到14年来峰值

第三章 丝绸之路经济带资本项目一体化与经济增长的因果链分析

325.97%,此后骤降到98.34%,2011—2012年开始出现较强劲回升,此后一直保持上升趋势,并在2014年达到181.05%。

(三)结构效应分析

结构效应用来衡量货币流通布局变化(即各省区货币流通量在整个丝绸之路经济带总货币流通量中占比的变化)对经济增长的驱动力大小。观察图5可见,2000—2014年各省区的货币流通量在丝绸之路经济带货币流通总量中的占比变化幅度比较有限,货币流通量相对稳定,9个省区的货币流通量占比排名14年间基本未发生改变。与之对应,结构效应的影响力较小且较稳定:在绝对量上,从表11可见,2000—2014年结构效应均值为0.999722,对经济增长呈现微弱负向驱动;在相对量上,从表12可见,2000—2014年这一效应的均值为-0.21%,同样呈现出微弱的负向驱动。

进一步观察图5。2009年之前,各省区货币流通量占比变化情况表现为江苏省稳定上升而其他省份基本稳定或者下降;2009年之后,表现为货币流通量占比较高的江苏省和河南省的货币流通量占比基本呈现下降趋势,而货币流通量占比相对较低的陕西省、安徽省、山西省、甘肃省、青海省、宁夏回族自治区和新疆维吾尔自治区的货币流通量占比基本呈现出上升态势。与之对应,2009年之前,结构效应标准值出现5次下降和3次上升,而在2009年之后结构效应标准值出现2次下降和3次上升。进一步观察,2002—2008年,在江苏省货币流通量占比一直稳步提升的同时,结构效应却一直呈现下降趋势。2012年以后,江苏省货币流通量占比出现一定幅度下降而货币流通量占比较低的青海省、甘肃省、宁夏回族自治区、新疆维吾尔自治区货币流通量占比出现一定幅度上升,结构效应一直呈现上升趋势。实证数据显示出货币流通量占比向西北欠发达地区移动可以促进结构效应的提升。

(四)强度效应分析

强度效应衡量货币流通效率(即单位货币流通量的GDP产出)对经

济的驱动力大小。在绝对量上,由表11可见,2000—2014年间货币流通的经济效率所引致的强度效应对经济增长时而呈现正向驱动时而呈现负向驱动,年均值为0.988449,在三种效应中最低,强度效应14年间并无明显的增减趋势,呈现出微弱的波动性。2003—2008间,强度效应大于1,即货币流通效率对经济增长呈现正向驱动。而在2008—2009年,强度效应减少至1以下,即货币流通效率对经济增长呈现负向驱动。这主要是因为2008年次贷危机后我国大规模的信贷扩张导致货币流通效率(单位货币流通量GDP产出)快速下降。2009—2011年,强度效应恢复至1以上;2011年以后,强度效应又下降至1以下。在相对量上,由表12可见,强度效应对经济增长负向驱动效果十分严重,年均值达到26.15%。除2003—2008年间及2009—2011年间表现为微弱的正向贡献外,其余年份均为负向贡献;2008—2009年这种负向驱动尤为强劲;2011年—2014年,强度效应所带来的负向驱动稳定在44%~81%之间。进一步观察图6可知,2000—2014年强度效应的增减情况与单位货币流通量的GDP产出增减情况基本一致,即强度效应变化源于货币流通效率。

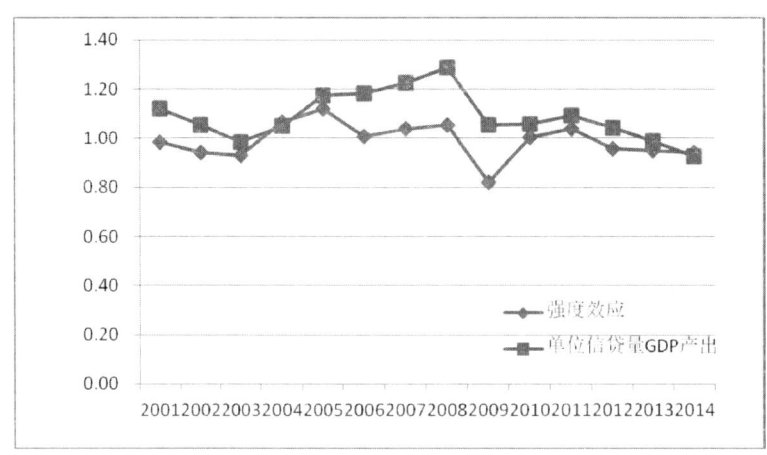

图6 2001—2014年丝绸之路经济带单位信贷量
GDP产出与强度效应对比图

第三章 丝绸之路经济带资本项目一体化与经济增长的因果链分析

五、研究结论和政策建议

(一)研究结论

基于数据分析可以得到如下结论:

第一,丝绸之路经济带以金融机构信贷为主要代表的货币流通改善对区域经济增长存在驱动力,社会信用体系的市场信用化(即生产关系的市场化改革)对丝绸之路经济带经济发展具有推进而不是抑制作用;第二,活动效应是当前货币流通驱动丝绸之路经济带经济增长的最主要因素,以市场信用为代表的市场生产关系匮乏是制约丝绸之路经济带经济发展的主要原因;第三,货币流通的结构效应对丝绸之路经济带经济增长呈负向驱动,丝绸之路经济带沿线内陆地区货币流通量占比提升对地区经济增长有驱动性,金融机构单一化地采用英美标准歧视丝绸之路经济带社会信用体系直接制约了经济带经济发展;第四,货币流通效率所引致的强度效应对丝绸之路经济带经济增长呈负向驱动,金融机构畸形的市场授信标准所导致的丝绸之路经济带货币相对超发是这一现象的根本原因。

(二)政策建议

第一,大刀阔斧地改革金融体制,消除英美金融标准对丝绸之路经济带社会信用转化为市场信用的金融抑制,以金融制度改革推进丝绸之路经济带市场化水平。本研究实证所显示的活动效应驱动、结构效应和强度效应负向影响都将目标指向了丝绸之路经济带当前金融机构的授信机制,正是金融机构授信机制的不合理导致了丝绸之路经济带整体市场信用匮乏、内陆地区市场授信困难和货币相对超发。当前丝绸之路经济带金融机构,特别是大型金融机构,普遍片面化采用了以英美社会信用体系为基础的市场信用评价标准,采用了《巴塞尔协议》等西方社会风险评价标准,对丝绸之路经济带自身深沉的社会文化和稳定的社会信用普遍采取了严重的歧视态度。这种歧视严重抑制了丝绸之路经济带金融发展,直接导致了社会信贷在规模上不足、结构上畸形和效率上低下,直接导致了社会信贷目前普遍存在的矛盾,一方面金融机构存贷比失调,另一方面社会信贷需求难以满足、贷款利率高企。消除英美标准对金融的抑制可以从两方面入手:一是通过政府力量以试点形式引导金融机构改革风险评价机制,对自身社会信用体系予以客观评价;二是大力发展与自身社会信用体系紧密相连的中小型金融机构,自下而上谋求金融体系改革。

第二,信赖乡土信用和血缘姻亲信用,提升区域金融自主化程度,消除金融抑制,着力提升丝绸之路经济带货币流通效率。就当前我国的金融体系而言,消除金融抑制的关键在于不断提高区域金融管理自主化程度,充分发挥我国社会有效稳固的社会信用体系,对再贷款、再贴现等发行制度逐级放权,减少对货币内生机制的限制。金融创新作为满足市场信用需求的市场内生发明对金融抑制有着降低作用,区域金融自主化管理程度的提升可以在不违背金融风险管控原则前提下放弃简单化、机械化地套用过去某一具体行业管理规范,可以鼓励金融创新。同时,政策性贷款市场化操作也是提高信贷效率的重要组成,政府基础设施建设信贷规模增加不应成为信贷效率下降的原因。

第三,给予丝绸之路经济带内陆地区适度信贷政策倾斜,不断改善丝绸之路经济带沿线省区信贷地区结构。目前,丝绸之路经济带沿线省区信贷分布严重不均,西北五省区的信贷量总值尚不能与江苏一个省份匹敌,LMDI分析显示提升西北地区在丝绸之路经济带中的信贷占比有利于整个丝绸之路经济带沿线经济发展,尽管其中原因主要是金融机构对丝绸之路经济带自身社会信用体系的歧视,但金融机构信用评价改革难以一蹴而就,短期内给予内陆地区适度信贷政策倾斜很有必要。应当注意,信贷政策倾斜不应仅包括基于财政补贴的直接利率优惠或金融机构贷款配额倾斜,还应包括更多基于市场行为(如认可乡土制度,进行地方性金融试点,增加区域性、地方性金融机构数量)的信贷政策倾斜。

第三章　丝绸之路经济带资本项目一体化与经济增长的因果链分析

第四节　本章小结

通过构造丝绸之路经济带资本项目一体化的逻辑因果链,应用 LYQ 模型和 Tapio 弹性评价实证分析出影响当前丝绸之路经济带资本项目一体化的关键因素是民心相通和货币流通。基于投入产出法 DEA-Malmquist 指数实证分析了影响丝绸之路经济带民心相通效率的关键因素。结论指出:户籍政策放开和交通条件改善有效地推进了人口流动,但人员往来产生的民心相通并未有效转化为货币流通,现有金融机构对丝绸之路经济带有效信用体系的歧视是这一症结的关键。基于 LMDI 方法实证分析了货币流通推进丝绸之路经济带经济发展的关键因素,结论指出:社会信用体系的市场信用化(即生产关系的市场化改革)对丝绸之路经济带经济发展具有推进而不是抑制作用,现有金融机构单一化地采用英美标准歧视丝绸之路经济带社会信用体系所产生的金融抑制严重阻碍着地区市场化发展,必须坚决清除。

注释:

[1]蒙代尔:《蒙代尔经济学文集》,向松祚译,张之骧校,北京:中国金融出版社,2003。

[2] Fleming JM, Essays of economic policy, New York: Columbia University Press, 1978.

[3]以下两段内容引自孙岩:《货币一体化理论综述》,载《黑龙江金融》2010 年第 7 期,有修改。

[4] Mundell RA, "A Theory of Optimal Currency Area", American Economic Review, 1961, 51: 657-665.

[5] McKinnon RI, "Optimum Currency Areas", American Economic Review, 1962, 53(4): 717-725.

[6]琼斯、凯南主编:《国际经济学手册》,姜洪等译,姜洪审校,北京:经济科学出版社,2008。

[7] Ingram J C, "Comment: The Currency Area Problem", Monetary Problem of the International Economy, Edited by Robert A. Mundell and Alexander Swoboda, Chicago: University of Chicano Press, 1969, pp. 95 – 100.

[8] Harberler Gottfried, The International Monetary System: Some Recent Development and Discussions in Approaches to Greater Flexibility of Exchange Rates, Edited by George N. Halm, Princeton Universlty Press, 1970, pp. 115 – 23.

[9] Fleming JM, "on Exchange Rate Unification", Economic Journal, 1971, 81(323):467 – 488.

[10] Hansen JD, Nielsen UM," Economies of Scale and Scope, Firm Heterogeneity and Exports", Working Paper, 2007.

[11] Rehman SS, "The path to European economic and monetary union", Springer Netherlands, 1997.

[12]姜波克、罗德志:《最优货币区理论综述兼述欧元、亚元问题》,载《世界经济文汇》,2002年第1期。

[13]本段内容引自石巧荣、程华强:《中国资本项目开放——基于国民财富增长视角》,载《世界经济研究》2012年第9期。

[14] Quinn D P, "The Correlates of Changes inInternational Financial Regulation", American Political Science Review, 1997, 91(3):531 – 551.

[15] Henry PB, "Do stock market liberalization cause investment booms?", Journal of Finacial Economics, 2000, 58(1 – 2):301 – 334.

[16] Bekaert G, Harvey CR, Lundblad C, "Does financial market liberalization spur growth?", Working paper, 2002.

[17] Gruben WC., Mcleod D, "Capital Account liberalization and Inflation", Economic letters, 2002, 77(2):221 – 225.

[18] Devereux MB, Lane PR, "Understanding bilateral exchange rate volatility", Journal of International Economics, 2002, 60(1):109 – 132.

[19] Stiglitz JE, Making Globalization work, w. w. Norton &Company, 2006.

[20] Grilli. V, Milesi – Ferretti. G, "Economic Effects and structural Determinants of

第三章　丝绸之路经济带资本项目一体化与经济增长的因果链分析

Capial Controls",IMF Economic Review,1995,95(3):517-551.

[21]Kunt A D,Detragiache E,"Financial Liberalization and Financial Fragility",Social Science Electronic Publishing,1998,98(1917):4259-4299.

[22]Denizer C,Dinc M,Tarimcilar M,"Measuring Banking Efficiency in the Pre-and Post-Liberalization Environment: Evidence from the Turkish Banking System",Policy Research working paper,1998:1-58.

[23]Eichengreen B,"Capital Account Liberalization: What Do Cross Country Studies Tell Us?",World Bank Economic Review,2001,15(3):341-365.

[24]Edwards S,Capital Flows and the Emerging Economics: Theory, Evidence, and controversies,Chicago: University of Chicago Press,2000.

[25]Klein m,Olivei G,"Capital Account Liberalization Fanicial Depth and Economic Growth",Tufts University Working paper,2001.

[26]本段内容引自高磊:《欧元区货币一体化的经济作用:以贸易为主要视角》,河南大学经济学硕士论文,2013,有修改。

[27]Rose AK,"One Money, One Market: Estimating the Effect of Common Currencies on Trade",Economic Policy,2000(30):9-45.

[28]赵京霞:《浅析欧元对欧元区内外贸易的影响》,载《欧洲》2000第4期。

[29]杨伟国:《欧元与欧洲经济增长》,载《欧洲研究》2003年第1期。

[30]王君:《欧元区贸易状况分析》,天津财经大学应用经济学硕士论文,2009。

[31]隋雪琛:《货币一体化的国际贸易效应分析》,中国海洋大学国际贸易学硕士论文,2010。

[32]张树亮:《欧元区货币一体化的贸易效应考察》,天津财经大学应用经济学硕士论文,2011。

[33]列宁:《帝国主义是资本主义的最高阶段》,中共中央马克思恩格斯列宁斯大林著作编译局编译,北京:人民出版社,1992。

[34]Minsky H P,"The Global Consequences of Financial Deregulation",Marcus Wallenberg Papers on International Finance,1986.

[35]Tapio P,"Towards a Theory of Decoupling: Degrees of Decoupling in the EU and the Case of Road Traffic in Finland between 1970 and 2001",Journal of Transport Policy,2005,2(12):137-151.

[36]李忠民、姚宇、庆东瑞:《产业发展、GDP 增长与二氧化碳排放脱钩关系研究》,载《统计与决策》2010 年第 11 期。

[37]Yao Yu,Han Cuicui,Chen Xiangtao. Cause Analysis of the Decoupling Elasticity between China's Carbon Emission and Economic Development: Based on LYQ Framework: proceedings of the forth International Joint Conference on Computational Sciences & Optimization, Kunming, April 15 – 19, 2011[C]. Los Alamitos: IEEE, c2011.

[38]姚宇、陈向涛、李忠民:《我国实现 2020 年减排目标的战略路径研究》,载《干旱区资源与环境》2012 年第 12 期。

[39]OECD. Indicators to Measure Decoupling of Environmental Pressure from Economic Growth. 2002[R/OL]. http://www.olis.oecd.org/olis/2002doc.nsf/LinkTo/sg – sd(2002)1 – final. 2002 – 5 – 16.

[40]省份的选取基于本学术团队自 2007 年开始的丝绸之路经济带研究,可参照李忠民、姚宇、刘育红《"丝绸之路"经济带发展研究》(经济科学出版社,2014)、李忠民、夏德水、姚宇《我国新丝绸之路经济带交通基础设施效率分析》(载《求索》2014 年第 2 期)和刘育红《"新丝绸之路"经济带交通基础设施与区域经济增长》(中国社会科学出版社,2014)所选取的省份,包括江苏省、安徽省、山西省、河南省、陕西省、甘肃省、青海省、新疆维吾尔自治区、宁夏回族自治区。

[41]Lewis WA,"Economic Development with Unlimited Supplies of Labor",The Manchester School,1954,22(2):139 – 141.

[42]Ranis G,Fei JCH,"A Theory of Economic Development",American Economic Review,1961,51(4):533 – 565.

[43]托达罗:《发展经济学》,北京:机械工业出版社,2009。

[44]贝克尔:《人力资本》(原书第三版),陈耿宣等译,北京:机械工业出版社,2016。

[45]段平忠、刘传江:《人口流动对经济增长地区差距的影响》,载《中国软科学》2005 年第 12 期。

[46]薛丹、李现总:《浅析人口流动与经济增长的关系——基于山东省的实证分析》,载《价值工程》2010 年第 17 期。

[47]杜小敏、陈建宝:《人口迁移与流动对我国各地区经济影响的实证分析》,载《人口研究》2010 年第 3 期。

第三章　丝绸之路经济带资本项目一体化与经济增长的因果链分析

[48]李晓阳、林恬竹、张琦:《人口流动与经济增长互动研究——来自重庆的证据》,载《中国人口科学》2015年第6期。

[49]Charnes A, Cooper W W, Seiford L, et al. A multiplicative model for efficiency analysis[J]. Socio – Economic Planning Sciences, 1982, 16(5): 223 – 224.

[50]第一,对于所有的决策单元(DMU),可以得到每个输入和输出值,而且其值均为正数;第二,这些项目(输入、输出和DMU的选择)必须反映分析者或管理者对DMU的相对有效性评估相关的兴趣;第三,从效率比的原则上考虑,输入值应该越小越好,而输出值越大越好;第四,不同的输入和输出的单位不要求一致。

[51]省份的选取基于本学术团队自2007年开始的丝绸之路经济带研究,可参照李忠民、姚宇、刘育红《"丝绸之路"经济带发展研究》(经济科学出版社,2014)、李忠民、夏德水、姚宇《我国新丝绸之路经济带交通基础设施效率分析》(载《求索》2014年第2期)和刘育红《"新丝绸之路"经济带交通基础设施与区域经济增长》(中国社会科学出版社,2014)所选取的省份,包括江苏省、安徽省、山西省、河南省、陕西省、甘肃省、青海省、新疆维吾尔自治区、宁夏回族自治区。

[52]Charnes A, Cooper W W, Rhodes E, "Measuring the efficiency of decision making units", European Journal of Operational Research, 1978, 2(6):429 – 444.

[53]Banker R D, "Estimating most productive scale size using data envelopment analysis", European Journal of Operational Research, 1984, 17(1):35 – 44.

[54]Malmquist S, "Index numbers and indifference surfaces", Trabajos de Estadística y de Investigación Operativa, 1953, 4(2):209 – 242.

[55]Fisher NI, Lee AJ, "Time Series Analysis of Circular Data", Journal of the Royal Statistical Society, 1994, 56(2):327 – 339.

[56]魏克赛尔:《利息与价格》,蔡受百、程伯撝译,商务印书馆,1959。

[57]熊彼特:《经济发展理论》,何畏等译,北京:商务印书馆,1990。

[58]凯恩斯:《就业、利息和货币通论》(重译本),高鸿业译,北京:商务印书馆,1999。

[59]麦金农:《麦金农经济学文集》,李瑶、卢力平译,陈雨露校,北京:中国金融出版社,2006。

[60]肖:《经济发展中的金融深化》,邵伏军等译,卢骢等校,上海:格致出版社、上海三联书店、上海人民出版社,2015。

[61] 本段内容引自钱燕:《中国信贷投放对经济增长的影响研究》,苏州大学金融学博士论文,2015。

[62] Goldsmith R. Financial Structure and Development, New Haven: Yale University Press, 1969.

[63] King RG, Levine R, "Finance, Enterpreneurship, and Growth", Journal of Monetary Economics, 1993, 32(3):513-542.

[64] Levine R, Zervos S, "Stock Markets, Banks, and Economic Growth", American Economic Review, 1998, 88(3): 537-558.

[65] Rajan RG, Zingales L, "Financial Dependence and Growth", American Economic Review, 1996, 88(3):559-586.

[66] Fisman RJ, Love I, "Patterns of Industrial Development Revisited: The Role of Finance", World Bank Policy Research Working Paper Series No. 2877, 2004.

[67] Fink G, Haiss P, Hristoforova S, "Credit, Bonds, Stocks and Growth in Seven Large Economics", Ssrn Electronic Journal, 2006.

[68] Mishkin F S, "Housing and the Monetary Transmission Mechanism", Frederic Mishkin, 2007, 11(Supplement s1):359-413.

[69] Jalil A, Feridun M, "Impact of Financial Development on Economic Growth: Empirical Evidence from Pakistan", Journal of the Asia Pacific Economy, 2011, 16(1):71-80.

[70] Rondorf U, "Are Bank Loans Important for Output Growth? A Panel Analysis of the Euro Area", Journal of International Financial Markets, Institutions and Money, 2012, 22(1):103-119.

[71] Adu G, Marbuah G, Mensah JT, "Financial Development and Economic Growth in Ghana: Does the Measure of Financial DevelopmentMatter", Review of Development Finance, 2013, 3(4):192-203.

[72] Rousseau PL, Wachtel P, "Inflation Thresholds and the Finance-Growth Nexus", Journal of International Money and Finance, 2002, 21(6):777-793.

[73] Beck T, Levine R, "Industry Growth and Capital Allocation: Does Having a Market-or Bank-Based System Matter", Journal of Financial Economics, 2002, 64(2):147-180.

第三章　丝绸之路经济带资本项目一体化与经济增长的因果链分析

[74]Saci K, Giorgioni G, Holden K,"Does Financial Development Affect Growth", Applied Economics,2009,41(13):1701-1707.

[75]Halkos GE, Artikis GP, Trigoni MK,"Financial Development and Economic Growth: Evidence from the European Union", Managerial Finance, 2010, 36(36):949-957.

[76]Narayan PK, Narayan S,"The Short-run Relationship between the Financial System and Economic Growth: New Evidence from Regional Panels", International Review of Financial Analysis,2013,29(5):70-78.

[77]Kase K, Jacopin T, Generic Business Model in Spanish Retail Banks, Palgrave Macmillan UK,2008.

[78]Rousseau PL, Wachtel P,"What is Happening to the Impact of Financial Deepening on Economic Growth?", Economic Inquiry,2011,49(1):276-288.

[79]Berkes E, Panizza U, Arcand JL,"Too Much Finance?", IMF working paper, 2012,12.

[80]白钦先、张志文:《金融发展与经济增长:中国的经验研究》,载《南方经济》2008年第9期。

[81]温守义:《开发性金融对经济增长的影响分析》,对外经济贸易大学金融学硕士论文,2006。

[82]李超:《基于JJ检验消费金融对经济增长贡献研究》,西北大学金融学硕士论文,2012。

[83]马克思:《资本论》,中共中央马克思恩格斯列宁斯大林著作编译局编译,北京:人民出版社,1975。

[84]凡勃伦:《企业论》,蔡受百译,商务印书馆,2011。

[85]希法亭:《金融资本——资本主义最新发展的研究》,福民等译,王辅民校,北京:商务印书馆,1994。

[86]尼·布哈林:《世界经济和帝国主义》,蒯兆德译,北京:中国社会科学出版社,1983。

[87]列宁:《帝国主义是资本主义的最高阶段》,中共中央马克思恩格斯列宁斯大林著作编译局编译,北京:人民出版社,1992。

[88]巴兰,斯威齐:《垄断资本》,南开大学政治经济学系译,北京:商务印书

馆,1977。

[89]姚宇、庆东瑞:《信贷规模、效率和结构对中国经济增长驱动力的影响分析——基于LMDI乘法分解》,载《统计与信息论坛》2013年第10期。姚宇:《试论新古典经济学的根本缺陷》,载《新西部(理论版)》2012年第Z2期。

[90] ANG BW, "Decomposition analysis for policy making in energy: which is the preferred method", Energy Policy, 2004, 32(9):1131 – 1139.

[91]省份的选取基于本学术团队自2007年开始的丝绸之路经济带研究,可参照李忠民、姚宇、刘育红《"丝绸之路"经济带发展研究》(经济科学出版社,2014)、李忠民、夏德水、姚宇《我国新丝绸之路经济带交通基础设施效率分析》(载《求索》2014年第2期)和刘育红《"新丝绸之路"经济带交通基础设施与区域经济增长》(中国社会科学出版社,2014)所选取的省份,包括江苏省、安徽省、山西省、河南省、陕西省、甘肃省、青海省、新疆维吾尔自治区、宁夏回族自治区。

第四章 结论和政策建议

内容提要：

本章对全书研究结论、学术文献和研究不足进行了总结，基于全书研究提出丝绸之路经济带经济一体化发展路径设计，并结合政策工具提出发展政策建议。

第一节 全书研究总结

一、研究结论

（一）丝绸之路经济带经济一体化是完全不同于英美主导海洋经济一体化的陆地型经济一体化，其有着差异化的基础条件，存在不同的内在机理，需要全新的社会实践

建设丝绸之路经济带是党和国家在后金融危机时代英美海洋经济逐渐衰落和亚欧陆地经济走向复兴进程中所进行的重大战略选择，是党和国家站在人类历史进程高度上对我国未来经济发展方向和模式所进行的重大战略设计，是当前我国经济摆脱对欧美经济体系依赖、应对全球危机和实现经济内需转型和内陆转型的重大战略举措，也将会对实现我国经济长期稳定的可持续发展发挥深远影响。

建设丝绸之路经济带的核心在于通过丝绸之路经济带经济一体化推进经济带及周边地区经济社会的共同发展。丝绸之路经济带经

济一体化是天然迥异于英美主导的海洋式自由贸易区经济一体化的陆地型区域经济一体化。大海天然的地理特质决定了海洋经济一体化的发展路径。一方面,海洋提供的天然条件使得海上运输具有高承载力、低成本和无交通基础设施大规模投资等优势。海洋经济也因为这些地理特质具有了适于低价值大宗商品和原材料远程运输和适于发挥比较优势的规模化生产等特点。另一方面,海洋又具有信息传递迟滞困难(在信息革命之前)、运输速度慢和自然风险不可控等劣势。远距离使得贸易两端文明差异大,社会文化制度所形成的社会信用体系完全不同,相互理解难度大,而跨海信息传递困难迟滞和海上自然风险不可控又要求必须有统一的贸易标准和市场信用评价标准。海洋经济一体化因此采取了高成本的碰撞式文明交流方式,虽然"领先经济体"采用坚船利炮和消灭其他文明的形式已成为过去,但金融帝国主义以另一种形式继续着建立以荷兰英美社会信用制度为蓝本的统一化贸易规则和社会信用评价的目标。同时,海洋经济一体化的统一标准制定并不是为了各地区共同发展,而是为了形成和不断加强"领先经济体"在世界生产关系中的优势地位,普雷维什"中心—外围"理论(1949)[1]所描述的正是这一海洋经济一体化中不同地区的经济动态关系。

陆地的地理特质与海洋完全不同,陆上国家和地区山水相连,信息传递方便、自然风险可控使得邻近地区社会文化渐进融合,愿意在相互理解中谋求平等和共同的发展。但交通运输在陆地上又往往非常困难,特别是低价值大宗商品和原材料远距离运输更是如此,以修路为代表的巨额交通基础设施投资成为陆上国家和地区发展的第一要务,只有区域间道路联通生产力三要素才有合理配置的可能性。陆地的这种特质在古代兴起了文明交流和经济发展的桥梁——古丝绸之路。海洋探险空间消失、化石能源瓶颈和技术扩散使得海洋经济一

第四章　结论和政策建议

体化已不再能像曾经那样驱动世界经济发展航船。今天,全球经济正在兴起一条平等、尊重、共赢和发展的"丝绸之路经济带",兴起一条基础、机理和实践都不同于英美主导海洋经济一体化的陆地经济一体化之路。

(二)五通建设分别从资本项目一体化和经常项目一体化两个维度对丝绸之路经济带经济一体化进行了高度概括。

马克思主义历史唯物论是认识人类社会经济发展的总纲,是关于人类社会发展普遍规律的科学,是研究社会经济发展的根本方法,是马克思主义方法论和意识形态的最根本构成。基于马克思主义历史唯物论的基本方法,市场经济体制下社会再生产可以分解为生产力和生产关系两个维度,即以生产力三要素配置技术关系为中心的社会再生产经常项目维度和以社会生产关系为中心的社会再生产资本项目维度。按照马克思主义历史唯物论生产力决定生产关系和生产关系反作用于生产力的一般原理,两个维度相互作用共同推进社会再生产发展,基于市场经济体制的马克思主义政治经济学[2]社会再生产函数由此建立:

$$Q = A \cdot PK$$

社会产出 = 生产力 × 生产关系

社会再生产函数与基于技术关系的生产力三要素科布道格拉斯生产函数结合可以进一步转化为:

$$Q = A \cdot K(PK)^{\alpha} L(PK)^{\beta} R(PK)^{\gamma}$$

社会产出 = 生产力 · ∏生产力三要素(生产关系)^{生产力三要素贡献指数}

推进丝绸之路经济带经济一体化本质上就是在市场经济体制下将马克思主义政治经济学社会再生产函数理论付诸实践,即:在生产关系维度,通过建立社会互信,有效转化和不断充裕包括商业信用和金融信用在内的市场信用,扩大市场生产关系作用于社会再生产的能力;在生产力维度,一方面消除对生产力三要素市场配置障碍,实现生产力三要素最大化作用的发挥,另一方面主动推进以科学技术为代表的生产力本身进步。

实证和理论分析均表明,推进丝绸之路经济带经济发展的两个维度,经常项目一体化与资本项目一体化对当前丝绸之路经济带经济发展均具有有力的正向推进作用,但两者推进作用并不平行。这说明经济一体化中生产力三要素配置效率提升和加强市场生产关系都能推进丝绸之路经济带经济发展;还说明资本项目一体化对丝绸之路经济带经济发展的影响远高于经常项目一体化,资本项目所揭示的生产关系维度在当前丝绸之路经济带经济发展中的政策作用或者潜力要明显大于经常项目所揭示的生产力维度。当前丝绸之路经济带经济运行更多显示出的是马克思主义政治经济学和发展经济学所揭示的市场生产关系匮乏(市场信用匮乏),而非新古典经济学所揭示的生产要素配置效率低下。

习近平主席关于推进丝绸之路经济带发展的五通建设思想完全符合马克思主义历史唯物论和这一方法论在政治经济学领域的具体运用,是基于马克思主义政治经济学原理对丝绸之路经济带经济一体化的清晰阐释。生产关系维度和生产力维度的划分充分体现在五通建设思想之中,推进丝绸之路经济带经济一体化也因此被分解为两个部分,即一方面以道路联通为基础、通过贸易畅通、在经常项目一体化作用下实现丝绸之路经济带经济发展,另一方面以民心相通为基础、通过货币流通在资本项目一体化作用下实现丝绸之路经济带经济发展,而政策沟通是两个方面目标实现所需要的共同基础或者说所必须凭借的桥梁。两个方面中,前者反映社会再生产函数的生产力维度,后者反映社会再生产函数的生产关系维度,二者互为因果、相辅相成,既相对独立、又紧密联系,共同促进丝绸之路经济带经济最终发展。

第四章　结论和政策建议

（三）道路联通和贸易畅通是丝绸之路经济带经常项目一体化的关键环节，是从生产力三要素配置维度推进丝绸之路经济带经济发展的关键

所谓经常项目一体化，即是指社会物质实体（具体地说就是生产力三要素）在一定区域内自由流动，更充分地接受市场配置，从而提升生产力三要素的使用效率。自由流动前提是运输，主要是货物运输，自由流动形式是贸易往来。经常项目一体化尽管不如资本项目一体化对当前丝绸之路经济带经济发展影响程度大，但仍然是重要方面。与海洋经济经常项目一体化借力于海洋天然运输条件不同，陆地经济经常项目一体化没有海洋，特别是丝绸之路经济带越向内陆发展越远离海洋，甚至没有能够通航或者能够承载较大吨位船舶的内河河道，大规模投资的道路建设成为陆地经常项目一体化最显著的特色。陆地有劣势也有优势，信息传递快、文化渐进性和自然风险可控都让陆地运输和贸易具有更大的配置灵活性和配置效率，贸易双方能做到相互理解，无须用一套形而上学、与己无关的标准去限制交易形式，更无须像海洋经常项目一体化一样强制对方接受霸权者的社会文化和贸易规则。陆地经济经常项目一体化因此与海洋经济经常项目一体化具有了不同的机理和发生过程。

在丝绸之路经济带经常项目一体化逻辑因果链中道路联通和贸易畅通是最为关键的环节。道路联通是当前推动丝绸之路经济带经常项目一体化的关键环节，是陆地经济经常项目一体化相对于海洋经常项目一体化的最大区别，交通基础设施规模在经济带内仍有着增加的必要，国家以道路联通带动丝绸之路经济带经济发展的战略路径完全正确，应当坚决予以贯彻。贸易畅通具有推动丝绸之路经济带经常项目一体化未来发展的最大潜力，消除地区贸易保护、取消海洋贸易规则强加给陆地邻近地区贸易的约束和推进贸易自由化对于经济带

未来的经济发展至关重要,经济带未来经常项目一体化的关键驱动环节必将从依靠硬件连接转向依靠软件匹配。

进一步对道路联通环节进行分解分析表明,当前英美海洋经济所遇经济危机导致的贸易环境恶化是导致道路联通环节效率下降的主因。丝绸之路经济带尽管在地理上向内陆发展,但目前经济还是被英美海洋体系所主导,我国经济由外向型、海洋型向内向型、内陆型的转化有利于丝绸之路经济带贸易环境的改善,有利于道路联通环节效率的提升。反映交通基础设施运营能力的纯技术效率整体保持稳定,说明我国丝绸之路经济带在新增交通基础设施的同时运营能力有保证;反映新增交通基础设施边际贡献的规模效率对我国丝绸之路经济带交通基础设施效率下降有一定影响,反映了2008年之后大规模新增交通基础设施的速度超过了社会经济需求的速度。对贸易畅通环节的驱动力分析表明:反映贸易规模的活动效应是丝绸之路经济带贸易畅通推动经济增长的根本动力,市场机制所发挥的贸易配置效率不容置疑;反映贸易结构和贸易生产效率的结构效应和强度效应对丝绸之路经济带经济增长的驱动作用较为有限,这主要是因为当前丝绸之路经济带贸易结构主要以本地贸易和远洋贸易为主,陆地经济基于贸易畅通的经常项目一体化还没有全面展开,丝绸之路经济带经常项目一体化未来大有可为。

(四)民心相通和货币流通是丝绸之路经济带资本项目一体化的关键环节,是从生产关系维度推进丝绸之路经济带经济发展的关键

所谓资本项目一体化,即是指以市场信用赋予为外在表现形式的区域内各个组成部分对差异化社会信用体系的相互认可。在丝绸之路经济带经济一体化中,反映生产关系本质的资本项目一体化较之反映生产力三要素配置关系的经常项目一体化更为关键,因为该地区市场信用"相对匮乏"极为严重。所谓"相对匮乏"就是指丝绸之路经济

第四章 结论和政策建议

带广大地区并不是人与人之间缺乏互信或者整个社会没有互信机制，而是按照英美的标准这些社会互信机制不能被市场信用评价机构金融体系所认可，由此导致的市场组织生产能力落后和生产力三要素闲置同时并存的现象，即市场信用体系相对匮乏。在以往海洋经济一体化国际经济体系下，市场信用的富集程度与该地区融入英美经济循环体系的程度成正比，越靠沿海、越是行为方式被西化，市场信用越富集，越靠内地、越保留历史文化传统，市场信用越匮乏。当然，英美作为制度输出地市场信用最为富集，而内陆地区的社会信用体系也因此受到英美标准下金融机构最严重的歧视。

在丝绸之路经济带资本项目一体化逻辑因果链中，民心相通和货币流通是最为关键的环节，其中以人口流动为主要推进形式的民心相通环节对当前丝绸之路经济带资本项目一体化推进作用显著，而以金融机构授信规模为主要形式的货币流通环节对丝绸之路经济带资本项目一体化推进呈负向贡献。金融机构并不能对民心相通所带来的地区间相互理解和相互认同给予正确客观的市场信用评价，而仍然单一地把英美金融机构风险评判标准作为唯一标准，且仍然对丝绸之路经济带内固有深沉的社会信用体系采取歧视态度。

进一步对民心相通环节驱动力进行分解分析表明，以道路基础设施改进、客运运营效率提升和跨区域行政限制放松为代表的外部环境改善是提升民心相通环节效率的关键和主导因素。人口流动的规模效率作用不显著，而人口流动的纯技术效率还有所下降，其原因主要在于金融机构单一接受英美风险识别标准、歧视地区间差异化的社会信用，不认同人际交往所推进的经济带共同社会信用认知。对货币流通环节驱动力进行分解分析表明，社会信用体系的市场信用化对丝绸之路经济带经济发展具有推进而不是抑制作用，市场化方向不可动摇。货币流通的活动效应是丝绸之路经济带经济增长的最主要驱动力,当前推动沿线地区经济增长的关键是改革金融机构授信机制,有效赋予有风险承担能力社会信用以市场信用,提高经济带的货币流通规模。货币流通的结构效应和强度效应都对丝绸之路经济带经济增长呈负向驱动,这主要是因为市场信用富集于沿海生产力三要素等较少闲置地区乃至过度,而广大内陆地区有效的社会信用金融体系却不被认同导致过度匮乏,实证表明丝绸之路经济带广大内陆地区货币流通量占比提升会对经济带经济增长起到推进作用。

二、主要学术贡献

第一,将丝绸之路经济带经济一体化作为研究目标是本书的主要特色,这一区域是金融危机之后未来全球经济的重要构成和我国经济发展的战略腹地,研究如何实现丝绸之路经济带经济一体化以促进区域经济发展,不论对我国还是经济带连接国家都具有重要现实意义。

第二,本书从马克思主义经济理论入手对五通建设(道路联通、贸易畅通、民心相通、货币流通和政策沟通)与丝绸之路经济带经济一体化之间的关系进行了尝试性的阐释,系统说明了丝绸之路经济带建设五通路径的深刻经济理论内涵,为五通建设开展提供了一种理论上的导引。

第三,丝绸之路经济带经济一体化是有别于海洋型区域经济一体化的陆地型经济一体化,其发展范式和发展路径都与英美主导的自由贸易区不同,探讨基于道路基础设施先行(道路联通)和渐进式文化交融(民心相通)等特质的陆地型区域经济一体化协调发展规律是本研究在理论上的创新之处。

第四,本研究的基本框架基于马克思主义历史唯物论生产力和生产关系的经济两维度分析范式,将区域经济一体化两维度地划分为经常项目一体化和资本项目一体化。前者的重点在于提高经济区生产要素配置效率,包括道路联通和贸易畅通两个关键环节;后者的重点在于提高经济区社会互信体系的市场信用转化,包括民心相通和货币流通两个关键环节。

第五,基于马克思主义历史唯物论的两维度分析范式,本研究构建了市场经济体制下马克思主义政治经济学的社会再生产函数,并基于这一函数对丝绸之路经济带经济发展状况进行了实证,实证结果表明,当前丝绸之路经济带经济运行更多显示出的是马克思主义政治经济学所揭示的市场生产关系匮乏(市场信用匮乏),而非新古典经济学所揭示的生产要素配置效率低下。

第六,不同于多数区域经济发展静态化的投入产出分析方法,本研究强调对事实过程调研分析基础上的动态描述,并基于动态过程分别构建了丝绸之路经济带经常项目一体化逻辑因果链和资本项目一体化逻辑因果链,通过因果链分解实证丝绸之路经济带资本项目一体化和经常项目一体化各环节的不同作用。

第七,对丝绸之路经济带道路联通环节、贸易畅通环节、民心相通环节和货币流通环节分别进行了驱动力实证分解,探讨了环境效应、纯技术效应、规模效应、强度效应、结构效应等对各环节的不同影响力,为具体政策的提出提供了实证基础并对实证结论进行了理论解释。

三、研究的不足

首先,囿于数据的可取得性,本研究实证区域选择了丝绸之路经济带中国段而没有包括丝绸之路经济带的中西亚内陆国家和欧洲地区,实证结果的代表性存在不准确可能;其次,对于陆地经济一体化特质的总结,囿于篇幅和个人知识存量,本研究没有给出广博的历史史实和具体数据支撑,综合分析的不完全归纳特点可能会被遵循形而上学方法论者批评;再次,由于缺乏对各地区政府行政工具的具体了解,本研究的一体化路径设计过于笼统,很多时候只是对理论解释的重复,缺乏政策调研和政策建议不够落到实处是本研究的缺陷;最后,限于篇幅和学识,本研究着重于理论层面,对于具体化的两个不同地区间社会信用体系的相互认同机制以及贸易标准的制定和设计没有涉及。

四、进一步的研究

首先,本研究着重于理论层面的分析,丝绸之路经济带经济一体化研究进一步的内容应当是具体化地分析不同地区间一体化的实务层面。这其中既包括资本项目一体化中地区间差异化社会信用体制的相互认同机制和金融机构对差异化社会信用转化为市场信用的因地制宜评价方式的设计,也包括经常项目一体化中地区间灵活机动、互利共赢的双边贸易规则的制定。

其次,本研究的实证范围仅限于丝绸之路经济带中国段,全方位、更准确地把握丝绸之路经济带经济一体化进程需要将整个丝绸之路经济带纳入实证范围进行分析,这样所得的实证结论更具说服力。

再次,本研究对古丝绸之路的历史考证研究仍然欠缺。历史是进步的阶梯,通过比较丝绸之路经济带与古丝绸之路的异同,充分发掘古丝绸之路各地区政治经济文化合作的成功经验,对今天丝绸之路经济带建设具有重大借鉴意义。

第二节 丝绸之路经济带经济一体化发展路径设计

一、丝绸之路经济带经济一体化发展路径总体设计

基于习近平主席对丝绸之路经济带五通建设思路的阐述和本书理论、实证研究,可以对丝绸之路经济带经济一体化发展路径进行如下总体设计:

第四章 结论和政策建议

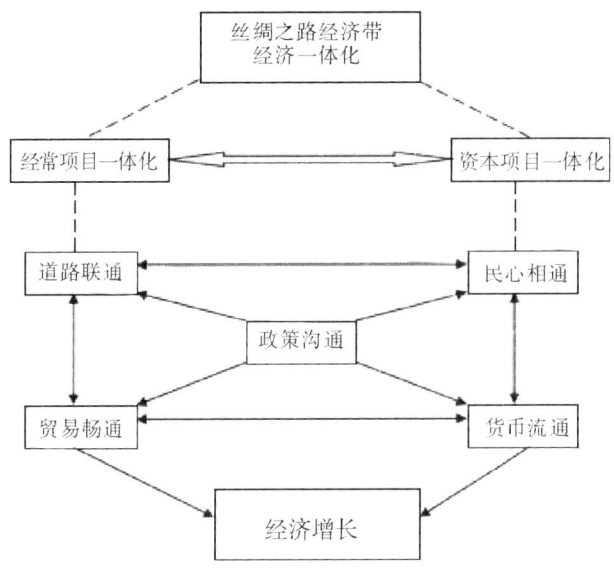

图1 丝绸之路经济带经济一体化发展路径图

以上设计的总体思路如下：

经常项目一体化所代表的生产力三要素配置维度和资本项目一体化所代表的社会生产关系维度具有作用力和反作用力关系,同时调节以实现生产力和生产关系良性互动循环是丝绸之路经济带经济一体化路径设计的总方针。道路联通、贸易畅通、民心相通、货币流通和政策沟通所描述的五通建设构成了丝绸之路经济带经济一体化路径的主干,五通之间良性互动是实现丝绸之路经济带经济一体化的根本推动力。道路联通和贸易畅通构成经常项目一体化因果链的基本环节,两个环节的同时着力和互为因果是生产力三要素配置优化实现的根本要求。民心相通和货币流通构成资本项目一体化因果链的基本环节,两个环节的同时着力和互为因果是市场信用有效充裕实现的根本要求;道路联通与民心相通的互动是丝绸之路经济带经济一体化的基础和潜在驱动力,贸易畅通与货币流通的互动是丝绸之路经济带经济一体化的直接驱动力,以上四通得以实现必须借助于政策沟通的有力推动。

175

二、丝绸之路经济带经济一体化发展路径具体设计

基于以上总体设计可以进一步对丝绸之路经济带经济一体化发展路径进行如下具体设计：

1. 以政策沟通推进道路联通。跨地区道路联通所需要的交通基础设施规划、投资和运营都必须依托不同地区政府间的政策沟通，地区政府间关于交通网络规划和投资的共识以及切实履行规划方案、如期实施建设和高效运营均是道路联通得以实现的关键。

2. 以政策沟通推进民心相通。人民群众的相互了解和相互认可既需要政府搭建集会制、代表性、高规格的文化商贸交流平台，更需要政府为群众间自发交流提供便捷的路径（包括人员往来和信息沟通等）。政府间灵活机动、因地制宜地针对不同地区寻找契合对方社会信用制度并能保证本方社会安全的政策结合点尤为重要。

3. 以政策沟通推进贸易畅通。跨地区贸易涉及地区间不同的社会标准和经济制度（包括财税制度、货币制度等），关系到地区经济安全、环境安全和社会安全，政府间顺畅、灵活的沟通和切合双方实际的贸易政策制定对贸易畅通十分重要。

4. 以政策沟通推进货币流通。货币是地区社会信用体系的市场信用化评价，是政府对地区市场信用（市场生产关系）管理的关键环节，地区间经济往来所涉及的货币汇兑本质是不同地区对自身市场生产关系控制力的保护。政策沟通推进货币流通就是政府间能够相互理解、增加互信，能够通过政府平台认可对方社会信用体系中稳定可信的内容，实现市场信用的共同充裕。

5. 以道路联通促进民心相通。通畅的道路联通是跨地区人际往来的基础，便捷快速的交通网络会大大降低跨地区人际往来的时间成本和经济成本，人际交往可以消除跨地区新鲜事物的陌生感，促进相互理解。道路联通促进民心相通需要道路规划，特别是客运道路规划，以满足人们跨地区旅行的要求。

6. 以道路联通推进贸易畅通。道路是贸易的前提,生产力三要素的有效配置需要空间上的重新组合,不发生空间转移的贸易可以被定义为投机。道路联通推进贸易畅通的关键就在于通过合理的道路规划尽可能高效地改善生产力三要素配置效率,让商品和原材料切实配置到高效的地方。

7. 以民心相通推进货币流通。相互理解是地区间社会信用体系相互认可的前提,广泛的人际交往会消除人们对差异化文化、风俗和制度的陌生感和抵触性,进而客观评价不同社会信用体系中的稳定因素。作为社会信用向市场信用的最终转化形式,货币的被认可只能建立在民心相通之上。

8. 以民心相通推进道路联通。频繁的人际交往是道路可持续运营的前提,没有一定规模的人际交往,已有的客运道路也会被废弃,以人际交往推进道路联通是可持续的道路联通,鼓励人员往来、实现民心相通就是推进道路联通长久、有效、可持续的发展。

9. 以贸易畅通推进货币流通。跨地区贸易是汇兑类货币流通最直接的动力源,贸易为市场信用的扩张提供了空间,实现贸易畅通就必须要求地区间货币流通具有便捷性。贸易与货币是市场机制互动的齿轮,贸易规模越大货币流通的要求就越高,促进贸易畅通本身就可以达到促进货币流通的目的。

10. 以贸易畅通推进道路联通。贸易是道路的最终用途,贸易的规模越大,贸易越畅通,经济发展对道路的要求就越高,道路建设和运营才越有动力。便捷化贸易,通过市场制度革新推进贸易发展就是推进道路联通长期强劲的可持续发展。相反,没有贸易或市场配置受到阻碍,短期的道路基础设施投资也最终会被放弃。

11. 以货币流通推进贸易畅通。货币流通对贸易畅通的推进包括两个方面,一方面是货币汇兑便捷可以提升贸易交易效率,另一方面是市场授信规模可以提升贸易覆盖规模。两方面政策的着力点是一致的,即不论改善汇兑的政策还是扩大市场授信规模的政策,都应该以市场信用评价的合理化、本土化为着力点。

12. 以货币流通推进民心相通。货币的相互认可是市场信用体系相互认可的直接表现,市场信用是市场起资源配置主导作用的社会再生产直接组织要素,对它的共同认可推进普遍的社会信用体系认可,会推进区域间民心相通。货币的自由兑换能够推进地区间人际交往,拉近地区间民心,反作用于民心相通。

13. 以贸易畅通推进经济增长。贸易畅通推进经济增长就是不断完善市场化体制,消除残存的内在市场化障碍,尽量避免地方保护主义,让市场的配置效率在尽可能大的地方发挥效力。同时,消除纯粹形式主义英美海洋贸易规则对丝绸之路经济带的束缚,建立适合双边灵活机动的贸易秩序也能达到提升市场配置效率和推进经济增长的目的。

14. 以货币流通推进经济增长。货币流通推进经济增长就是不断改革金融体制,消除金融机构市场信用评价中唯英美标准论和对自身社会信用体系的歧视,正视自身社会信用稳定有效的内容,充裕市场信用规模,改变经济体系中市场生产关系匮乏的状况,推动整个地区经济增长。

第三节 丝绸之路经济带经济一体化发展政策建议

一、丝绸之路经济带应从经常项目(生产力)和资本项目(生产关系)两个维度全面推进市场化机制建设,以市场化机制驱动丝绸之路经济带经济一体化

发展市场经济体制既是我国改革开放 30 年的伟大经验,也是丝绸之路经济带沿线其他地区经济发展的成功经验,理应坚定不移地继续坚持。市场经济体制建设包括经常项目一体化和资本项目一体化

第四章 结论和政策建议

两个维度:前者反映市场机制的外在表现,即生产力三要素自由交换,实现的是生产力三要素的合理配置;后者反映市场机制的内在机理,即社会再生产通过市场信用组织,实现的是市场生产关系的形成。本研究通过我国丝绸之路经济带经常项目一体化和资本项目一体化的实证再次证实了这一内容。

与西方自由主义经济学者关于经济发展市场化只强调自由交换机制的经常项目维度而以货币中性否定资本项目维度不同,本研究认为丝绸之路经济带市场化发展应当从经常项目和资本项目两个维度同时推动,而且资本项目维度更为重要。实证研究显示,以信贷规模为代表的资本项目对丝绸之路经济带当前经济发展的影响力更大,马克思主义政治经济学所表述的市场生产关系匮乏较之新古典经济学表述的生产要素稀缺更为准确地表达了当前丝绸之路经济带经济发展的特点,马克思主义政治经济学从不回避意识形态的科学态度也让它在理论上必然站在了自由主义经济学的高处。

以陆地型经济一体化为特征的丝绸之路经济带市场化建设与海洋经济一体化本质不同。海洋经济一体化以社会信用体系输出和消灭差异化社会信用体系为目标,其自由主义经济理论刻意回避固有社会信用机制的市场信用转化,置资本项目于不顾,只单纯强调经常项目一体化的贸易方向,强调贸易作为稀缺生产力三要素配置提升和发挥生产比较优势的基础作用,对陆地运输所需的交通基础设施建设都很少涉及。推进丝绸之路经济带经济一体化的市场化应当包括两个维度:一个维度是以道路联通、贸易畅通为主要环节的经常项目一体化,道路联通是基础,贸易畅通是实现形式;另一个维度是以民心相通、货币流通为主要环节的资本项目一体化,民心相通是基础,货币流通是实现形式。两个维度都展现出了与海洋经济一体化的深刻不同:"要想富,先修路"所反映的道路联通是陆地经济经常项目一体化的基础,"和谐包容、共同发展"所反映的民心相通是陆地资本项目一体化发展的基础,这些基础的不同也决定了贸易畅通和货币流通在海洋经济一体化与丝绸之路经济带经济一体化中内涵的完全不同。以市场化机制驱动丝绸之路经济带经济一体化应鲜明地举起陆地经济一体化的旗帜,从经常项目和资本项目两个维度同时全面推进市场化机制建设。

二、全面深化金融体制改革,切实改变当前丝绸之路经济带金融机构将英美社会信用评价标准视为教条歧视自身社会信用体系的形式主义,从根本机制上消除金融抑制,不断推进货币流通

金融业是市场经济体制社会生产关系的核心,是社会信用转化为市场信用的关键。金融机制的不独立,金融机构被英美金融体系标准所操控,直接导致了丝绸之路经济带金融受到严重抑制。现有金融授信机制(风险评估机制)歧视丝绸之路经济带自身深沉的历史文化、固有可信的社会信用制度,其必然结果就是信贷地区结构恶化和单位信贷驱动社会产出效率不断下降,本研究实证结果完全证实了以上论述。单一化地接受英美金融标准也将导致人员往来所带来的多元文化间的相互理解和民心相通根本无法转化为货币流通,丝绸之路经济带由此只能充当海洋经济体系的边缘地带,丝绸之路经济带经济一体化也无从谈起。本研究实证对此进行了说明。

金融标准输出是英美海洋经济一体化所大力倡导的内容,输出的内容是英美社会信用体系,输出的结果是英美资本(市场信用)富集而发展中国家资本(市场信用)匮乏。尽管在融入海洋经济体系初期,发展中国家金融机构接受英美输出的金融标准有利于当时的市场信用体系构建和经济发展,但更应动态发展地去认识这种输出的本质目的

第四章　结论和政策建议

在于维护英美在世界生产关系中的统治地位。了解这种本质才能在再进一步发展中明确金融改革的路径。金融机构形而上学化地接受英美标准已经成为丝绸之路经济带金融抑制的根本原因,麦金农(1973)[3]和肖(1973)[4]所提出的发展中国家金融自由化路径不只是未能反映主要问题,更可以说是南辕北辙,其本质是宣传金融自由化、替英美金融机构金融输出扫平道路。当前丝绸之路经济带所反映的金融悖论正是对以上论述的准确注脚,执行英美标准的金融机构一方面自身存贷比率失调,另一方面生产力三要素闲置、产业部门贷款困难、贷款利率高企。

丝绸之路经济带经济发展需要金融体制的全面深化改革,这种改革的总方针就是全面消除当前丝绸之路经济带金融机构将英美社会信用评价标准(风险评估标准)视为教条的形式主义做法,建立健全适合丝绸之路经济带各个地区自身发展的金融评价标准。实现这一方针就需要:丝绸之路经济带金融业切实明确自身的服务目的是推进各地区自身经济发展,而非替英美金融机构当拳脚、当枪炮,正确客观对待和评价我们社会自身固有的深沉文化和社会信用而非对它进行歧视,深入了解丝绸之路经济带的社会民心而不是置身事外当妄加评判的"洋老爷"。具体而言,消除英美标准对金融的抑制、建立客观评价丝绸之路经济带自有社会信用标准的金融体制可以从两方面入手:一是通过政府力量以试点形式引导金融机构改革风险评价机制,对自身社会信用体系予以客观评价;二是大力发展与自身社会信用体系紧密相连的中小型金融机构,自下而上谋求金融体系改革。唯其如此,民心相通才能转化为货币流通,金融业才能真正推进丝绸之路经济带市场化,推进丝绸之路经济带资本项目一体化,推进丝绸之路经济带经济长期发展。

三、从勘测、规划、投资、建设到运营,实现全面多层次深度沟通,共同推动丝绸之路经济带道路联通效率不断提升

道路联通是陆地经济经常项目一体化的基础,是内陆地区经济起飞的先决条件,对于市场化初期的地区其在经济发展中有着举足轻重的地位。本研究实证表明,道路联通是我国丝绸之路经济带经常项目一体化驱动经济发展的主要环节,丝绸之路经济带仍处于经济起飞阶段,以道路联通带动经济发展的战略路径完全正确,应当坚决予以贯彻。经济的内陆转型和内需转型将丝绸之路经济带道路联通战略推向前台。实证研究表明,近年来丝绸之路经济带道路联通环节效率下降的主要原因是英美主导的海洋经济体系衰落,我国经济的可持续发展必须依靠经济的内需转型和内陆转型,丝绸之路经济带道路联通也因此必须提上日程。

交通基础设施建设需要大规模投资,牵扯到广泛的人力物力投入,道路联通需要从勘测、规划到建设、运营全面多层次的深度沟通,需要丝绸之路经济带所有地区共同参与、共同提升。道路联通环节对丝绸之路经济带经济发展的贡献仅仅依靠道路硬件投资和规模扩大并不能实现,交通基础设施规模提升只是前提,在投资增加的同时更要强调勘测和建设在技术上的可行性、规划上的合理性和运营上的有效性。在规划环节应做到各地区平等协商、互利共赢,在勘测和技术环节应做到互帮互助、同心协力,在运营环节应做到共同宣传、共同开发、共同运营、共同享受,应认识到软件投资事半功倍,可以大大提升交通基础设施的配置效率、推进货运周转量和贸易量,其同样是道路联通推动经济发展的必要条件。此外,2008年之后为应对全球性金融危机对我国经济的冲击,我国政府实施了大规模基础设施投资的需求拉动政策,政策有效维持了我国经济平稳运行,但部分超前的交通

第四章 结论和政策建议

基础设施建设也导致了丝绸之路经济带道路联通驱动贸易畅通效率的下降。随着金融危机冲击的渐渐逝去，这种投资不宜持续。

总体来看，当前丝绸之路经济带道路联通效率提升工作应从两方面入手：一方面是未来的交通基础设施投资应更多地考虑与经济带各地区需求的对应关系，即新增交通基础设施的经济效率，主动将交通基础设施配置于具有规模效率的地区；另一方面应着力提升已经建设交通基础设施的运营效率，扩大宣传、提高社会认知、改善服务，提高道路使用效率，从运营各方面入手提升道路联通环节效率。

四、灵活机动、因地制宜地建立双边和多边贸易规则，切实避免英美海洋贸易标准在陆地地区的形而上学化，解放陆地贸易外在束缚，在贸易畅通中不断提升市场配置效率

贸易畅通是经常项目一体化推动丝绸之路经济带经济发展最具潜力的环节，是市场生产力三要素配置效率得以发挥的关键。实证结果显示贸易畅通对丝绸之路经济带经济增长具有显著的驱动力。贸易作为市场化的结果和市场交易机制的表现可以取得促进社会分工、提高生产力三要素利用率、发挥比较优势、鼓励创新和取得聚集经济等提升社会再生产效率的经济意义。

反映贸易规模的活动效应是贸易畅通推动丝绸之路经济带经济增长的根本动力。贸易规模是市场配置的前提，贸易规模量与配置效率提升具有同步性。活动效应具有主导性说明当前丝绸之路经济带市场化水平仍处于起步阶段，仍处于闲置生产要素不断纳入市场体系的阶段过程中，贸易还未能带来社会再生产效率的大幅提升，贸易增加值仍然处于低水平。因此，对于当前丝绸之路经济带经常项目一体化中的贸易畅通环节而言，最重要的政策还是推进市场化。推行市场

化并非形而上学地接受英美海洋贸易规则,恰恰相反,应当是消除英美规则对经济带内部贸易的约束,制定适合自身社会信用体系灵活多变的贸易双边和多边协定,通过利用陆地地理所赋予的自然风险可控、信息传递方便快捷的特点采用灵活机动、因地制宜的方式降低交易双方的交易难度。

反映贸易地区结构的结构效应在贸易畅通推进丝绸之路经济带经济增长中影响较小。其根本原因是当前丝绸之路经济带贸易结构的本地属性不足和经济性质仍属于海洋经济体系,丝绸之路经济带地区间贸易十分有限,一旦作为外部环境的欧美经济恶化,结构效应就会恶化。因此,经济的内陆转型和内需转型应当成为丝绸之路经济带贸易发展的关键战略。反映贸易增加值或贸易对社会再生产效率提升的强度效应在贸易畅通推动丝绸之路经济带经济增长中有一定影响力但波动明显。丝绸之路经济带当前的海洋经济属性使得经济带呈现出外贸比重越高贸易强度效应越强的特点,欧美经济环境直接成为丝绸之路经济带经济产出的决定力量,摆脱欧美依赖实现经济内生的可持续是贸易畅通驱动经济增长的长期要求,更是丝绸之路经济带战略意义的本质所在。提升丝绸之路经济带内部贸易的增加值就是通过自身贸易提升社会再生产效率。结构效应和强度效应的实证同样指向了相同的政策方向,即贸易政策倾斜的内需和内陆转型。应当注意,与长期依靠欧美外需时代以出口目的地区为中心财政补贴和择优出口的促进贸易政策不同,内需贸易政策的关键是消除地方中心论和贸易保护主义,重视本地市场,摆脱英美海洋贸易标准对丝绸之路经济带内陆贸易的束缚,在民心相通和政策沟通基础上建立双边灵活机动适合双方社会信用体系的双边和多边贸易规则,不断释放道路联通对市场配置效率提升的巨大驱动力。

五、以道路联通降低人际交往难度,以货币流通转化人际交往成果,以政府平台建设等多种形式共同促进丝绸之路经济带的民心相通

民心相通是当前丝绸之路经济带资本项目一体化推进经济发展的主导因素,已经对推动丝绸之路经济带这样的横向多元文化地区经济发展发挥了重要作用。陆地地区山水相连,信息传递快捷方便,文化尽管多样但整体形式是渐进融合。人际交往对于陆地环境,信息沟通和相互理解成本低而效果好,实现民心相通可行且实际。这与海洋经济体系港口两端文明差异大、信息传递困难、人际交往难度大完全不同,与海洋经济消灭差异文化建立单一社会信用标准更加不同。丝绸之路经济带广大内陆地区历史积淀深厚,传统社会信用体系稳固可信,但只有民心相通才能跨越社会文化差异障碍实现相互理解,才能让这种稳固的社会信用体系转化为相互认可的市场信用。丝绸之路经济带建设更应着眼于人际交往和文化交流,特别是普通群众间的日常交流,唯其如此,丝绸之路经济带陆地型经济的资本项目一体化才能真正实现。

民心相通转化为货币流通的关键在于金融机构的价值评判,在于金融机构对丝绸之路经济带"民心"的认可。如果这些机构只是"眼光朝外",只认可英美的社会信用是市场信用,而对丝绸之路经济带自身稳定的社会信用采取歧视态度,那么再充分的民心相通对经济发展也毫无意义。应当承认,在外向型经济改革时期,金融机构接受英美化标准有利于推动金融产业形成,有利于在一定历史阶段推进社会经济发展,但那个历史阶段很快会过去,金融机构需要与时俱进。应该明白,金融机构的最终本质是服务于丝绸之路经济带自身的社会信用体系而不是替英美社会信用标准、意识形态做枪炮,今天金融机构的

本土化标准改革势成必然,金融机构应与自己的人民民心相通而不应采取拿来主义背离自己的民心。只有金融机构认可了丝绸之路经济带的"民心",民心相通才具有了动力。

外部环境改善是当前丝绸之路经济带民心相通推进货币流通的主导因素,也是以往政策的经验总结,进一步在这一方向不断努力很有必要。这其中,内陆地区客运条件改善居首要地位,高铁网络和高速网络规划应当从海洋外向重点转向内陆内需重点,把经济带内部人际往来作为道路联通的主要目标。同时,平台式的文化和商贸交流也可以达到促进地区间相互理解的根本目的,通过政府或民间机构搭建面对面交往的互动平台和建诸互联网的信息交流平台都可以达到推进相互理解、增进民心相通的根本目的。

第四节　本章小结

本章基于前述各章理论和实证分析,以五通建设为中心对丝绸之路经济带经济一体化发展进行了路径设计。基于设计路径,结合各部分理论和实证分析结论以及现有政策工具,对丝绸之路经济带经济一体化发展提出了政策建议,具体包括:丝绸之路经济带应从经常项目(生产力)和资本项目(生产关系)两个维度全面推进市场化机制建设,以市场化机制驱动丝绸之路经济带经济一体化;全面深化金融体制改革,切实改变当前丝绸之路经济带金融机构将英美社会信用评价标准视为教条歧视自身社会信用体系的形式主义,从根本机制上消除金融抑制,不断推进货币流通;从勘测、规划、投资、建设到运营,实现全面多层次深度沟通,共同推动丝绸之路经济带道路联通效率不断提升;灵活机动、因地制宜地建立双边和多边贸易规则,切实避免英美海

第四章 结论和政策建议

洋贸易标准在陆地地区的形而上学化,解放陆地贸易外在束缚,在贸易畅通中不断提升市场配置效率;以道路联通降低人际交往难度,以货币流通转化人际交往成果,以政府平台建设等多种形式共同促进丝绸之路经济带的民心相通。本章同时对全书研究结论、研究方法学术贡献和研究不足进行了总结。

注释:

[1] 普雷维什:《外围资本主义——危机与改造》,苏振兴、袁兴昌译,北京:商务印书馆,2015。

[2] 马克思:《资本论》,中共中央马克思恩格斯列宁斯大林著作编译局编译,北京:人民出版社,1975。

[3] 麦金农:《麦金农经济学文集》,李瑶、卢力平译,陈雨露校,北京:中国金融出版社,2006。

[4] 肖:《经济发展中的金融深化》,邵伏军等译,卢聪等校,上海:格致出版社、上海三联书店、上海人民出版社,2015。

附 录

西安市在丝绸之路经济带上的战略定位研究报告

——基于城市间的比较分析

姚宇　赵雨晴　解瑞杰

摘　要：报告从文明、地理、能源、交通、科技、金融、公共服务七方面对我国丝绸之路上六个主要城市西安、兰州、洛阳、郑州、乌鲁木齐和徐州进行了比较。分析认为：在丝绸之路经济带上的重要城市之中，西安拥有得天独厚的历史沉淀和地理位置；其所在省份陕西作为能源大省，为西安成为丝绸之路经济带能源东西枢纽提供了良好基础；作为丝绸之路经济带道路联通和贸易畅通的关键节点，西安具有成为丝绸之路经济带交通和贸易中心的基础；西安强大的科技软实力使其有理由成为丝绸之路经济带的科技中心；西安在丝绸之路经济带上较高的金融聚集度使其具有成为金融中心的潜力和基础；同时，就城市间的公共服务能力而言，西安具有成为丝绸之路经济带上文化中心、能源中心、科技中心、交通中心、贸易中心乃至金融中心的基础。

关键词：西安；丝绸之路经济带；战略定位

丝绸之路的概念绵亘古今，自公元前139年张骞出使西域以来，这条贯通东西的商贸通道就被赋予了特别而重大的意义。近年来，尤其是欧亚大陆桥全线贯通以后,亚太经济区与欧洲经济圈连为一体,国内陇海—兰新线周边地区与中亚、西亚、南亚以及欧洲的经贸往来日益频繁,古老的丝绸之路又一次焕发了生机。2013年9月,国家主席习近平先后对土库曼斯坦、哈萨克斯坦、乌兹别克斯坦、吉尔吉斯斯坦进行国事访问。9月7日,习近平主席在哈萨克斯坦纳扎尔巴耶夫大学演讲时,提出"为了使我们欧亚各国经济联系更加紧密、相互合作更加深入、发展空间更加广阔,我们可以用创新的合作模式,共同建设'丝绸之路经济带'"。习近平主席提出"以点带面,从线到片,逐步形成区域大合作"的工作思路,并为此提出五通举措:加强政策沟通、道路联通、贸易畅通、货币流通、民心相通。这标志着丝绸之路经济带的概念已由学术、局部和部门层次上升到了国家战略的高度。

作为古代丝绸之路起点、西部大开发战略高地,西安市在丝绸之路经济带上应该如何进行战略定位,是社会共同关注的问题。除西安外,本报告选取丝绸之路经济带上另外五个城市,包括三个省会城市郑州市、兰州市、乌鲁木齐市以及两个2007年GDP在1500亿元以上的城市洛阳市和徐州市,通过文明、地理、能源、交通、科技、公共服务、金融七方面的比较,给予西安市在丝绸之路经济带上如何进行战略定位一个基本评价,并从中发现西安市的竞争优势与不足,为西安市以后的发展提供一些可以参考的政策建议。

一、文明中心——历史环境

一个城市的历史地位会给该城市烙上独特的印记,浓郁的古典气息和深厚的人文积淀是一座城市弥足珍贵的财富,而城市历史环境最重要的标志便是它在历史上作为首都的时间及朝代。六个城市之中,有三个位列中国八大古都,分别是西安市、洛阳市、郑州市。

表1　西安、洛阳、郑州为都情况比较

	第一次作为都城的年代	古都积年	主要建都朝代
西安市	西周	1133	西周、秦、西汉、新、隋、唐6个统一王朝;前赵、前秦、后秦、西魏、北周5个分裂政权;东汉献帝、西晋愍帝2个末代皇帝;汉更始帝刘玄、赤眉帝刘盆子、大齐黄巢3个农民起义政权,共计16朝
洛阳市	夏	1500	夏、商、西周、东周、东汉、魏、西晋、北魏、隋、唐、后梁、后晋、后唐,共计12朝
郑州市	商		商汤亳都、郑韩故都,共计2朝

（注：西安市资料来自朱士光主编《古都西安·西安的历史变迁与发展》一书；洛阳市资料来自徐晓帆主编《千年帝都——洛阳》一书；郑州市的主要建都朝代来自朱士光主编《中国八大古都》一书，关于郑州市古都积年争议较大，但无论哪种说法均无法与西安市、洛阳市相较）

西安市的建都朝代数位于八大古都之首,古都积年仅次于洛阳市,在八大古都中位居第二。西安既是中国历史上第一个大一统帝国的首都,也是中国史上最繁盛开放的唐王朝的首都,并跻身于世界四大古都,与意大利罗马、希腊雅典、埃及开罗一同站在人类文明的巅峰分享着举世瞩目的荣耀。十六朝的积淀,为古都西安市留下了巨大无比的遗产,秦兵马俑、唐华清池、大小雁塔、钟鼓楼、古城墙、碑林,无一不是人类文明史上璀璨的一笔,无一不令其他城市默然仰望。

西安市是丝绸之路上名副其实的中华文明中心,承载着华夏五千年历史赠予它的无穷魅力,而这份底蕴正是今天重提丝绸之路的缘由,也正是丝绸之路经济带文明相通乃至经济相通的根本基础,其一定会转化为经济带经济发展的巨大动力。

二、地理中心——地理环境

欧亚大陆桥与丝绸之路经济带的主要线路走向重合,它东起中国东部沿海城市连云港,西至荷兰港口城市鹿特丹,绵延两个大洲,联结世界两个大洋。欧亚大陆桥中国段东起连云港,西至新疆阿拉山口,总长度4095千米。一个城市在这段路程上的位置,影响着它与中亚地区的交流往来,也影响着它与我国东部发达地区的经济合作,对一个城市的交通运输、投资引进、对外交流、经济发展等都有着非常重要的作用。

表2 六个城市与欧亚大陆桥和中国边境交点的距离

	至阿拉山口(千米)	至连云港(千米)	总路程	至阿拉山口的路程与总路程的比值	至连云港的路程与总路程的比值
西安	3045	1050	4095	0.74359	0.25641
郑州	3556	539	4095	0.868376	0.131624
洛阳	3432	663	4095	0.838095	0.161905
兰州	2369	1726	4095	0.57851	0.42149
乌鲁木齐	477	3618	4095	0.116484	0.883516
徐州	3905	190	4095	0.953602	0.046398

(注:基于中国铁道部公布数据计算)

表2可见:西安至阿拉山口的路程为3045千米,占总路程的74.36%;至连云港的距离为1050千米,占总路程的25.64%。兰州市与两端的距离分布均匀,分别为2369千米和1726千米,占总路程的57.85%和42.15%。两个城市与两端路程分布相对均匀,在欧亚大陆桥中国段处于较为中心的位置。郑州和洛阳与阿拉山口的距离都在3500千

米左右,占总路程的 80% 以上;与连云港的距离分别为 539 千米和 663 千米,占总路程的 13.16% 和 16.19%。两个城市相对靠东一些,与广袤的西部地区距离太远,降低了它们成为中西部交流合作枢纽城市的可能性。乌鲁木齐市至阿拉山口非常之近,只有 477 千米,占总路程的 11.65%;而距连云港市非常之远,长达 3618 千米,占总路程的 88.35%。这注定了它与东部发达地区交流合作相对困难。徐州市恰好相反,它与连云港距离很近,仅有 190 千米;而与阿拉山口距离很远,长达 3905 千米,占总路程的 95% 以上。作为一个东部近海城市,徐州成为丝绸之路经济带上的地理中心显然不可行。

以上比较可以看出,兰州市在丝绸之路经济带上处于中心位置,西安次之。但鉴于我国特殊国情,东西部发展严重不均衡,东部发达,西部落后,东部人口密集,土地利用率高,西部人口稀疏,土地利用率低,西安恰好处在东部经济圈的外围,能发挥更好的承东启西作用,这样的区位优势有利于西安在丝绸之路经济带道路联通和贸易畅通中发挥更为重要的中心作用。

三、能源中心——自然赋予

能源是城市经济快速发展的基础保障和强大动力,一个城市所在省份的能源生产量和储备量是这个城市发展的后盾,关系着城市的现在和未来。丝绸之路经济带的一个重要经济含义就在于实现我国与丝绸之路中段中亚各国在能源领域的更多合作。比较我国丝绸之路上各大城市所在省份的能源储备量和生产量,可以为未来我国在丝绸之路经济带国际能源合作中能源中心城市的选择提供科学依据。

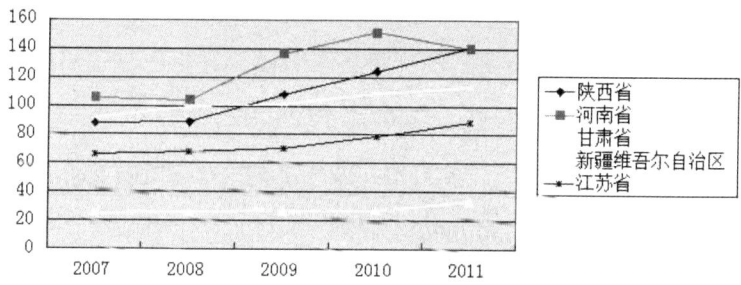

图1 五个省区五年能源生产量(兆吨)变化图

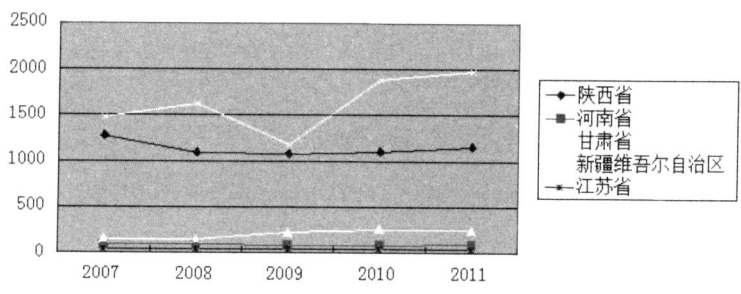

图2 五个省区五年能源储备量(兆吨)变化图

2007—2011年,陕西省能源生产量由88.31兆吨增加到140.59兆吨,增长了59.2%,年平均增长率为12.62%。2009年增长最为显著,为22.27%;2011年能源生产量首超河南140兆吨,成为五省中能源生产量最高的省份。同期,陕西省的能源储备量由1275.43兆吨减少为1155.70兆吨,增长率为-9.39%,年平均增长率为-2.14%。2009年能源储备量呈负增长;2010年扭转趋势,恢复正向增长。至2011年,陕西省能源生产量位居五省第一,能源储备量位居五省第二。河南省的能源生产量在五年里增长了32.45%,由105.70兆吨增加到140.00兆吨,年平均增长率为8.25%,2011年被陕西反超,成为第二;能源储备量由2007年的88.33兆吨减少为2011年的87.95兆吨,增长率为-0.44%,年平均增长率为-0.07%。到2011年,河南省的能源储备量仅为陕西省的7.61%。可见在能源方面,陕西对河南的优势非常明显。五年间甘肃省的能源生产量一直是五个省份中最低的,2007年为25.15兆吨,2011年增长到33.39兆吨,增加了32.75%,年平均增长率为7.71%。到2011年,甘肃省的能源生产量仅为陕西的23.75%。同期,甘肃省的能源储备量由148.80兆吨增加到247.50兆吨,增加了66.33%,年平均增长率为15.54%。到2011年,能源储备量仅为陕西省的21.42%。无论是能源的生产量还是储备量,甘肃都与陕西相差甚远。新疆维吾尔自治区的能源生产量由2007年的91.67兆吨增加到2011年的113.01兆吨,增长率为23.28%,年平均增长率为5.41%。到2011年,能源生产量为陕西省的80.38%。2007—2011年,新疆能源储备量由1480.08兆吨增加到1977.08兆吨,增长了33.58%,年平均增长率为11.75%,五年间新疆的能源储备量一直位居五省第一。2007—2011年,江苏省的能源生产量由65.82兆吨增加到88.56兆吨,增长率为34.54%,年平均增长率为7.78%。至2011年,江苏省的能源生产量才达到陕西省的62.99%。江苏省的能源储备量由2007年的39.18兆吨增加到2011年的45.18兆吨,增长了15.32%,年平均增长率为3.68%。江苏省的能源储备量一直是五个省份中最少的。到2011年,能源储备量仅为陕西省的3.91%,差距之大可见一斑。

通过以上比较可以看出,六个城市所在的五个省份中,陕西省不论能源生产量还是能源储备量均居于领先地位,能源方面在五省中占有一定优势,因此西安具有成为我国丝绸之路经济带能源中心的前提基础。

四、交通中心——贸易合作

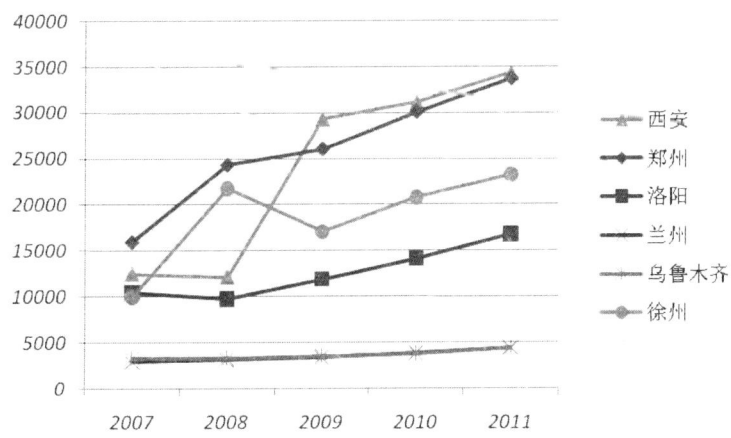

图3　六个城市五年客运总量(万人)变化图

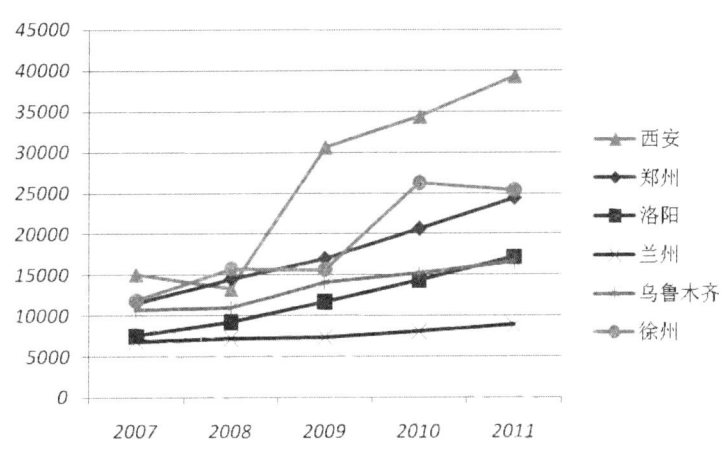

图4　六个城市五年货运总量(万吨)变化图

交通运输对贸易和经济增长至关重要,交通所实现的贸易效果是衡量城市贸易中心作用的重要评价基础。交通所达到的贸易效果可以用客运总量和货运总量进行衡量。

2007—2011年五年间,西安市的客运总量由12466万人增长至34335万人,增长率高达175.43%,年平均增长率为38.90%;2009年的增长率尤为惊人,达到141.93%。货运总量由15124万吨增长到39239万吨,增长率高达159.45%,年平均增长率为36.11%,2009年增长率达到129.96%。郑州市客运总量由2007年的16018万人增长到2011年的33759万人,增长了110.76%,年平均增长率为21.68%,显然低于西安市的增长率。西安市在2009年便超越郑州市,成为六个城市中客运量最高的城市,此后一直保持着一定的优越性。郑州市货运总量由2007年的11482万吨增长到2011年的24369万吨,增长了112.24%,年平均增长率为20.75%,低于西安市15个百分点。五年间,西安市在货运量方面的优势越发明显。洛阳市客运总量由2007年的10471万人增长到2011年的16839万人,增长了60.81%,年平均增长率为13.28%,无论从总量还是增长率来说,都与西安市相差甚远。洛阳市货运总量由2007年的7509万吨增长到2011年的17163万吨,增长了128.56%,年平均增长率为22.99%,与西安市相差13个百分点,且总量不到西安市的一半(2011年)。兰州市客运总量由2007年的2926万人增长到2011年的4389万人,增长了50.03%,年平均增长率为10.73%,无论增长率还是总量均不能与西安市相较。兰州市货运总量由2007年的6840万吨增长到2011年的8882万吨,增长了29.85%,年平均增长率为6.81%。兰州市五年的货运总量增长率非常低,甚至低于西安市五年的平均增长率,总量也只占到西安市的22.64%(2011年)。乌鲁木齐市客运总量由2007年的3345万人增长到2011年的4435万人,增长了32.57%,年平均增长率为7.45%,总量和增长率都与西安市有很大差距。乌鲁木齐市货运总量由2007年的10660万吨增长到2011年的16540万吨,增长了55.16%,年平均增长率为12.05%。五年前与西安市差距不大,但由于增长率较低,

2011年已不足西安市的一半。徐州市客运总量由2007年的10007万人增长到2011年的23238万人,增长了132.21%,年平均增长率为32.40%,增长率较高,但2011年总量只有西安市的68.84%。徐州市货运总量由2007年的11813万吨增长到2011年的25281万吨,增长了114.01%,年平均增长率为24.18%,与西安市相差12个百分点且总量只占西安市的64.43%(2011)。

比较可得,西安市的客运总量在2007年排在六个城市的第二位,到2011年已排到了第一位,且年平均增长率在六个城市中排名第一;货运总量2007年已达到第一位,2011年仍遥遥领先,且增长率位居六个城市第一。西安市作为交通中心所发挥的贸易带动效果是其他城市所不能比拟的,作为丝绸之路经济带道路联通和贸易畅通的关键,西安具有成为丝绸之路经济带交通和贸易中心的基础。

五、科技中心——技术合作

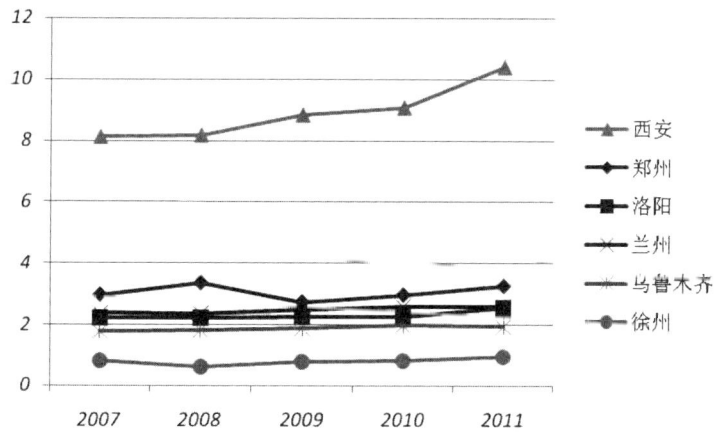

图5 六个城市五年科研人员(万人)数量变化图

科学技术是第一生产力,是发展的创新之源,也是丝绸之路经济带合作和共同发展的长期动力。科技人员数量是衡量一个城市科技发展水平的重要因素,也是衡量一个城市长期经济发展潜力的重要指标。

西安市的科研人员数量远远高于其他五个城市。2007—2011年,西安市的科研人员由8.12万人增加到10.4万人,增加了约28.1%,年平均增长率为6.52%,2011年的增长最为显著,增加了14.7%。郑州市的科研人员数量在六个城市中位居第二,但远远不及西安市。郑州市的科研人员数量从2007年的2.97万人增加至2011年的3.25万人,增加了9.43%,年平均增长率为3.12%。其中,2007—2009年的波动很大。虽然增长的数目很可观,但与西安市相比,还远远不及,仅为西安市的31.25%。洛阳市的科研人员数量在五年间增长了14.86%,由2007年的2.22万人变为2011年的2.55万人,年平均增长率为3.67%。但到2011年其数量也仅为西安市的24.52%,可见无论从数量还是增长率上来看,洛阳市与西安市都相差甚远。兰州市的科研人员从2007年的2.36万人增长到2011年的2.58万人,增长了9.32%,年平均增长率为2.30%,仅为西安市的1/3,小的基数加上小的增长率,到2011年,兰州市科研人员数量已远远在西安市之下。乌鲁木齐市的科研人员数量五年间从1.78万人增长到1.97万人,增长了9.55%,年平均增长率为2.33%。2011年呈现负增长。到2011年,其科研人数仅为西安市的18.94%,差距很大。徐州市的科研人数在六个城市中居于最末,从2007年的0.81万人增长到2011年的0.95万人,增长率为17.28%,年平均增长率为6.08%。虽然增长率仅次于西安市,但数量基数太小,到2011年总人数仍是六个城市中最少的,仅占西安市的9.13%。

比较可得,西安市的科研人员数量在六个城市中一直占有很强的优势,不仅数量遥遥领先,年平均增长率也高于其他五个城市。因此,西安市强大的科技软实力使其有理由成为丝绸之路经济带的科技中心。

六、金融中心——发展动力

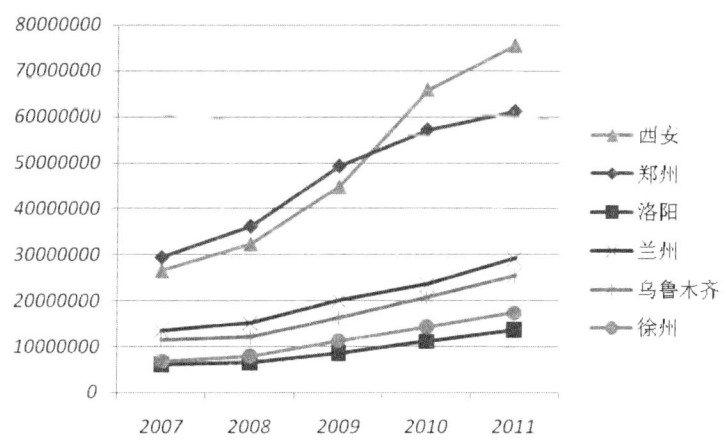

图6 六座城市五年年末贷款余额(万元)变化图

金融作为现代经济发展的动力对区域经济发展起着至关重要的作用,丝绸之路经济带我国与中亚各国的合作很大意义上就是金融的合作,利用我国资金带动中亚各国经济发展对双方而言都是巨大的经济双赢。年末金融机构贷款余额可以较好地反映一个地区的金融规模和对金融的聚集程度,是衡量金融中心程度的重要标志。

西安市的年末贷款余额由2007的26494100万元增长到2011年的75649299万元,增长了185.53%,年平均增长率为30.62%。其中2010年增长最快,增长率达47.05%,且该年西安超过郑州,跃居首位,此后一直保持第一。郑州市年末贷款余额由2007年的29399040万元增长为2011年的61128130万元,增长了107.92%,年平均增长率为20.55%。2010年之前郑州居于六个城市首位,2010年被西安超越,此后一直位居第二。洛阳市的年末贷款余额在五年里由6148162万元增长为13665943万元,增长了122.28%,年平均增长率为22.44%,至2011年总量仅为西安市的18.06%。兰州市的年末贷款余额由2007年的13465892万元增加为 2011 年的 29178762 万元,增长了 116.69%,年平均增长率为 21.54%。增长率远低于西安市。乌鲁木齐市年末贷款余额由 2007 年的 11455400 万元增长为 2011 年的 25539815 万元,五年里增长了 122.95%,年平均增长率为 22.63%,至 2011 年总量约为西安市的 1/3。徐州市年末贷款余额由 6842230 万元增加到 17348392 万元,增加了 153.55%,年平均增长率为 26.55%,至 2011 年仅占西安市的 22.93%。

比较可得,西安市年末贷款余额在 2010 年超越郑州成为第一,之后持续保持领先。在丝绸之路经济带上西安市金融聚集程度最高,并有进一步聚集趋势。对于我国和中亚各国以金融为基础的经济合作,西安具有成为金融中心的潜力和基础。

七、公共服务中心——前提基础

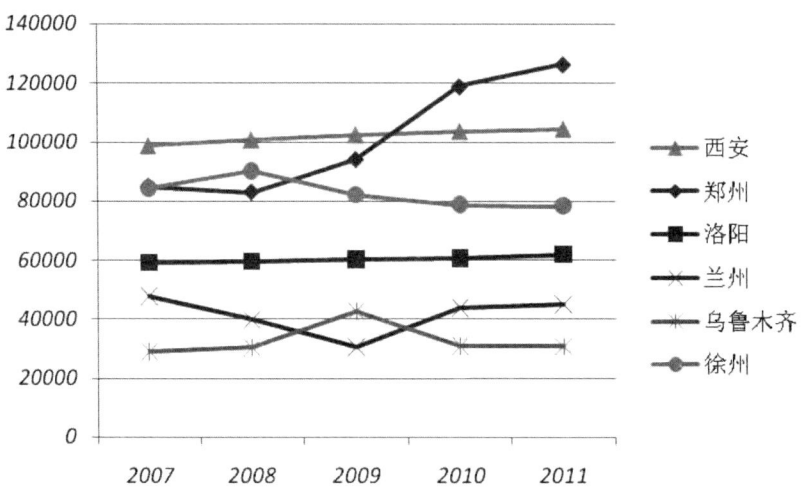

图7 六个城市五年教师数量(人)变化图

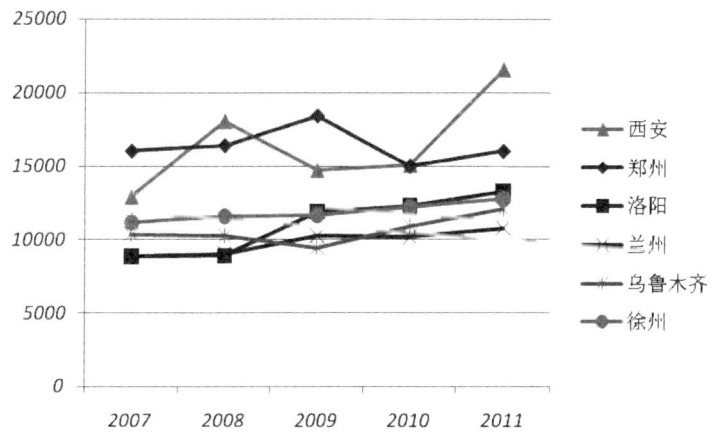

图8 六个城市五年医生数量(人)变化图

公共服务能力是一个城市成为区域中心的基础,而高质量的教育水平和医疗水平是一个城市公共服务的关键内容,因此教师人数和医生人数可以成为衡量一个城市公共服务水平的重要指标。

西安市的教师人数由2007年的98623人增加到2011年的104309人,增加了5.77%,年平均增长率为1.41%。在2010年以前,西安市的教师数量位居六个城市中的第一位;到2010年,居于第二,比第一仅仅少了15273人;2011年,达到104309人,占第一的82.59%。西安市的医生数量从12895人增长到21551人,共增加了67.13%,年平均增长率为16.77%。2008年和2011年增长显著,分别为40.10%、43.22%,2011年稳居第一。郑州市的教师数量在五年间增加了48.71%,由84924人增长到126290人,年平均增长率为10.92%。2010年增长率达26.40%,成为六个城市中教师数量最多的城市,2011年继续保持第一。郑州市医生数量五年间由16002人增长为16003人,增长了0.0062%,五年仅仅增加了一个人。虽然总数仅次于西安市,位居第二,但增长率与西安差距非常之大。洛阳市的教师数量由2007年的59099人增长到2011年的61657人,增长率为4.33%,年平均增长率为1.07%。与西安市相差1.4个百分点,但总数只为西安市的59.1%。洛阳市医生数量的增长率比较可观,由2007年的8845人增长到2011年的13266人,增长率为49.98%,年平均增长率为11.39%。2009年增长最快,增长率达33.77%。即使这样,至2011年洛阳市医生数量也不及西安市,仅为西安市的61.56%。2007—2011年五年里,兰州市的教师数量由47636人减少为44758人,呈现负增长,增长率为-6.04%,年平均增长率为-1.42%。2008年和2009年一直呈现负增长,到2010年以42.89%的高增长率扭转负增长的趋势,但直至2011年总数也仅为西安市的42.91%。兰州市医生数量由8890人增长为10745人,增加了20.87%,年平均增长率为4.97%。由于增长率太低,到2011年兰州市的医生数量不及西安市的一半。乌鲁木齐市教师数量由28840人增长到30649人,五年里增长了6.27%,年平均增长率为4.39%。本来基数就小,再加上增长率较低,所以到2011年教师数量仅为西安市的29.38%。乌鲁木齐市的医生数量由2007年的10348人增长到2011年的12033人,增长了16.28%,平均增长率为4.25%。乌鲁木齐市医生数量五年的总增长率甚至不如西安市的年平均增长率,至2011年数量已与西安市形成较大差距。徐州市近五年的教师数量呈现负增长,由2007年的84239人减少到2011年的78246人。增长率为-7.11%,年平均增长率-1.66%。2008到2011年一直减少,2011年教师数量为西安市的75.01%。徐州市医生数量五年间呈现增长趋势,由11137人增长为12745人,增长了14.44%,年平均增长率为3.44%。增长率和基数都无法与西安市相较,至2011年徐州市医生数量仅为西安市的59.14%。

比较可得,六个城市中,在反映城市公共服务能力的教师数量和医生数量方面,西安占有很大的优势,其中教师数量以很小的差距位居第二,但其医生数量自2010年以来以很大的优势位居第一。就城市间的公共服务能力比较而言,西安具有成为丝绸之路经济带上文化中心、能源中心、科技中心、交通中心、贸易中心乃至经济中心的基础。

八、研究结论

通过以上比较分析,可以看出:在丝绸之路经济带上的重要城市之中,西安拥有得天独厚的历史沉淀和地理位置,肩负引领丝绸之路复兴的历史责任,其所在省份陕西作为能源大省,为西安成为丝绸之路经济带能源东西枢纽提供了良好基础;西安作为交通中心所发挥的贸易带动效果是其他城市所不能比拟的,作为丝绸之路经济带道路联通和贸易畅通的关键节点,西安具有成为丝绸之路经济带交通和贸易中心的基础;西安强大的科技软实力使其有理由成为丝绸之路经济带的科技中心;西安在丝绸之路经济带上较高的金融聚集度使其具有成为金融中心的潜力和基础;同时,就城市间的公共服务能力而言,西安具有成为丝绸之路经济带上文化中心、能源中心、科技中心、交通中心、贸易中心乃至经济中心的基础。综合而言,西安有理由成为丝绸之路经济带上各方面的中心城市,为这条具有巨大发展前景的经济长龙的腾飞发挥举足轻重的作用。

注释:

[1]朱士光,吴宏岐.西安的历史变迁与发展[M].西安:西安出版社,2003.

[2]徐晓帆.千年帝都——洛阳[M].郑州:河南科学技术出版社,2011.

[3]朱士光.中国八大古都[M].北京:人民出版社,2007.

丝绸之路经济带金融合作发展报告

赵雨晴　解瑞杰　姚宇

摘　要：丝绸之路经济带的蓬勃发展离不开金融合作的不断推进。本报告从丝绸之路经济带整体金融总量、各区域金融规模、金融布局特点及变化、金融合作开展的进展等方面对丝绸之路经济带金融合作发展的现状进行了描述，对丝绸之路经济带金融合作发展过程中存在的问题进行了分析。本报告通过基于金融强度的分区域驱动力分析和基于LMDI的整体驱动力分析对丝绸之路经济带金融对经济增长的驱动力进行了实证研究，基于研究结论提出了关于丝绸之路经济带金融合作和发展的战略构想和政策建议。

关键词：丝绸之路经济带，金融合作，驱动力

2013年9月，中国国家主席习近平在哈萨克斯坦纳扎尔巴耶夫大学发表演讲，呼吁以创新的合作模式共同建设丝绸之路经济带。丝绸之路经济带是我国在后金融危机时代世界经济从海洋转向陆地过程中所进行的重大战略选择，意义深远，一经提出就得到了中亚各国的热烈响应。

作为信用经济时代市场经济生产方式组织要素的表现形式，金融的总量和结构变化无不对社会再生产的起始动力产生重大影响，金融合作当然成为丝绸之路经济带合作发展的重要组成。本报告旨在对丝绸之路经济带金融合作发展的现状、存在问题及合作的驱动力进行研究分析并寻找可行的政策建议。

本报告探讨的金融合作发展区域包括中亚五国和我国的西北五

省区等十个区域,即与古丝绸之路基本重合的以长安(今陕西西安)为起点,经关中平原、河西走廊、塔里木盆地,到锡尔河与乌浒河之间的中亚河中区域。本报告采用存款规模代表金融规模,采用GDP代表经济总量,数据来源为《中国统计年鉴》和我国驻中亚各国使馆网站及上海合作组织官方网站。

一、丝绸之路经济带金融合作发展的现状

(一)丝绸之路经济带金融总体呈现快速发展态势

丝绸之路经济带近年来金融总体发展态势良好,2007年到2012年所选择的十个地区金融总量呈现持续快速增长趋势,2012年金融总量约为2007年的3倍,达到4893.12亿美元,六年的平均增长率高达24.60%。其中2008年增长为2327.67亿美元,年增长率为40.94%,是这几年中增长最快的一年;2009年增长速度骤减,以12.17%的速度增长为2610.84亿美元,是六年中增长最慢的一年。

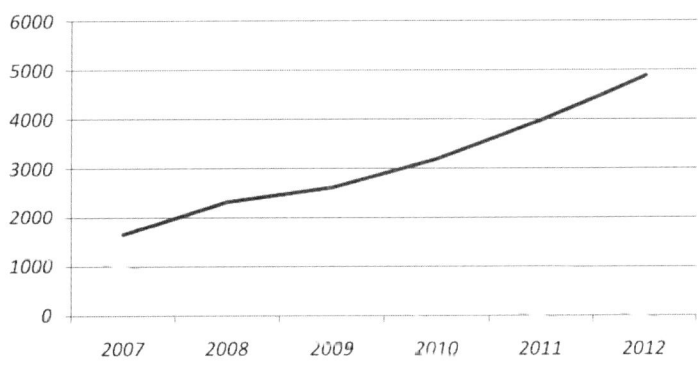

图1 丝绸之路经济带金融总量(亿美元)变动趋势图

(二)丝绸之路经济带各区域金融规模及变动趋势

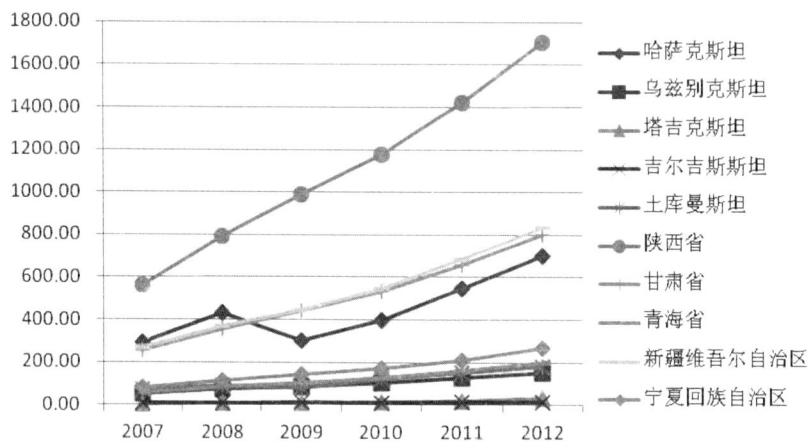

图2 中亚五国及中国西北五省区金融总量及变动趋势(单位:亿美元)

在中亚五国中,哈萨克斯坦地域较为辽阔,其金融总量在中亚五国中遥遥领先,但与中国西北五省区相比没有很大优势。由图2可见,哈萨克斯坦2007年金融总量为291.48亿美元,2008年以48.29%的速度增长至432.24亿美元,这两年的金融总量在所选十个区域中,仅次于陕西省。2009年哈萨克斯坦金融规模出现重大下滑,下降了30.47%,其整体规模降至300.56亿美元。2010—2012年哈萨克斯坦的金融总量以平均25.10%的速度稳步增长,2012年达699.10亿美元,六年期间一直在中亚五国中遥遥领先。土库曼斯坦的金融总量居中亚五国中第二位,但低于中国西北五省区。2007年为69.49亿美元,虽位居第二,但总量不及哈萨克斯坦的四分之一;2008年,金融总量为91.17亿美元,增长了31.21%;2009年出现负增长,以9.51%的速度下降为82.50亿美元;2010年扭转负增长的局势,以52.56%增长至125.86亿美元;之后稳步增长至2012年的183.30亿美元。六年间平均增长速度为20.68%。乌兹别克斯坦2007年金融总量为53.63亿美元;2008年以46.03%的增长率增长至78.32亿美元;

2009年金融总量增长率急剧下降至9.1%;2010年金融总量增长率上升至23.20%;2011年实现稳步持续增长;至2012年其金融总量达152.63亿美元,约为2007年的3倍。五年中其金融总量在中亚总体位列第三,但不及中国西北五省区。塔吉克斯坦的金融总量一直较小,2007年仅为5.32亿美元,是哈萨克斯坦的1.83%;2008年为7.03亿美元,比2007年增长了32.14%;2009年金融总量以11.66%的增长率增长为7.85亿美元;2010年金融总量翻了一番,达到14.87亿美元;2011年,金融总量以18.41%的速度持续增长至17.61亿美元;2012年以85.71%的速度增长到32.70亿美元。五年以来位列中亚五国中第四,低于中国西北五省区。吉尔吉斯斯坦在中亚五国中金融规模最小,并且波动最大。2007年金融总量为7.94亿美元;2008年呈现负增长,增长速度为-1.96%,年末金融总量为7.78亿美元;2009年实现逆转,以50.49%的速度增长至11.72亿美元,首次高于塔吉克斯坦;但2010年又以21.74%的速度负增长至9.17亿美元,再次落后于塔吉克斯坦;尽管吉尔吉斯斯坦的金融总量上涨速度较快,但到2012年仍落后于其他中亚国家及中国西北五省区。

在中国西北五省区中,陕西省金融总量六年中一直遥遥领先于其他所选区域。2007年陕西省金融总量为562.65亿美元;2008年为791.13亿美元,增长率达40.61%;2009年以近似的增长率继续快速增长;2010年较2007年翻一番,总额达到1175.54亿美元;2011年持续增长,达到1420.09亿美元,增长率为20.80%;2012年以20.14%的速度增长为1706.14亿美元,比2007年增加近1000亿美元。六年间金融总量呈现持续增长的趋势,平均增长率为23.10%。新疆维吾尔自治区2007年的金融总量为270.24亿美元,低于中亚的哈萨克斯坦的金融总量;之后一直保持平稳较快增长且于2009年首次超越哈萨克斯坦,位居十个区域中第二;2010年较2007年的总额翻一番,达到548.54亿美元,比2009年同期增加了22.82%;2011以24.81%的增长速度增长至684.63亿美元。2012年继续稳步增长至836.72亿美元,六年间平均增长率为25.47%。甘肃省的金融总量略低于新疆维吾尔自治区,位居中国西北五省区第三;2007年的金融总量为251.84亿美元,略低于中亚的哈萨克斯坦;2008年和2009年分别以40.76%和25.00%的增长率较快增长;2010年总额达到531.53亿美元,与2009年相比增长了19.95%,并成功超越哈萨克斯坦,远远领先其他中亚国家;2011年实现持续增长,增长率为23.25%;2012年以22.11%的增长速度增加为800.02亿美元。六年间持续稳步增长,平均增长率为26.22%。宁夏回族自治区2007年的金融总量为80.75亿美元,位居西北五省区第四,与中亚五国相比,仅低于哈萨克斯坦;2008年以41.60%增长率增长至114.34亿美元;2009年的增长速度下降至23.90%;2010年较2007年总额增长了一倍,达到172.88亿美元;2011年以21.02%的速度继续增长至209.22亿美元;2012年的增长率又出现高峰,达到27.16%,金融总量增加到266.04亿美元,六年间,宁夏回族自治区的金融总量平均增长速度为27.14%。青海省2007年的金融总量为58.17亿美元,是中国西北五省区中最低的一个省份,与中亚五国相比,不及哈萨克斯坦与土库曼斯坦;2008年增长了43.70%;2009年的增长速度减慢,以24.48%的增长率增长至104.13亿美元,且金融总量首次超越土库曼斯坦;2010年金融总量以23.17%的增长率持续增长至128.25亿美元;2011年以25.97%的速度增长到161.56亿美元;2012年继续稳定增长,增长速度为25.05%,总量达到202.03亿美元,六年间的平均增长速度为28.49%。

(三) 丝绸之路经济带金融布局特点和变化

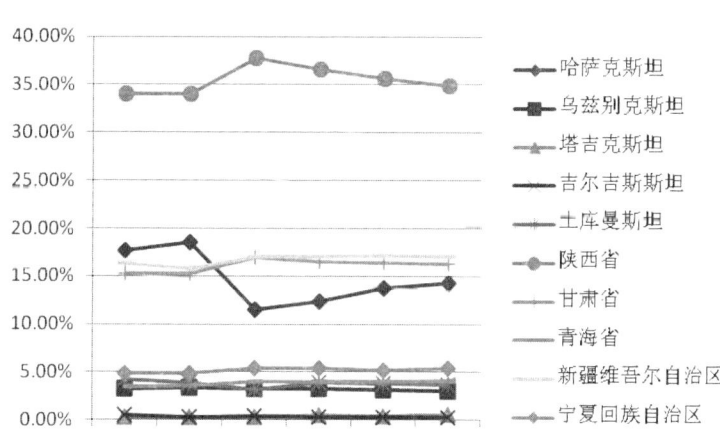

图3　2007—2012年丝绸之路经济带金融布局变化图

总体来看,丝绸之路经济带各区域的金融规模占比尽管有所波动但金融布局大体稳定,金融布局在区域结构上很不平均。中亚五国中,哈萨克斯坦一直居于首位,到2012年,仅次于中国的陕西省、甘肃省和新疆维吾尔自治区,金融总量在十个区域金融总量中所占比重一直在10%以上,而其余四国合计占有不足百分之十。中国西北五省区金融分布亦不均匀,经济发展差距很大,陕西省优势明显,青海省和宁夏回族自治区金融总量的比重则不足5%或在5%上下波动。

具体分析,中亚五国中,哈萨克斯坦的金融总量在十区域总金融量中一直占有很大的比重。2007年为17.65%,是中亚五国中占比最大的国家;2008年继续上升为18.57%;2009年快速下降至11.51%,此后一直呈现上升的趋势,但未能超越2008年;2010年回升至12.33%;2011年与2012年保持增长趋势,金融总量占比分别为13.72%和14.29%。土库曼斯坦的金融总量在十区域金融总量中所占比重呈现下降趋势但总体变化很小,由2007年的4.21%减少到

2012年的3.75%,下降了0.46%。其间,2008年该区域金融总量占有率为3.92%,2009年下降了0.76%,2011年为3.81%,较2010年变化较小。乌兹别克斯坦金融总量虽在中亚五国中位居第三,但占有的份额非常之少且变化不大。2007年占金融总量的3.25%,2008年达到最高峰3.36%,2009年下降为3.27%,2010年增长了0.1%,2011年再次下降至3.18%,2012年比重出现六年中最低值3.12%。吉尔吉斯斯坦金融总量在十区域金融总量中所占比重也非常小。2007年仅占金融总量的0.48%,2008年减少到0.33%,2009年回升至0.45%,但这种增长未能一直保持,之后便出现下降趋势。2010年下降了0.16%,2011年下降了0.01%,2012年重新上升为0.30%。塔吉克斯坦金融总量在2010年以前在十区域金融总量中所占比重最小,其趋势为小幅增长。2007年仅占0.32%,2008年下降了0.02%,2009年依然保持0.30%,2010年升至0.46%,首次超过吉尔吉斯斯坦,2011年出现小幅下降,2012年再次回升至0.67%。

在中国西北五省区中,陕西省金融总量在十区域金融总量中所占比重最高,六年间,陕西省金融总量比重由2007年的34.07%上升至到2012年的34.87%,虽然变化不大,但一直遥遥领先。其间,陕西省金融总量比重在2008年出现小幅下降,2009年快速回升至37.81%,其后几年一直呈现微弱的下降趋势,至2012年,该比值变化至34.87%。新疆维吾尔自治区金融总量所占比重远小于陕西省,2007年为16.36%;2008年下降了0.29%;2009年开始恢复,增长至17.11%;且首次超越中亚的哈萨克斯坦;2010年保持17.11%;2011年出现最高峰17.18%;2012年为17.10%;六年间总体变化虽小但呈现出增长的趋势。甘肃省2007金融总量所占比重为15.25%,2008年下降了0.02%,变化较小;2009年达到最高峰16.97%,且首次超越中亚的哈萨克斯坦,跻居总体第三;接下来三年里连年下降,2010年为16.57%,2011年为16.44%,2012年为16.35%。六年间总体增加了1.10%。青海省金融总量在十区域总金融量中所占比重非常少,2007年仅占3.52%,2008年增长了0.07%,之后一直小幅上升,2009年为3.99%,2010年增长了0.01%,2011年继续增至4.05%,在2012年达到最高值4.13%。六年间,青海省金融总量虽然较少,但上升趋势很稳定。宁夏回族自治区金融总量比重略高于青海省,2007年为4.89%,2008年增加了0.02%,2009年增长速度较快,至年底增加为5.43%,接下来的两年里连续小幅下降,2012年恢复至5.44%。

由以上分析可知,丝绸之路经济带金融布局非常不均匀。中亚五国中,哈萨克斯坦一直居于首位,到2012年,仅次于陕西省、甘肃省和新疆维吾尔自治区,金融总量在十区域金融总量中所占比重一直在10%以上,而其余四国总共占有不足10%的份额。中国西北五省金融分布亦不均匀,经济发展差距很大,陕西省优势明显,青海省和宁夏回族自治区金融总量的比重均不足10%。

(四)丝绸之路经济带金融合作的开展情况

第一,互相设立金融机构。1993年中国在哈萨克斯坦境内设立了第一家金融机构——哈萨克斯坦中国银行,始终秉持着"优质服务、顾客至上"的宗旨,积极为双方贸易伙伴提供便捷的金融服务,为双方贸易合作做出了很大的贡献。同年,中国工商银行在哈萨克斯坦境内建立了第一家海外分行。

第二,共同构建融资平台。2005年11月,西安市举办首届欧亚经济论坛。本次论坛的目的是探讨欧亚大陆国家之间,如何进一步形成更密切的经济互动关系,开展更务实的合作,从而共同推动经济发展,提升综合国力和地区稳定。论坛将重点围绕能源合作、基础设施建设、开发性金融和旅游等领域的合作进行深入交流,并将推动中国与俄罗斯、中亚各国毗邻地区地方政府、城市之间的交流。2006年,中国向土库曼斯坦提供巨额贷款,总统尼亚佐夫签署命令,同意国家对外贸易银行与中国进出口银行签订贷款协议,以获得中方总额为3亿美元的长期优惠贷款。2008年第一届国际农业投资论坛的举办意味着中国与哈萨克斯坦两国将进一步开展农业领域的合作,通过中哈两国搭建融资平台的方式,促进中哈金融合作向多元化发展,合作领域扩大到具体项目及非能源领域。同年,我国企业在土库曼斯坦参与的投资项目金额近15亿美元。2009年11月召开了首届央行和财政部长会议,积极探讨地区融资领域合作。同年,4月16日,哈萨克斯坦发展银行与中国进出口银行在北京签署了1亿美元授信额度贷款协议,贷款期限为二十年,贷款资金用于哈工业领域和基础设施建设项目融资。由中方牵头的国家开发银行开展授信和融资额度规模已超过500亿美元。2011年4月19日,在乌兹别克斯坦总统卡里莫夫访华期间,中国进出口银行与乌财政部签署了八个使用2009年中国政府向上海合作组织成员国提供的优惠出口买方信贷项目融资备忘录,项目金额9.64亿美元。同时,国家开发银行股份有限公司与阿萨卡银行、工业建设银行、抵押银行分别签署1500万美元及1亿元人民币授信框架合作协议、1000万美元及6800万元人民币授信框架合作协议、1500万美元及6800万元人民币授信框架合作协议。上述授信协议总额2.76亿美元。当日,在胡锦涛主席与卡里莫夫总统见证下,国家开发银行股份有限公司又与乌国家对外经济活动银行(上海合作组织乌国代表银行)签署了5亿美元融资框架合作协议。2012年9月,中国人民银行联合金融监管机构发布《关于金融支持喀什霍尔果斯经济开发区建设的意见》,为把喀什和霍尔果斯经济开发区建设成为我国向西开放的重要窗口提供了金融保障。2012年12月4日,中吉两国签署了《关于吉国内两条道路修复项目的贷款协议》,根据该协议,中国进出口银行将向吉提供1.298亿美元的中方优惠出口买方信贷,贷款期限为20年,年利率2%,宽限期为九年。2014年4月,中国国家开发银行拟为哈萨克斯坦国家开发银行提供5亿美元贷款。

第三,积极推进区域内货币互换。2003年,中国人民银行与吉尔吉斯斯坦中央银行签署以双方货币作为支付结算的协定。2005年,中国人民银行与哈萨克斯坦央行签署以双方货币作为边境贸易支付结算的协定。2009年年初,我国出台《跨境贸易人民币结算试点管理办法》,正式启动跨境人民币结算业务。2010年,中国人民银行在中哈金融合作分委会第六次会议上表示,中国人民银行和哈萨克斯坦国家银行双方代表达成共识,将加强金融合作,并积极扩大双边本币结算。中国人民银行表示,双方就增强霍尔果斯国际边境合作中心金融合作、进一步提高服务等多项金融合作达成共识。中国与俄、吉、哈三国先后签署边境贸易本币结算协议,推进了相互贸易合作。下一步,各国将推进区域内货币互换,推动离岸贸易和上合组织开发银行等其他金融合作措施。2010年10月,上海合作组织银行联合体六家成员联合发布公告表示,将采取新的措施以扩大本币在相互结算和贷款中的使用以及其他措施进一步加强多边合作。2010年6月22日,新疆作为全国第二批跨境贸易人民币结算试点省区开始运行;同年9月又成为全国第一个获准开展跨境直接投资人民币结算的试点省区,为中国与中亚五国的经济贸易往来提供金融方面的便利条件。2011年,第七次中哈金融合作分委会在阿斯塔纳举行。哈萨克斯坦央行在会上宣布,两国央行已就开立人民币/坚戈互换专门账户达成一致意见。

2011年,中国人民银行和乌兹别克斯坦央行签署7亿元的双边本币互换协议,与哈萨克斯坦央行签署70亿元的双边本币互换协议。2013年5月,中哈合作委员会金融合作分委会第八次会议在中国广西桂林举行,双方讨论了金融合作领域的迫切问题,包括利用本币结算、支付系统发展、银行卡使用、银行间合作和金融监管等问题。会后,双方签署备忘录。

第四,金融机构间合作。2006年11月,塔吉克斯坦国家储蓄银行的代表与中国农业银行的代表就巩固投资扩大双方业务和联系进行会谈。双方就汇款业务达成共识,开展汇款业务对各自的企业,特别是对塔企业向中国汇款提供了很大的便利。目前,塔吉克斯坦很多企业从中国进口商品,由于没有正式汇款渠道,给双方企业结算带来不便。汇款业务的开通为减少企业经营风险、降低成本起了重要的作用,并将从根本上改变银行系统滞后企业发展的状况,因此受到企业的欢迎。2007年8月14下午,在上海合作组织比什凯克元首峰会上,中国国家开发银行行长陈元与乌兹别克斯坦外经银行行长拉希莫夫签署了2007年授信项目的合同,中国国家开发银行将向乌外经银行提供6000万美元商业贷款,用于支持乌兹别克大中型项目和中小企业的发展。合同约定,使用该笔贷款进口中国设备的比例不低于50%。这是继2006年2000万美元成功授信之后,两行间在上合组织银联体框架下合作的进一步深化。两行间的成功合作推动了乌兹别克的市场化改革,并为上合组织银联体其他合作伙伴做出了表率。2011年6月13日,在中国国家主席胡锦涛访问哈萨克斯坦期间,中国国家开发银行与哈萨克铜业公司签署了阿克托盖铜矿开发项目15亿美元融资合作备忘录。目前双方已构建了良好的合作关系,今后希望就更多项目深入合作。

二、丝绸之路经济带金融合作发展存在的问题

(一) 中亚五国金融发展中存在的问题

首先,中亚五国普遍面临的问题是支撑金融业发展的市场经济体制不健全,金融体制非常不完善,其直接表现是不良贷款率持续上升。苏联解体之后,中亚五国的经济体制都从原先的计划经济体制向市场经济体制转化,前期的制度投入严重不足或者说是必须从零开始,在没有外在支持下,这一进程是一个缓慢的过程,大量具备生产能力的企业不能被市场化的金融体系认可和授信。金融体制的不健全普遍存在,如中亚各国不良贷款率持续上升,以哈萨克斯坦为例,2008年的银行不良贷款率为5.10%,2009年的银行不良贷款率为21.20%,在接下来的三年里一直增长,到2012年,银行不良贷款率为31.70%,可见其贷款风险之高。再如中亚五国基本上还都没有建立资本市场,只有哈萨克斯坦出现了资本市场的雏形,整体金融市场规模很小且高度集中,交易的品种仅以国债为主,交易中也存在非常多的问题。同时,中亚五国还存在其他一些共同的金融问题:金融结构不合理,适应经济发展的程度不高,长期投资占比较低;技术改造,发展生产,采购设备的贷款金额不大;贷款风险高,贷款保障机制滞后;金融机构体系不够健全,中小银行比重大,金融机构整体市场竞争力仍较弱等。

其次,金融总体规模小、对经济支撑明显不足同样是中亚五国面临的重要问题。市场化程度低作为一种原因,其直接结果是生产要素不能被信用化,丰富的资源、大量的设施设备和廉价的劳动力都不能被市场所认可,以金融规模所表现的全社会预付资本明显匮乏,社会再生产的生产关系无法形成。2007年,中亚五国金融总量之和为427.86亿美元,占陕西省金融总量的76.04%。2008年,中亚五国金融总量之和增长为616.54亿美元,此时陕西省的金融总量已达到791.13亿美元,中亚五国金融总量之和占陕西省金融总量的

77.93%。2009年,中亚五国金融总量之和骤降至陕西省金融总量的49.44%,仅为488.09亿美元。2010年开始回升,达到650.79亿美元,为陕西省的55.36%。2011年继续增长为854.42亿美元,占陕西省的60.17%。2012年,中亚五国的金融总量为1082.17亿美元,此时也仅占陕西省的63.4%。分析可见,这六年间,中亚五个国家金融总量之和一直不及陕西省一个省份。

(二)我国西北五省区金融发展中存在的问题

首先,资本结构畸形、投资渠道匮乏是我国西北各省区金融业普遍面临的问题。随着我国市场经济体制的日渐形成,资源和土地的信用化规模急速增长,西北各省区金融规模不断快速上升,市场经济的组织生产能力或者叫可提供的预付资本规模一定程度超过了本地区市场需求。随之而来的问题就是由于缺乏广泛的投资渠道和投资空间,资本结构严重畸形,大量资本投入了以房地产和基础建设为代表的固定资产中,既造成了各省区普遍的房地产价格泡沫,也导致了严重的金融业风险。比如西安商品房的平均零售价格从2003年的2148元每平方米上升到2012年的6634.32元每平方米。拓展投资渠道和打开投资空间是西北各省区金融业发展的出路所在。

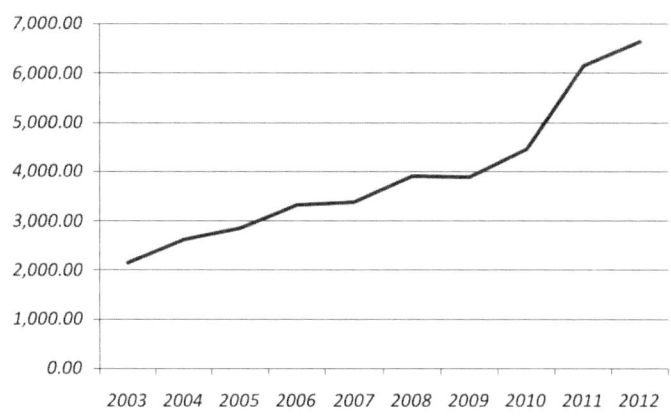

图4　2003—2012年西安市商品房价格(元每平方米)变动图

其次,金融形式单一化,金融产业集群和金融中心无法形成是制约中国西北五省区金融发展的瓶颈。金融形式单一既是中国西北五省区金融发展的结果和现状,也是制约地区金融发展的瓶颈所在。由于地区市场空间的有限性和单纯移植西方金融体系的风险管理机制,金融创新的收益性被严重抑制,金融规模与地区经济增长呈现出脱钩而非联结关系。尽管西安和兰州都具备一定基础,但金融产业集群和金融中心都无法形成。基于式(1)可以计算金融对经济的动态驱动关系,基于甘肃省数据的计算结果可见表1。

$$T_{经济,金融} = \frac{经济增量/经济规模}{金融增量/金融规模} \quad (1)$$

表1 甘肃省经济增长与金融规模的弹性变化趋势表

年份	T值	弹性状态
2007	2.17	联结
2008	0.76	脱钩
2009	0.40	脱钩
2010	1.11	联结
2011	1.15	联结
2012	0.73	脱钩

(数据来源:本报告计算整理)

(三)丝绸之路经济带相互合作中存在的问题

尽管中亚五国与中国西北五省区已经开展了一些金融合作,但规模和效果都十分有限,其面临的主要问题包括:第一,签署的区域金融合作协议很多,但真正落实并促进经济发展的较少;第二,合作大多数是中国与哈萨克斯坦之间的合作,与中亚其他四个国家合作较少;第三,新疆在区域合作中表现较为活跃,其他四省区与中亚五国的合作开展情况并不理想;第四,合作大都是通过银行单一金融形式完成,合作项目单一,缺乏创新;第五,双方结算方式和结算机构少,不适应双方经济贸易发展的水平;第六,合作不够规范,缺乏有效的监督机制,对外政策缺乏连贯性和一致性;第七,中国西北五省区与中亚五国的经济环境存在一定差异,合作基础还有待加强。总之,丝绸之路经济带上的金融合作还处在初级阶段,这些问题均制约着金融合作的开展,需要寻找问题的深层原因,探讨其解决路径,为进一步加深加强合作实现共赢创造条件。

三、丝绸之路经济带金融对经济增长的驱动力分析

(一)基于金融强度的分区域驱动力分析

金融强度是反映地区金融对经济增长驱动的重要指标,其可以表示为式(2)。通过比较不同区域金融强度值及其变化过程,可以发现金融业对区域经济增长的驱动效果和变化趋势。

$$金融强度 = \frac{经济产出}{金融规模} = \frac{GDP}{存款规模} \quad (2)$$

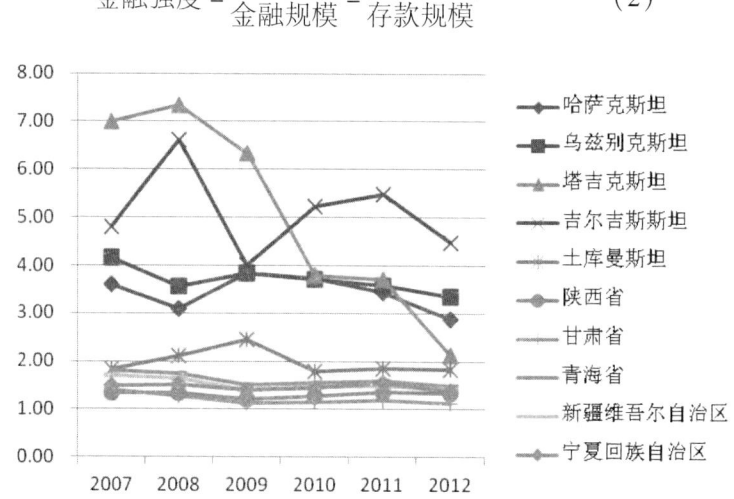

图5 丝绸之路经济带各区域金融强度变动趋势图

基于丝绸之路经济带数据计算可得图5。不难看出,整体上中亚五国的金融强度显著高于我国西北五省区,尽管其金融强度变化呈下降趋势,但曲线都在我国西北五省区之上。这既说明了金融支持在中亚五国的严重匮乏,也说明了我国西北五省区投资渠道的困境。

具体来看,在中亚五国当中,哈萨克斯坦的金融强度整体呈现波动过程:2007年,哈萨克斯坦的金融强度为3.60,2008年下降为3.09,2009年为3.84;2010年后出现连年下降,至2012年,单位存款的GDP产出为2.88。乌兹别克斯坦金融强度曲线处于哈萨克斯坦上方,只有2010年比哈萨克斯坦低,但整体呈缓慢下降趋势。2007年乌兹别克斯坦的金融强度为4.16,2008年为3.57;2009年之后一直呈现下降趋势,到2012年,金融强度为3.35,位居十个区域中第二。塔吉克斯坦的金融强度在2010年以前是十个区域中最高的,但下降也最为迅速。2007年为6.99,2008年出现最高峰7.35,2009年为6.34亿美元;之后急速下滑,2010年为3.79,2011年为3.70,2012年为2.14,已降至中亚五国的第四位,仅略高于土库曼斯坦。吉尔吉斯斯坦的金融强度六年间波动中有所上升;2007年为4.79,2008年快速增长至6.60,2009年下降至4.00;2010年后有所增长,2010年为5.23,2011年为5.49,2012年小幅下降至4.48,但依然位居十区域的第一。土库曼斯坦的金融强度一直位于中亚五国最末,但仍略高于我国西北五省。2007年为1.82,2009年出现峰值2.45,2010年下降至1.79,2011年回升至1.85,2012年略微下降至1.84。

在我国西北五省区中,金融规模居首的陕西金融强度总在末尾徘徊:2007年金融强度为1.35,2008年下降至1.33,2009年继续下降至1.21,接下来两年有所增长,2010年增长至1.27,2011年继续增长至1.36;2012年再次小幅下降至1.34。甘肃省的金融强度总体呈现下降的趋势:2007年为1.41,2008年降为1.29,2009年继续下降至1.12;接下来两年出现小幅增长,2010年增长至1.15,2011年继续增长至1.19,2012年再次下降至1.12,位居十个区域末位。青海省的金融强度在中国西北五省区中最高,但低于中亚五国。2007年为1.80,2008年下降至1.75,2009年持续降为1.52;之后两年出现回升,2010年为1.56,2011年继续增长至1.60,2012年再次降至1.48。六年间,青海省的金融强度整体变化呈现下降的趋势,但仍居于西北五省之首。新疆维吾尔自治区的金融强度呈现缓慢下降趋势:2007年金融强度为1.71,2008年降为1.64,2009年继续下降至1.40;之后两年小幅增长至1.49,2012年再次下降至1.42。宁夏回族自治区的金融强度总体也呈现缓慢下降趋势:2007年为1.50,2008年小幅增长至1.52,2009年下降至1.40;在接下来的两年里,连续上升至1.56,2012年再次降至1.39。

(二)基于LMDI的整体驱动力分析

1. 模型构建

LMDI(对数平均迪氏指数法)是B.W. Ang等人(2004)在法国数学家迪维西亚(Divisia)1924年提出的迪氏分解基础上进一步发展而来的。从方法而言,该分解方法是一种完全的、不产生残差的分解分析方法,可以有效解决分解中的剩余问题和数据汇总的零值与负值问题,与其他因素分解法相较具有路径独立、残差为零以及聚合一致等独特优势。从功能而言,该方法可以有效清晰地分解出主驱动力的总量、结构和效率对驱动结果的影响大小,可以较好实现对理论模型的实际应用。

采用LMDI分解法对上述理论模型转化统计模型如下:

$$Y = \sum_{i=1}^{n} L \times \frac{L_i}{L} \times \frac{Y_i}{L_i} = \sum_{i=1}^{n} LB_i M_i \quad (3)$$

式中,Y代表整体经济产出,L代表金融规模,L_i代表i区域的金融规模,$B_i(=L_i/L)$代表i区域金融规模在总金融规模中所占的份额,$M_i(=Y_i/L_i)$表示i区域金融强度。

基于目前国民收入核算体系和经济现状,可以用GDP代表丝绸之路经济带经济产出,从而进行有效的指标分析。在基期T_{-1}(以上一年为基期)和报告期T的GDP差异可表示为乘法模式如下:

$$\frac{GDP_t}{GDP_0} = GDP_{tot} = D_{act} \times D_{str} \times D_{int} \quad (4)$$

式(4)中,D_{act}、D_{str}、D_{int}分别表示乘法分解下金融规模的活动效应、结构效应与强度效应。

根据 LMDI 分解方法，在乘法分解模式下，则有：

$$D_{act} = \exp\left(\sum_i \frac{(GDP_i^T - GDP_i^{T-1})/(\ln GDP_i^T - \ln GDP_i^{T-1})}{(GDP^T - GDP^{T-1})/(\ln GDP^T - \ln GDP^{T-1})} \ln\left(\frac{L^T}{L^{T-1}}\right)\right) \quad (5)$$

$$D_{str} = \exp\left(\sum_i \frac{(GDP_i^T - GDP_i^{T-1})/(\ln GDP_i^T - \ln GDP_i^{T-1})}{(GDP^T - GDP^{T-1})/(\ln GDP^T - \ln GDP^{T-1})} \ln\left(\frac{B_i^T}{B_i^{T-1}}\right)\right) \quad (6)$$

$$D_{int} = \exp\left(\sum_i \frac{(GDP_i^T - GDP_i^{T-1})/(\ln GDP_i^T - \ln GDP_i^{T-1})}{(GDP^T - GDP^{T-1})/(\ln GDP^T - \ln GDP^{T-1})} \ln\left(\frac{M_i^T}{M_i^{T-1}}\right)\right) \quad (7)$$

基于对数函数可以进一步将各影响因素的影响力标准化：

$$W_{D_i} = \begin{cases} \log_{GDP_{tot}}^{D_i}, & \text{当 } GDP_{tot} > 1 \text{ 时} \\ -\log_{GDP_{tot}}^{D_i}, & \text{当 } GDP_{tot} < 1 \text{ 时} \end{cases} \quad (8)$$

同时，$\left|\sum_{i=1}^n W_{D_i}\right| = 1$ 确保了对影响力评价的标准化和可比较性。其中，D_{act} 反应金融规模对丝绸之路经济带 GDP 的驱动力大小，D_{str} 反应金融的区域差异对丝绸之路经济带 GDP 的驱动力大小，D_{int} 反应金融强度对丝绸之路经济带 GDP 的驱动力大小。

2. 数据分析

基于式(5)-(7)可以分别计算金融规模、金融的区域差异、金融强度对丝绸之路经济带 GDP 驱动的活动效应、结构效应与强度效应，式(8)可以对其进行标准化计算，结果分别由表2、图6和表3、图7给出。

表2 2007—2012 年 GDP 变动总效应的分解表

年份	总效应	活动效应	结构效应	强度效应
2007—2008	1.325374	1.409322	1.005439	0.935346
2008—2009	1.026052	1.121508	0.918193	0.996398
2009—2010	1.247617	1.228512	1.016771	0.998800
2010—2011	1.271121	1.242391	1.016213	1.006801
2011—2012	1.138780	1.227832	1.007436	0.920627

（数据来源：本报告计算整理）

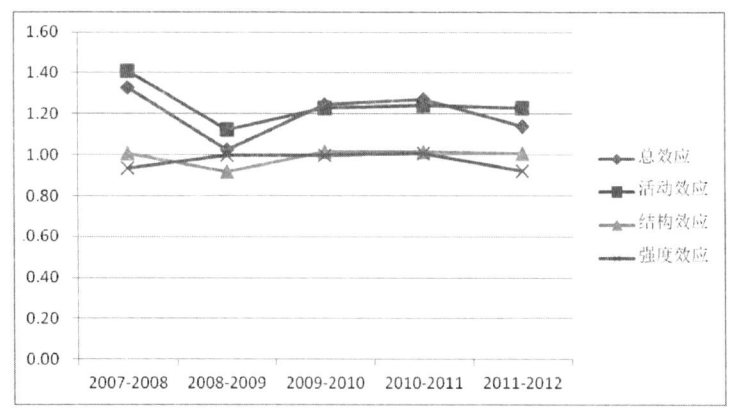

图6　2007—2012年 GDP 变动总效应的分解图

表3　2007—2012年 GDP 变动总效应的标准化分解表

年份	活动效应	结构效应	强度效应
2007—2008	1.218017	0.019256	-0.237272
2008—2009	4.458902	-3.318596	-0.140306
2009—2010	0.930248	0.075177	-0.005425
2010—2011	0.904704	0.067041	0.028255
2011—2012	1.579361	0.057006	-0.636367

（数据来源：本报告计算整理）

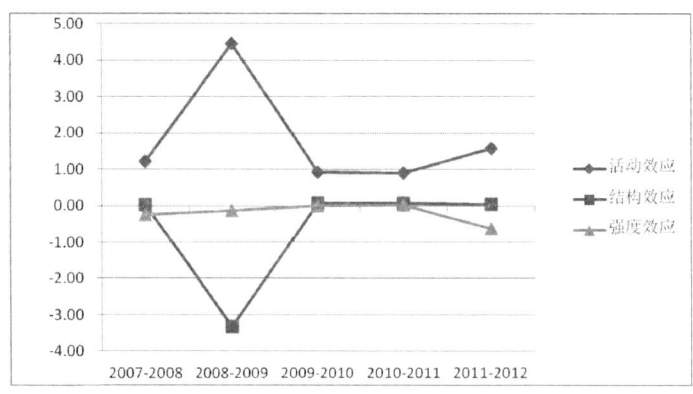

图7　2007—2012年 GDP 变动总效应的标准化分解图

基于以上计算结果进行数据分析:

对于总效应,2007—2012 年间丝绸之路经济带金融对经济增长表现为持续正向贡献,年均效应值 1.2017888。大力发展金融业对丝绸之路经济带经济增长具有推进而不是抑制作用,并且这种促进作用在 2008—2009 年出现下降后稳步提升,并且在 2012 年达到 1.138780 的新高度。在 2007—2012 年之间,十个区域 GDP 总和从 3275.31 亿美元上升至 8043.92 亿美元,年均增长率高达 20.18%,经济的强劲增长与金融增长同向相关,相关系数达到 0.9951。

对于活动效应,在绝对量上,2007—2012 年间金融规模增加对丝绸之路经济带经济增长表现为持续正向贡献,并且驱动效果十分显著,年均值达到 1.245913。在相对量上,2007—2012 年间金融规模的增加表现为驱动丝绸之路经济带经济增长的绝对主导因素,其影响力全部在 90% 以上。

对于结构效应,除 2009 年之外,2007—2012 年丝绸之路经济带各区域金融总量占比变化幅度非常有限,各区域金融规模结构相对稳定,其结果是反映各区域金融规模占比变化的结构效应对 GDP 的驱动非常不显著。在绝对量上,2007—2012 年这一效应均值为 0.9928104,对经济增长的绝对影响非常小。在相对量上,2007~2012 年该因素标准化后的影响力同样非常微弱,2009 年出现很强的负向驱动,负向驱动效应高达 3.318596,其余年份均呈现较小的正向驱动,驱动力在 6% 左右。进一步观测,2009 年的结构效应负向原因主要是哈萨克斯坦金融占比下降和陕西省金融占比提升,这说明了金融占比向中亚国家流动有利于整个经济带的经济发展。

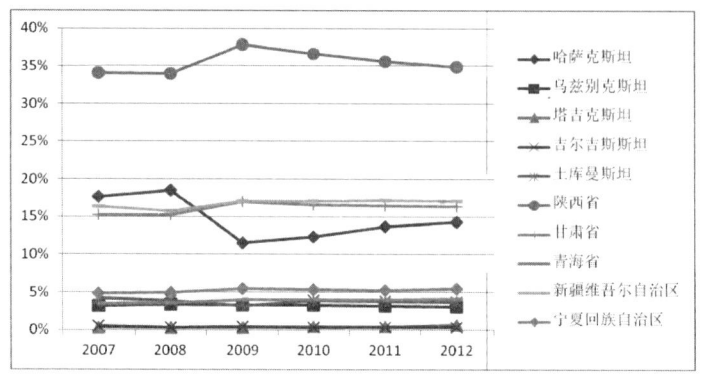

图8 2007—2012年各国储蓄总量占比变化图

对于强度效应,在绝对量上,2007—2012年间丝绸之路经济带的强度效应对经济增长呈现负向驱动力,年均值为0.9715944。在相对量上,强度效应对经济增长负向驱动效果十分严重,除2010—2011年出现微弱的正向贡献外,其余年份均呈负向贡献,年均值达到25.48%。这说明通过金融规模提升推进丝绸之路经济带经济增长的能力正在下降,需要进一步调整资金使用结构和引导资金流向高附加值产业。

四、丝绸之路经济带金融合作发展的战略构想和政策建议

(一)丝绸之路经济带金融一体化的战略构想

金融一体化是区域经济一体化的重要组成和根本路径,是实现区域生产要素配置优化的先决条件。金融是市场经济生产方式动力的外在表现,只有金融在区域间的不平衡化被克服,才能保证区域生产要素作用的最大化发挥。共建丝绸之路经济带就需要金融一体化先行一步。丝绸之路经济带金融一体化要求实现区域间社会生产市场化、货币清算简易化、信息共享最大化、风险评价公平化和资金融通快捷化。社会生产市场化是实现金融一体化的先决条件,是金融赖以生存的社会再生产的必须组织形式,是生产资料信用化和金融规模提升的基本前提制度。货币清算简易化是金融一体化的先决条件,就是要求在丝绸之路经济带多边货币

清算中采用灵活、务实、安全和快捷的清算方法,避免因跨境清算所造成的风险和不必要的时间延误。信息共享最大化是金融合作的重要基础,是资金流动和金融创新的前提条件,是避免因行政管理所造成的信息屏蔽进而推进金融一体化进程的重要工作。风险评价公平化是金融合作实现共赢的前提条件,制度和文化差异不应当成为金融歧视的理由,丝绸之路经济带的金融合作要以实现共赢为目的就必须基于本地区差异化的宗教、文化和制度制定公平化的风险评价机制。资金融通快捷化就是要通过建立区域金融中心和金融产业集群,发挥金融产业聚集效应,从而最短时间实现区域资金的合理配置。

(二)政策建议

第一,建立丝绸之路经济带金融风险共同管理机制。由于市场化程度有限,丝绸之路经济带充裕的生产要素无法被西方的金融体系风险识别技术所认可,建立国家和政府层面的担保和保证机制,是降低金融业运营风险和推进丝绸之路经济带金融合作的重要战略。这对支持金融机构和企业"走出去",推动金融机构和企业开展跨国业务具有重要意义,对支持国内大型银行和企业在中亚开立分支机构和子公司、支持中亚各国银行和企业在中方设立分支机构均具有重要帮助。

第二,在西安建立丝绸之路经济带金融产业园和金融投资信息交互平台。西安是丝绸之路经济带中国段的中心城市,具有良好的经济社会条件,适合建立丝绸之路经济带金融产业园和金融投资信息交互平台。该产业园建成之后,应向中亚五国主要金融机构免费开放,并为其提供办公场所和办公基础设施设备,吸引中亚五国金融机构在此设立办事点,为丝绸之路经济带的金融经贸合作提供便利。

第三,在乌鲁木齐和中亚五国首都建立中国与中亚五国货币结算中心。便利快捷的货币结算机制对促进双边贸易和投资、深化双边经贸关系有着不可忽视的作用,货币结算中心的建立,无疑有利于这种结算机制的建成。通过丝绸之路经济带上货币结算中心的建立,积极推进双边贸易本币结算,根据需要与中亚五国签订本币互换协议,不断推进人民币成为丝绸之路经济带的主要结算货币,通过降低对美元依赖不断提升丝绸之路经济带经济自主发展水平。

第四,引导资金流向,调整金融布局,不断提升丝绸之路经济带金融对经济的支持效果。目前,丝绸之路经济带整体金融规模有待提升并且分布严重不均,中亚五国的金融总量之和尚不能与我国陕西一个省份匹敌,*LMDI* 分析显示提升中亚五国在丝绸之路经济带中的金融占比有利于整个经济带的经济发展,中亚五国的金融规模亟待提升。通过中亚五国自身的发展和经济带之间的合作可以使其金融规模得以大幅提升,这种提升必将作用于丝绸之路经济带金融合作和经济发展,实现良性循环。

第五,加强丝绸之路经济带各地区之间的信息沟通。信息的沟通共享是区域合作的重要基石,丝绸之路经济带的金融合作同样有赖于各国间的信息共享和信息互通。建立专门的丝绸之路经济带信息共享数据库和信息共享平台,可为各国企业合作和项目开展做好基本铺垫,从而实现资源在整个经济带的最优配置。

第六,调整资金使用结构,拓宽丝绸之路经济带投资渠道,引导资金流向高附加值产业。目前,丝绸之路经济带资金投资结构单一,且均集中于附加值较低的产业,资本收益率较低且对经济的促进作用不大。这样的投资结构不利于双方经济的可持续发展,不利于丝绸之路经济带金融合作的纵深推进,调整这种畸形的投资结构,拓宽投资渠道,引导资金流向高附加值产业势在必行。

附 录

注释：

[1] Ang. B. W. The LMDI approach decomposition analysis:a practical guide[J]. Energy Policy,2004,33:867-871.

[2] 上海合作组织区域经济合作网,区域经济合作专栏,http://www.sco-ec.gov.cn/index.shtml。

[3] 中国驻中亚五国大使馆经济商务参赞处网站经济合作专栏,http://uz.mofcom.gov.cn/,http://tm.mofcom.gov.cn/,http://kg.mofcom.gov.cn/,http://tj.mofcom.gov.cn/,http://kz.mofcom.gov.cn/。

[4] 郭新明. 深化区域金融合作与创新 助推丝绸之路经济带共赢发展[N]. 金融时报,2014—01—13。

[5] 李忠民."丝绸之路"经济带发展研究[M].北京:经济科学出版社,2014年。

参考文献

[1]马克思,恩格斯.德意志意识形态:节选本[M].中共中央马克思恩格斯列宁斯大林著作编译局,编译.北京:人民出版社,2003.

[2]马克思.资本论[M].中共中央马克思恩格斯列宁斯大林著作编译局,编译.北京:人民出版社,1975.

[3]列宁.帝国主义是资本主义的最高阶段[M].中共中央马克思恩格斯列宁斯大林著作编译局,编译.北京:人民出版社,1992.

[4]习近平.习近平谈治国理政[M].北京:外文出版社,2014.

[5]中共中央宣传部.习近平总书记系列重要讲话读本:2016年版[M].北京:学习出版社,2016.

[6]李希霍芬.李希霍芬中国旅行日记[M].李岩,王彦会,译.华林甫,于景涛,审校.E.蒂森,选编.北京:商务印书馆,2016.

[7]赫尔曼.中国和叙利亚之间的古代丝绸之路[M].天津:天津出版社,1941.

[8]亚当·斯密.国富论[M].谢宗林,李华夏,译.北京:中央编译出版社,2011.

[9]大卫·李嘉图.政治经济学及赋税原理[M].郭大力,王亚南,译.北京:北京联合出版公司,2013

[10]凯恩斯.就业、利息与货币通论[M].高鸿业,译.重译本.北京:商务印书馆,1999.

[11]俄林.区际贸易与国际贸易[M].逯宇铎,等译.北京:华夏出版社,2008.

[12]马歇尔.经济学原理[M].朱志泰,译.北京:商务印书馆,1964.

[13]帕累托.普通社会学纲要:修订版[M].田时纲,译.北京:社会科学文献出版社,2016.

[14]科斯.企业、市场与法律[M].盛洪,陈郁,译.上海:格致出版

社,2014.

[15] 熊彼特.经济发展理论[M].何畏等,译.北京:商务印书馆,1990.

[16] 李斯特.政治经济学的国民体系[M].陈万熙,蔡受百,译.北京:商务印书馆,1961.

[17] Rosenstein – Rodan PN. The Problems of Industrialization of Eastern and South – Eastern Europe[J]. Economic Journal,1943,53(1):202 –211.

[18] Nurkse R. Some International Aspects of the Problem of Economic Development[J]. American Economic Review,1952,42(2):571 –583.

[19] 罗斯托.经济增长的阶段:非共产党宣言[M].郭熙保、王松茂,译.北京:中国社会科学出版社,2001.

[20] 藤田昌久,克鲁格曼,维纳布尔斯.空间经济学——城市、区域与国际贸易[M].梁琦,主译.北京:中国人民大学出版社,2005.

[21] 蒙代尔.蒙代尔经济学文集[M].向松祚,译.张之骧,校.北京:中国金融出版社,2003.

[22] 萨缪尔森,诺德豪斯.经济学[M].萧琛,主译.19版.教材版.北京:商务印书馆,2013.

[23] 赫尔普曼,克鲁格曼.市场结构和对外贸易——报酬递增、不完全竞争和国际贸易[M].尹翔硕,尹翔康,译.上海:上海人民出版社,2009.

[24] 罗默.收益递增经济增长模型[J].政治经济学期刊,1986.

[25] 卢卡斯.经济周期模型[M].姚志勇,鲁刚,译.北京:中国人民大学出版社,2013.

[26] 魏克赛尔.利息与价格[M].蔡受百,程伯撝,译.北京:商务印书馆,1959.

[27] 哈罗德.动态经济学[M].黄范章,译.北京:商务印书馆,2013.

[28] Domar E D. Capitalism Socialism and Serfdom[M]. Cambridge University Press,2008.

[29] 刘易斯. 经济增长理论[M]. 郭金兴,等译. 北京:机械工业出版社,2015.

[30] 巴罗,萨拉—伊—马丁. 经济增长[M]. 夏俊,译. 2版. 上海:格致出版社,2010.

[31] 库兹涅茨. 各国的经济增长[M]. 北京:商务印书馆,2015(译者).

[32] 里昂惕夫. 投入产出经济学[M]. 崔书香,译. 北京:商务印书馆,2009.

[33] 索洛. 经济增长理论——一种解说[M]. 朱保华,译. 2版. 上海:格致出版社,2015.

[34] 穆勒. 政治经济学要义[M]. 吴良健,译. 北京:商务印书馆,2010.

[35] Denison E F. The Sources of Economic Growth in the United Staes & the Alternatives before Us[M]. New York,1962.

[36] 舒尔茨. 报酬递增的源泉[M]. 李海明,译. 北京:中国人民大学出版社,2016.

[37] 肖. 经济发展中的金融深化[M]. 邵伏军,等译. 卢聪,等校. 上海:格致出版社,2015.

[38] 顾准:希腊城邦制度——读希腊史笔记[M]//顾准. 顾准文集. 北京:中国市场出版社,2007.

[39] 高鸿业. 西方经济学:宏观部分[M]. 5版. 北京:中国人民大学出版社,2011.

[40] 刘育红. "新丝绸之路"经济带交通基础设施、空间溢出与经济增长[D]. 西安:陕西师范大学,2012.

[41] Ang B W. The LMDI approach decomposition analysis:a practical guide[J]. Energy Policy,2005,(7)33:867 - 871.

[42] Tapio P. Towards a Theory of Decoupling:Degrees of Decoupling in the EU and the Case of Road Traffic in Finland between 1970 and 2001 [J]. Journal of Transport Policy,2005,2(12):137 - 151.

[43] OECD. Indicators to Measure Decoupling of Environmental Pressure from Economic Growth. 2002 [R/OL]. http://www.olis.oecd.org/olis/2002doc.nsf/LinkTo/sg-sd(2002)1-final. 2002-5-16.

[44] 姚宇,庆东瑞.信贷规模、效率和结构对中国经济增长驱动力的影响分析——基于LMDI乘法分解[J].统计与信息论坛,2013(9):25—29.

[45] 李忠民,姚宇,庆东瑞.产业发展、GDP增长与二氧化碳排放脱钩关系研究[J].统计与决策,2010(11):108-111.

[46] YAU Yu, HAN Cuicui, CHEN Xiangtao. Cause Analysis of the Decoupling Elasticity between China's Carbon Emission and Economic Development: Based on LYQ Framework: proceedings of the forth International Joint Conference on Computational Sciences & Optimization, Kunming, April 15-19, 2011 [C]. Los Alamitos: IEEE, c2011.

[47] 姚宇,陈向涛,李忠民.我国实现2020年减排目标的战略路径研究[J].干旱区资源与环境,2012(12):1—7.

[48] 姚宇.经济增长意味着幸福提升吗?——新古典经济理论的马克思主义社会生产关系修正[J].西安电子科技大学学报(社会科学版),2015(05):43—51.

[49] 姚宇.基于组织要素的新古典经济学资本悖论新解[C]//陕西省《资本论》研究会2011年学术年会暨延安经济社会发展新思路高层论坛论文集,2011.

[50] 姚宇.虚拟资本下价值分配机理研究——从剩余价值到劳动力节余[J].人文杂志,2010(3):78—82.

[51] 李忠民,姚宇,刘育红.丝绸之路经济带研究[M].北京:经济科学出版社,2014.

[52] 李忠民,霍学喜,姚宇,等.欧亚大陆桥发展报告(2011—2012)[M].北京:社会科学文献出版社,2012.

后 记

本书由我、夏德水硕士(目前在西安金融机构工作)以及我的学生赵雨晴(目前在华中科技大学公共管理学院攻读硕士)共同完成。我负责全书研究设计、理论推演、模型构建、主体写作及全书通校,夏德水和赵雨晴主要负责全书资料搜集整理并分别完成了第二、三章的数据收集、实证计算和部分写作,赵雨晴整理了全书参考文献。

经过几个月的共同努力,本书终于结稿,欣慰的同时又感愧疚。欣慰的是辛苦工作终于有所成果,愧疚的是家人因此承担了太多。最要感谢的是我的爱人,本书写作时正值爱人孕育我们的孩子,我因忙于案头,对她的照顾实在太少太少。还要感谢我的父亲,他在带状疱疹的病痛中仍然帮我审阅了全部书稿,而我对他更多的还是亏欠。

本书是李忠民教授领导的丝绸之路经济带研究团队的又一成果,从研究设计到写作都得到了李忠民教授的悉心指导和团队成员刘育红、柴建、尹海员、王保忠、杨勇等人的热情帮助,在此向李忠民教授和团队所有成员表示最诚挚的感谢!

由于时间仓促加之水平有限,书中错误和疏漏在所难免,恳请专家和读者见谅并真诚欢迎提出宝贵意见。

姚 宇

2016 年 12 月